島薗進
末木文美士
大谷栄一
西村明 編

近代日本宗教史 第3巻

教養と生命

大正期

春秋社

巻頭言

時代はどこに向かっていくのだろうか。近代的価値観が疑われ、「戦後」の理念は大きく揺らいでいる。災害や新たな感染症といった、人類史上幾度となく経験したはずのことがらが、しかし未知の事態を伴って、現代の人々の生活を脅かしてもいる。歴史の進歩という夢は潰え、混迷と模索が続いている。こうした状況の中で早急に解決を求めることは危険であり、遠回りであってももう一度過去を確かめ、我々の歩んできた道を問い直すことこそ、真になさねばならぬことである。近年、近代史の見直しが進められつつあるのも、そのような時代を反映するものである。

近代史の中で、もっとも研究の遅れていたのは宗教史の分野であった。近代社会において、宗教はともすれば前近代の名残として否定的に捉えられ、社会の合理化、近代化の中でやがて消え去るべき運命のものと見られてきた。それ故、宗教の問題を正面に据えること自体が時代錯誤的であるかのように見られ、はばかられた。これまで信頼できる近代日本宗教の通史が一つもなかったことは、我々関連研究者の怠慢という面もあるが、いかにこの分野が軽視されてきたかをありありと物語っている。

しかし、今日の世界情勢を見るならば、もはや何人も宗教を軽視することはできなくなっている。プラス面であれ、マイナス面であれ、宗教こそが世界を動かす原動力のひとつとして認識されつつある。日本においても、今日の政治や社会の動向に宗教が大きく関わっていることが明らかになっている。翻って日本の近代史を見直せば、そこにも終始宗教の力が大きく働いていて、宗教を抜きにして日本の近代を語ることはできない。そうした問題意識が共有されはじめたためであろうか、さいわい、最近この分野の研究は急速に進展して、従来の常識を逆転するような新たな成果が積み重ねられつつある。宗教から見た近代や近代史の問い直しも提起されている。

そのような情勢に鑑み、ここに関連研究者の総力を挙げて、はじめての本格的な近代日本宗教史を企画し、刊行することにした。その際、以下のような方針を採ることとした。

1、オーソドックスな時代順を採用し、幕末・明治維新期から平成期までカバーする。近代日本の宗教史を知ろうとするならば、まず手に取らなければならない必読書となることを目指す。

2、一面的な価値観や特定の宗教への偏りを避け、神道・仏教・キリスト教・新宗教など、多様な動向に広く目配りし、宗教界全体の動きが分かるようにする。

3、国家政策・制度、思想・信仰、社会活動など、宗教をめぐる様々な問題を複合的な視点から読み解くようにする。そのために、宗教学研究者を中心にしながら、日本史学・政治学・思想史学・社会学など、関連諸学の研究者の協力を仰ぎ、学際的な成果を目指す。

4、本文では、主要な動向を筋道立てて論ずるようにするが、それで十分に論じきれない特定の問題をコラムとして取り上げ、異なった視点から光を当てる。

以上のような方針のもとに、最新の研究成果を生かしつつ、しかも関心のある人には誰にも読めるような平易な通史を目指したい。それにより、日本の近代の履歴を見直すとともに、混迷の現代を照らし出し、よりよい未来へ向かっての一つの指針となることを期待したい。

編集委員　島薗　進　大谷　栄一
末木文美士　西村　明

近代日本宗教史　第三巻　教養と生命——大正期

目次

巻頭言　*i*

近代日本宗教史　第三巻　教養と生命——大正期

第一章　総論――大正宗教史の射程

大谷栄一

一　「宗教」と「宗教的なもの」と「非宗教」

新しい大正宗教史へ

本巻は、大正期の宗教史を扱う巻である。大正時代は、一九一二～二六年までのわずか一五年間である。明治（四五年）や昭和（六四年）、平成（三一年）と比べると、圧倒的に短い。ただし、大正時代は第一次護憲運動（一九一二～一三年）、第一次世界大戦（一九一四～一八年）、ロシア革命（一九一七年）、米騒動（一九一八年）、シベリア出兵（一九一八～二二年）、朝鮮の三・一運動（一九一九年）、中国の五・四運動（同年）、関東大震災（一九二三年）、第二次護憲運動（一九二四年）など、国際的にも国内的にも重大な出来事が頻発した時期である。

こうした出来事の影響を受け、日本では急激な社会変動や文化変動が起こる。「デモクラシーの戦争」と称された世界大戦を経て、一九二〇年代の日本社会でもデモクラシーの影響が顕著になる。とくに米騒動の発生をきっかけとして、普通選挙運動や社会主義運動、国家主義運動、労働運動、農民運動、水平運動（部落解放運動）、女性解放運動、学生運動など、さまざまな社会運動・政治運動が展開され、「改造」が当時の流行語となった。

また、白樺派の人道主義や理想主義、教養主義、マルクス主義などの新しい思潮が広く受容されたのも大正期の特徴である。

では、この大正期の宗教史（いわば、大正宗教史）は、今までどのように語られてきたのだろうか。

近代日本宗教史は本シリーズが初めての本格的な試みとなるが、これまでは古代から近代（現代）までを通覧した日本宗教史の中で、大正宗教史が取り上げられてきた。じつは、日本宗教の通史自体が少なく、土屋詮教『増補再訂　日本宗教史』（敬文堂書店、一九三三）、比屋根安定『新版　日本宗教史』（日本基督教団出版部、一九六二）、笠原一男編『日本宗教史』全二巻（山川出版社、一九七七）、末木文美士『日本宗教史』（岩波新書、二〇〇六）を数えるばかりである。

これらの研究で近代（現代）の宗教史が扱われているが、（期間が短いこともあり）大正期が独立して取り上げられることはほとんどない。その中で、珍しく大正期の宗教史を単独の章として記述しているのが、土屋詮教（一八七二〜一九五六）である。土屋の『日本宗教史』は国内での日本宗教の通史の嚆矢というべき作品である。東京専門学校（現在の早稲田大学）での講義録（教科書）として一九〇〇（明治三三）年に刊行されてから、何度も改訂されている。その最後の増補再訂版が一九三三（昭和八）年に出版されたものである。この増補再訂版の「近世史」の中で、「大正時代の宗教概観」の章が設けられている（土屋には『大正仏教史』［三省堂、一九四〇］という著作もある）。

「大正時代の宗教概観」では、大正期の宗教史の特徴として（一）社会事業に対する宗教的活動、（二）政府の宗教政策と僧侶の参政権運動に伴う政治的運動、（三）世界大戦乱と宗教界の覚醒、（四）各宗教育事業と自由研究及び出版物、（五）宗教の影響による芸術的作品の「五大事実」が挙げられている（五七八頁）。ただし、これらだけでは大正宗教史を十全に描いたことにはならない。土屋の記述には欠けているものがある。それは、「宗教的なもの」や「非宗教」の現象や問題である。

ここでいう「宗教的なもの」とは「宗教」とは区別されるが、「宗教」を源泉としたり、何らかの宗教性や霊性を帯びたものであり、（第三章で論じられる）「霊術」や「民間精神療法」、（第六章で取り上げられる）「宗教的共同体」を指している。（第二章で考察される）「教養主義」や「生命主義」は、それ自体は「宗教」や「宗教的なもの」ではないが、「宗教」と密接な関係があった。また、「非宗教」とは（後述する）「民俗信仰」や「類似宗教」（新宗教、民衆宗教）、（第五章で分析される）「神社非宗教論」を意味する。

大正宗教史（さらに広く言えば、近代日本宗教史）の動向と特徴を把握するためには、「宗教」だけにとどまらず、「宗教的なもの」や「非宗教」もあわせて論じなければならない。大正期の日本宗教は、「宗教」「宗教的なもの」「非宗教」の複合体から形成されているのである。本書で取り上げられる「宗教的なもの」の生起自体は明治時代からだが、広く人々の耳目と支持を集めるようになるのが大正期であり、また、神社の宗教性が問題化した「神社対宗教問題」（後述）は明治末期から大正期にかけて発生する。

このように、大正期には明治期にはまだ顕在化していなかった（あるいは見られなかった）現象や問題を認めることができ、明治期や昭和期とは異なる、独自の宗教史を描くことができるのである。

なお、大正宗教史は一九一〇（明治四三）年の韓国併合に見られるように、帝国の宗教史でもあった。ただし、本論では帝国主義・植民地主義の問題を論じることができなかったことをお断りしておく（台湾と朝鮮における帝国日本の宗教政策については、本シリーズ第四巻所収の川瀬貴也「植民地における宗教政策と国家神道・日本仏教」を参照されたい。）

明治政府の開化政策・宗教政策と「神社非宗教論」

ここで、「非宗教」について、より詳しく説明しておこう。

そもそも、「宗教」という日本語は、religion の訳語として、明治一〇年代以降に用いられるようになった概念である（鈴木範久『明治宗教思潮の研究』東京大学出版会、一九七九／磯前順一『近代日本の宗教言説とその系譜』岩波書店、二〇〇三）。各宗教伝統を指し、それらを包括するという今日な意味での「宗教」概念は、（用語自体は前近代から存在したが）近代になってから用いられるようになった。西洋の religion 概念の中核にはキリスト教（とくにプロテスタンティズム）の影響があり、個人の信仰を基調として、儀礼的要素（非言語的な慣習行為＝プラクティス）を排除した、ビリーフ（概念化された信念体系）重視の特徴があった（磯前前掲書、三五～三七頁）。なお、プラクティスには治病の技法や社会事業といった言語的な意識的行為も含めておく。

このような「宗教」概念の普及と、近代化を主導した政府の開化政策・宗教政策によって、第二次世界大戦前の日本では、宗教／非宗教の線引きが行われた。たとえば、明治政府の開化政策の下、「修験宗」（修験道）の廃止（一八七二「明治五」年九月）、梓巫《あずさみこ》（死者の霊を呼び寄せる口寄せをする巫女）、市子《いちこ》（同前）、憑祈《よりき》禱《とう》（ひとについた霊を追い払うための祈禱）、孤下《きつねさ》げ（狐つきの病気を治すこと）の禁止（一八七三「明治六」年一月）、禁厭《きんえん》（災難厄事を防ぎ、治病のために行う消極的な呪術的行為）や祈禱によって医薬を妨げる者の取り締まり（一八七四「明治七」年六月）などによって、「迷信」と目された民俗信仰は抑圧されるが、これらは「宗教」とみなされなかった（安丸良夫『神々の明治維新』岩波新書、一九七九）。

くわえて、一九世紀前期から中期に開教し、幕末・明治維新期に爆発的に教勢を拡大した黒住教（一八一四［文化一一］年立教）、天理教（一八三八［天保九］年立教）、金光教（一八五九［安政六］年立教）などの新宗教（民衆宗教）は、病気直しを通じて当時の民衆の悩みや苦しみに応えた（桂島、二〇二〇）。しかし、そうした活動は問題視され、いずれの教団も政府からの弾圧を受けている。戦前の新宗教は「淫祠邪教」視され、「類似宗教」や「新興宗教」と呼ばれた。つまり、「宗教」に類似したもので、「宗教」ではなかったのである（戦前の新宗教教団は宗教団体としての法的な認可を得ることができなかった。ただし、先の三教団は教派神道として独立を果たす）。

このように、「宗教」ではない、「宗教」のようなものと認定された民俗信仰や新宗教は、抑圧されたのである。

戦前の日本では「神社」もまた「宗教」ではなく、「非宗教」だった。それを理解するためには、明治初期〜中期の政府による宗教政策を理解しなければならない。

一八六八（慶応四＝明治元）年一月に成立した明治新政府は、一八七一（明治五）年五月に「神社ノ儀ハ国家ノ宗祀」（太政官布告第二三四）と宣示し、「官社以下定額及神官職員規則等」（同第二三五）を定めた（同年七月には後者に付帯する「郷社定則」［同第三二一］も発布）。神社は「宗教」ではなく、国家的な「祭祀」（に関わる国家的な施設）であると位置づけられ、全国の神社を「官社」（官幣社・国幣社）と「諸社」（府社・藩社・県社・郷社・村社・無格社）に区分する社格制度が設けられた。神社の国家機関化が意図され、いわゆる国家神道の形成が図られていく。

ただし、近代日本の宗教制度の骨格が確定するまでには、試行錯誤が重ねられた。戦前の日本の政教関係は、「宗教」「祭祀」「政治」の三者関係から構成された（大谷、二〇一三）。祭政一致を掲げて成立した明治新政府は、当初、祭政教一致の神道国教化政策を推進したが、早々に挫折した。「神社ノ儀ハ国家ノ宗祀」と位置づけた政府は、一八七二（明治五）年三月に教部省を設置し、「祭祀」は式部省、「宗教」は教部省の管轄とした（第一次祭教分離）。

なお、教部省は一八七七（明治一〇）年に廃止され、神祇・宗教行政は内務省社寺局が担当することになった。

その後、一八八二（明治一五）年一月の神官と教導職の分離（内務省達乙第七号）、一八八四（明治一七）年八月の教導職の廃止（太政官布達第一七号）によって、祭教分離（第二次）が確立する。前者によって、「神社非宗教論」が政府に公式に採用された（阪本是丸『近世・近代神道論考』弘文堂、二〇〇七、三六六〜三六九頁）。くわえて、「祭祀」を担う神官（神社神道）と神道の教義の布教を中心とする教法家（教派神道）の二極化が進み、神道教派は「宗教」としての形態を整備していくことになる（井上順孝『教派神道の形成』弘文堂、一九九一）。

さらには、一八八九（明治二二）年二月に発布された大日本帝国憲法の第二八条「日本臣民ハ安寧秩序ヲ妨ケス及臣民タルノ義務ニ背カサル限ニ於テ信教ノ自由ヲ有ス」によって、信教の自由と政教分離が画定された。

戦前の日本の宗教構造

このように、戦前の日本の政教関係は祭政一致、祭教分離、政教分離からなる「日本型政教分離」（安丸前掲書、二〇八頁）という特徴をもつ。なお、「国家神道を支える最大のイデオロギーとなったのは、「神社非宗教論」による祭政一致・敬神崇祖の理念であった」ことを確認しておこう（阪本是丸『近世・近代神道論考』弘文堂、二〇〇七、三六七頁）。

「非宗教」とされた国家神道の「祭祀」は、すべての国民が関わるべき公的な国民道徳であり、仏教、教派神道、キリスト教といった「宗教」は、（安寧秩序を妨げず、臣民の義務に背かない限りでの）個人の信教の自由が認められたものだった。これを、島薗進は「「公」の国家神道と「私」の諸宗教が重なりあうという二重構造的な宗教地形（religious landscape）」（『国家神道と日本人』岩波新書、二〇一〇、五一頁）と表現した。

以上を踏まえて、近代日本（とくに戦前の日本）の宗教構造（非宗教を含む）を整理しておこう。ここで、西山茂によって示されたモデルを参照する。西山は当時の為政者の宗教理解の仕方に沿って、「国家神道確立以降の近代日本宗教の成層構造」を次頁のように図示する（「近代仏教研究の宗教社会学的課題」『近代仏教』第五号、一九九八、七頁）。

西山によれば、戦前の日本の為政者の定義では、②のみが「宗教」だった。①は「宗教」の上に疎外されて「超宗教」になり、③は逆に「宗教」の下に疎外されて「宗教もどき」とされた（七〜八頁）。なお、西山の成層構造では①が公的領域に属し、②と③が私的領域に位置するということになる。ちなみに、「霊術」や「民間精神療法」、「宗教的共同体」といった「宗教的なもの」はこの中には含まれず、③と併存する位置づけになるだろう。

以上、religion の訳語としての「宗教」概念の普及、明治政府の開化政策・宗教政策による宗教／非宗教の線引きによって、戦前の日本の宗教構造が構成されてきたことを説明した。大正宗教史においては、この

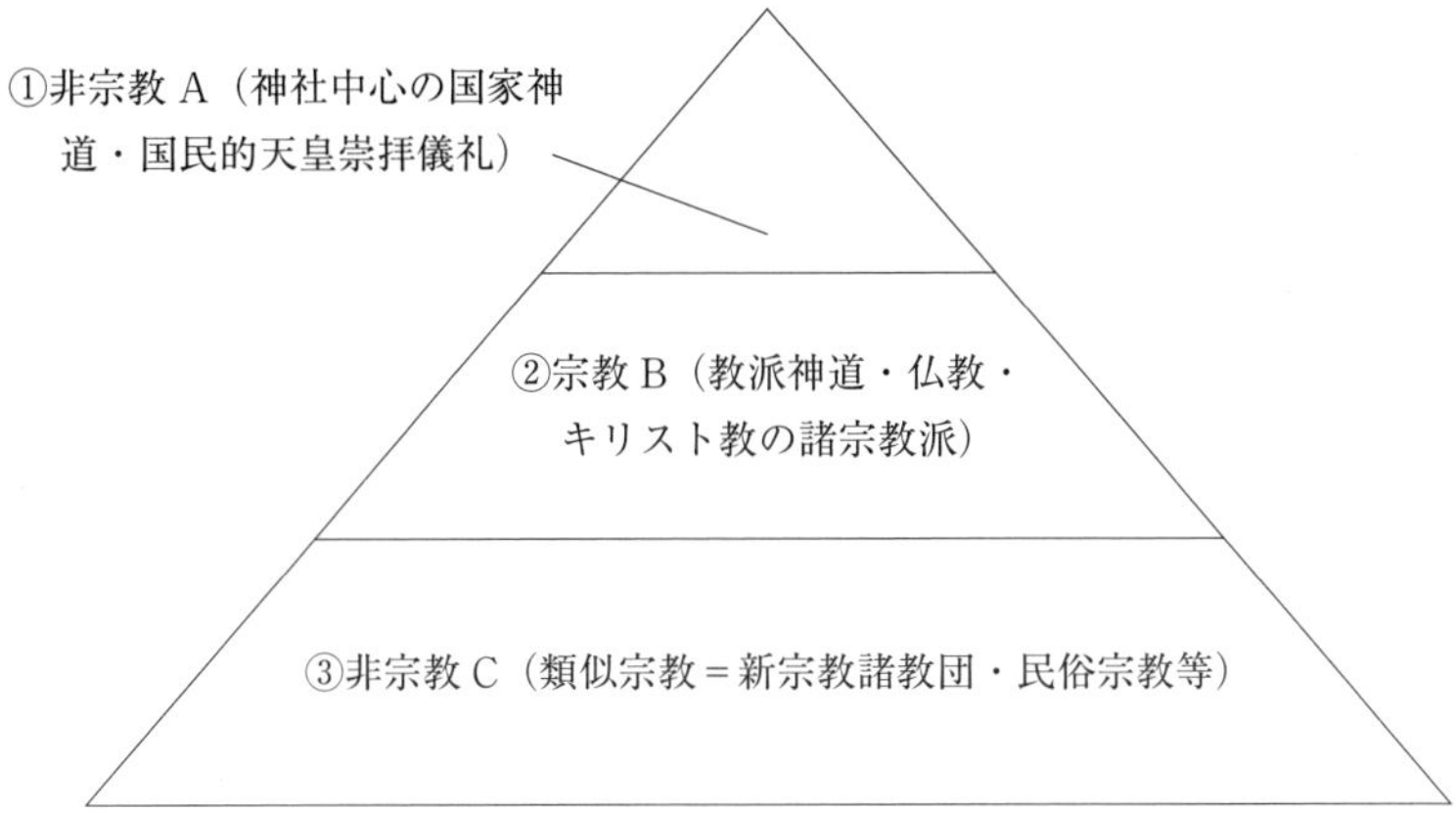

図　近代日本宗教の成層構造
（西山茂「近代仏教研究の宗教社会学的課題」より筆者作成）

成層構造の各領域内、領域間でさまざまな交渉や交流、対立や抑圧などが見られた。ただし、島薗と西山の議論では筆者のいう「宗教的なもの」が明確に位置づけられていないため、本論では、「宗教」「宗教的なもの」「非宗教」の間での複雑な関係性を分析することで、大正宗教史の動向と特徴を把握することをめざす。

近年、この大正期の宗教史については、数々の刺激的な新しい研究成果が公表されている。本論ではこれらの成果を参照しつつ、大正宗教史の見取り図を示すことにしよう。具体的には、教養主義と宗教のかかわり、民間精神療法の広まり、宗教界の大正デモクラシー、「改造」の時代の宗教界の動向について論じることにする。

なお、以下の記述では、時代幅を大正時代（一九一二〜一九二六）に限定せず、その前後の時期（一九〇〇年代半ば〜一九三〇年代初頭）も含めて扱うことにする。

二　教養主義と宗教のかかわり

旧制一高と教養主義

教養主義とは「哲学・歴史・文学など人文学の読書を中心にした人格の完成を目指す態度」のことである（竹内洋『教養主義の没落』中公新書、二〇〇三、四〇頁）。では、いつどのように成立したのか。筒井清忠によれば、「日本の教養主義は修養主義に包括された形で明治末期に成立し」たのち、「大正初期から中期にかけてそれは修養主義から分離してエリート文化として自立してくる」（『日本型「教養」の運命』岩波書店、一九九五、四九頁）。

教養主義も修養主義も人格の向上や完成をめざす人格主義という特徴をもつが、旧制高校の学歴エリート文化である教養主義に対して、大衆文化である修養主義は講談社（当時は大日本雄弁会講談社）の出版文化、修養団や青年団、さまざまな宗教団体を通して、大正・昭和期に浸透していった（三五頁）。

ここでは、旧制第一高等学校（現在の東京大学教養学部。以下、一高）に代表される旧制高校の学生に受容された大正教養主義と宗教の関係について概観しよう。

「教養の観念は主として漱石門下の人々でケーベル博士の影響を受けた人々によって形成されていった。阿部次郎氏の『三太郎の日記』はその代表的な先駆で、私も寄宿寮の消灯後蝋燭の光で読み耽ったことがある。」（「読書遍歴」『三木清全集』第一巻、岩波書店、一九九六、三八七頁）

こう述べるのは、京都学派の哲学者・三木清（一八九七〜一九四五）である。一八九七（明治三〇）年に兵庫県に生まれた三木は、一九一四（大正三）年九月、一高に入学した。一高生になった三木は、同年四月に刊行された『三太郎の日記』（東雲堂書店）を手にしたのである。この作品は、「大正教養主義のバイブル」だった（竹内洋『学歴貴族の栄光と挫折』講談社学術文庫、二〇一一、二六〇頁）。

ちなみに、「漱石門下の人々でケーベル博士の影響を受けた人々」は阿部のほかに、和辻哲郎や安倍能成がおり、いずれも大正教養主義を代表する人々だった。

『三太郎の日記』の刊行後、夏目漱石『こゝろ』（一九一四）、阿部次郎・安倍能成・上野直昭編『哲学叢書』全一二冊（一九一五年刊行開始）、倉田百三『出家とその弟子』（一九一七年六月）、西田幾多郎『自覚に於ける直観と反省』（同年一〇月）、『漱石全集』（同年一二月刊行開始）、和辻『古寺巡礼』（一九一九）、倉田『愛と認識との出発』（一九二一）等が刊行されるが、これらはすべて、一九一三（大正二）年に創業した岩波書店から刊行された（筒井前掲書、四九〜五〇頁、竹内前掲書、二五六頁）。

なお、『三太郎の日記』の合本（三冊）が一九一八（大正七）年に岩波書店から刊行され、一九一一（明治四四）年に弘道館から発売された西田幾多郎の『善の研究』は、一九二一（大正一〇）年にやはり岩波書店から再刊されている。このように岩波書店は、大正教養主義を代表する作品を生み出した出版社だった。

教養主義と宗教の相補的な関係

ここで、ふたたび、三木清の回顧を紹介したい。

地方から出てきた「孤独な田舎者」であった三木が一高時代に比較的多く読んだのが、「宗教的な書物」

だった。キリスト教、仏教、日蓮宗、真宗、禅宗の本などを読んだが、深い感銘を受けたのは、『歎異抄』だった。真宗大谷派の学僧・近角常観《ちかづみじょうかん》（一八七〇～一九四一）の『歎異抄講義』を「忘れられない本」として挙げている（前掲「読書遍歴」、三八三頁）。三木は本郷森川町にあった近角主宰の求道学舎で近角の歎異抄講義を聞いたこともあった（岩田文昭『近代仏教と青年』岩波書店、二〇一四）。

こうして、読書を通じて「宗教」に接した三木だったが、「私のみではない、その頃の青年はいつたいに宗教的な関心が強かつたやうである」、と述懐していることは興味深い（前掲「読書遍歴」、三八四頁）。一高における「教養と宗教の錯綜した関係」を分析した手戸（伊達）聖伸によれば、一高生たちは――三木のように――「宗教的文芸趣味」をもち、「人格の修養」と個性の伸長を重んじた（手戸、二〇〇〇、九六頁）。一高生たちに見られる「教養と宗教」の関係を、手戸は（一）教養の一環としての宗教、（二）教養の極致としての宗教、（三）教養の宗教的機能にまとめている。彼ら（の一部）は宗教を教養として学び、宗教を教養の極致として把握していた場合もある。このように教養や宗教（あるいはその両者の観念の結合形態）に興味を持つことが当時のトレンド、一高をおおう支配文化であり、それらが「人格形成システムとして作動した」ことを、手戸は指摘している（一〇一頁）。いわば、教養主義と宗教は相補的な関係にあったのである。

教養主義と仏教の関係を論じた碧海寿広は、近角常観と近角を熱狂的に支持した当時の青年たちとの関係を踏まえて、仏教が「個々人の「人格の完成」を目指す近代日本の教養主義的な文化の一角に根を下ろした」と述べている（『入門　近代仏教思想』ちくま新書、二〇一六、　六九～一七〇頁）。ただし、碧海がここでいう仏教とは「古臭い田舎の仏教」ではなく、近角に導かれた青年たち個々の内面で新たに体験された「心のなかの伝統仏教」というべきものだった（同前、一七〇頁）。

ちなみに、三木は一高の三年生の時に大学では哲学を専攻することを決意するが、それは西田幾多郎の『善の研究』を読んだからだった。一九一七（大正六）年、一高を卒業した三木は東京帝国大学（以下、東京帝大）には進まず、京都帝国大学文学部哲学科に入学し、西田に師事することになる。

以上のような教養主義との相補性は、キリスト教にも見られた。内村鑑三（一八六一～一九三〇）の無教会主義である。

「紙上の教会」という概念を用いて、内村の無教会キリスト教の運動を分析したのが、赤江達也である。この概念は内村が用いたものであり、その基本構想は内村が刊行する雑誌によって構築された読者共同体を基盤としながら、その読者たちが各地で集会を形成していくものであった（『「紙上の教会」と日本近代』岩波書店、二〇一三、一一三頁）。赤江によれば、無教会キリスト教は「「読者宗教」と呼びうるような近代宗教運動のひとつであり、その典型」だった（三〇五頁）。

赤江はまた、無教会キリスト教を「教養主義的な宗教、すなわち「教養宗教」」と呼ぶ（三〇九頁）。明治後期以降、内村の門下に一高生や東京帝大の学生を主とする学歴エリートたちが参入してくる。その背景にあったのが、前述した教養主義である。教養主義は「読書を中心にした人格の完成を目指す態度」だが、まさに「読者宗教」である無教会キリスト教とは相性が良かったわけである。

さらに興味深いのが、教養主義の発展を支えた岩波書店の創業者・岩波茂雄が、内村と師弟関係にあったことである（一三一頁）。内村も岩波書店から著作を刊行するようになり、『余は如何にして基督信徒となりし乎』（岩波文庫、一九三八）等の内村の著作自体が教養主義の古典となっていくのである（同前）。

親鸞ブームと「仏教の教養化」

土屋詮教の『増補再訂　日本宗教史』では、「大正時代の宗教」の特徴のひとつとして、「宗教の影響による芸術的作品」の刊行が挙げられていた。その題材として、（一）親鸞ものを中心として法然上人に関するもの、（二）耶蘇に関するもの、（三）その他一般に宗教的色彩を帯びたものに大別している。

このうち、（一）は法然ものよりは、親鸞ものの方が隆盛を極めた。一九二二（大正一一）年、親鸞を題材とした小説や戯曲が数多く発表され、空前の「親鸞ブーム」（千葉、二〇一一、一〇〇頁）を迎える。その呼び水となったのは、倉田百三の戯曲『出家とその弟子』（岩波書店、一九一七）である（倉田の思想とこの作品の特徴については第二章を参照）。本書はベストセラーとなり、教養主義の普及の中で必読書となる。

この本が刊行されてから、「大正期には親鸞を取り上げた小説や演劇、映画や新聞連載が多数登場したほか、雑誌や単行本でも、親鸞の生涯が描かれたり、評論の対象となったりした」。こう指摘するのは、大澤絢子である（『親鸞「六つの顔」はなぜ生まれたのか』筑摩選書、二〇一九、一四八頁）。こうした流れの中に「親鸞ブーム」があり、このブームは、浄土真宗関係者以外の人々が「親鸞という存在に接することになった画期となす社会現象」だった（一四八頁）。

なお、大澤によれば、「親鸞ブーム」を可能にした社会的背景が、大正期における本や雑誌、新聞といった出版メディアの急成長だった（一六二頁）。また、一九二〇年代の日本における大衆社会の進展の中で、講談社の雑誌『キング』（一九二五年創刊）の大量販売や改造社の『現代日本文学全集』全六三巻（一九二六年刊行開始）による「円本ブーム」の出版文化の発展もあった（これが教養主義や修養主義が普及する社会基盤となった)。

碧海は、倉田の作品の意義を「仏教の教養化」(前掲『入門 近代仏教思想』、二六五頁)と評価している。このことは、「親鸞ブーム」にも当てはまるのではなかろうか(また、「仏教の修養化」の側面もあったであろう)。

以上、教養主義と宗教の相補的な関係を検討したが、それはいわば、(仏教とキリスト教を含む)「宗教の教養化」(赤江、二〇一八、二三九頁)として捉えることができる。

三 民間精神療法と「二つの近代化」

民間精神療法というプラクティス

二木《ふたき》謙三の腹式呼吸法、岡田虎二郎の岡田式静坐法、肥田春充《ひだはるみち》の肥田式強健術、高野太吉の高野式抵抗養生法、水治療法、断食や玄米食の食物療法。

これは、ある一高生が一高在学中の一九〇九(明治四二)年に呼吸系の疾患(後日、肺結核と判明)の診断を受けてから、一〇年間に及ぶ闘病生活の中で体験した民間療法の一部である。この青年の名前を、妹尾義《せのおぎ》郎《ろう》(一八八九~一九六一)という。一九〇八(明治四一)年に一高に優秀な成績で入学した妹尾は、新渡戸稲造(当時の一高校長)の薫陶を受けた。新渡戸は「一高を教養主義(当時は「修養」と言った)の方向に転換させた」人物であり(筒井清忠『日本型「教養」の運命』岩波書店、一九九五、三一頁)、和辻哲郎や妹尾と同級生の河合栄治郎も影響を受けていた。妹尾もまた、教養主義（修養主義）の申し子だったのである。

病気のために一高を中退し、故郷の広島で闘病中の妹尾はいくつもの民間療法を試す中で、一九一一（明治四四）年二月に『法華経』と出会い、「南無妙法蓮華経の功徳と腹式呼吸の効験は誠に著しきもの」（同年一二月）と感じるようにもなった（『妹尾義郎日記』第一巻、国書刊行会、一九七四、二二三頁）。

その後、体調が回復した妹尾は上京し、一九一九（大正九）年に大日本日蓮主義青年団を結成し、昭和初期まで日蓮主義者として活躍することになる（拙著『日蓮主義とはなんだったのか』講談社、二〇一九）。

病院に行っても復調しない妹尾が試みた数々の民間療法は、妹尾個人の体験に帰せられるものではない。当時、エリートから民衆まで、幅広い社会層に受容された霊術、民間精神療法といった「宗教的なもの」だったのである。

これまで、こうした宗教と医療、宗教と科学、宗教と呪術の間にあるようなプラクティス（技法）については——その重要性は認められつつも——十分に調査・研究が進展してこなかった。その先駆的な成果として、井村宏次『霊術家の饗宴』（心交社、一九八四）、田邉信太郎・島薗進・弓山達也編『癒しを生きた人々』（専修大学出版局、一九九九）、島薗進『〈癒す知〉の系譜』（吉川弘文館、二〇〇三）等がある。その最新の成果が栗田英彦・塚田穂高・吉永進一編『近現代日本の民間精神療法』（国書刊行会、二〇一九）と碧海寿広『科学化する仏教』（角川選書、二〇二〇）である。

これらの研究の中で紹介されてきた多種多様なプラクティスの総称については、「霊術」（『霊術家の饗宴』）、「近代知へのオルタナティブ」としての「癒しの運動群」（『癒しを生きた人々』）、「〈癒す知〉」（『〈癒す知〉の系譜』）などが提唱されてきた。しかし、この領域を主導してきた吉永進一は、「癒しの運動群」は現代的な視点からの意味づけが大きく、曖昧さがあること、当時の用語である「霊術」は呪術的な部分に重点があり、技法や思想面で関係の深かった修養文化が除外されていること、大正時代の使用法では「霊術」よりも「精神療法」の方が使用頻度の高いことから、「民間精神療法」を提起している（吉永、二〇一九、一一頁）。以下、吉永の見解にもとづき、大正期の民間精神療法の特徴を概観しておこう。

吉永は――『近現代日本の民間精神療法』の「あとがき」で――精神療法が「伝統的な宗教的治病の脱宗教化、あるいは心理学の土着化によって、宗教とは別のものとして成立した」と指摘する（吉永、二〇一九b、三八五頁）。また、ビリーフ重視の「宗教」概念の普及によって、病気直しのようなプラクティスは「迷信」として社会の片隅に追いやられたように語られたが、そうではなく、実際は「民間精神療法」という形で「呪術的な技法は近代化され、脱宗教化されて、一般社会の基礎構造（医療、科学、社会倫理、政治など）に入り込もうとしたのではないか」（三八六頁）、という魅力的な仮説を示している。

なお、吉永は井村の時期区分を踏まえ、「民間精神療法」の時代区分と特徴を次のようにまとめている。

第一期　萌芽期（一八六八～一九〇三）	宗教実践が宗教という文脈から外れて、治療法化した時期
第二期　精神療法前期（一九〇三～一九〇八）	催眠術が大流行し、最終的には一九〇八（明治四一）年の「警察犯処罰法」によって取り締まりを受けるまでの時期
第三期　精神療法中期（一九〇八～一九二一）	精神療法の最盛期。精神療法独自の技法が完成し、修養的な側面が強かった時期。岡田式静坐法、大本教の流行
第四期　精神療法後期（一九二一～一九三〇）	大正期精神療法の末期で精神療法家が職業として成立した時期。修養的、形而上的側面よりも治療効果を重視
第五期　療術期（一九三〇～一九四五）	精神療法は急速に勢力を減少し、物理的な療法（電気、光線、指圧、整体等）が盛んになる時期

表「民間精神療法」の時代区分と特徴（吉永（二〇一九）より筆者作成）

大正期は、第三期と第四期に相当し、とくに第三期は最盛期と位置づけられている。すなわち、妹尾が民間精神療法（呼吸法、強健法、食物療法）を体験したのは、まさにこの第三期だった。一九二八（昭和三）年発行の『霊術と霊術家』（二松堂）には、治療家の数が三万人と記されているという（吉永、二〇一九a、三頁）。

妹尾も実践した岡田式静坐法は、岡田虎二郎（一八七二～一九二〇）によって創始された「心身修養法」である（第三章参照）。明治末から大正期にかけて、学生や教師を中心とした知識人（その中には著名な真宗僧侶もいた）の間で大変な人気があったプラクティスである。岡田が定めた呼吸法と坐法によって静坐することで、結核や神経衰弱の治療や健康増進から、人格陶冶やある種の宗教体験までの効果があるとされた（栗田、二〇一四、一一七頁）。

注目すべきは、岡田式静坐法が心身修養法だったことである。栗田英彦によれば、加藤咄堂の『瞑想論』（一九〇五）や『修養論』（一九〇九）で座禅修養論が説かれて以来、個別の宗教的文脈に依存しない「心身修養」が流行し、岡田静坐法もその流れにあるという（栗田、二〇一五、六七頁）。つまり、修養主義と民間精神療法が接続しており、こうした民間精神療法の団体も修養主義が普及する社会基盤となったのである。

明治後期から大正期に隆盛期を誇った民間精神療法は、一九三〇（昭和五）年の「療術行為ニ関スル取締規則」（警視庁令第四三号）の影響もあり、昭和期には医学（科学）、療術・家庭療法・健康道、宗教と三分化し、その技法は家庭療法と宗教の一部に伝えられ、表面的には姿を消した（吉永、二〇一九、一六頁）。「宗教ならざる宗教的な治病技法」（同前）としての民間精神療法は、大正期における「宗教的なもの」の有力な現象であり、それが「宗教」に流れ込むこともあったのである。

「神秘・呪術ブーム」と近代化

「大正年間をとおして最も世間を騒がせたのは、霊術団体・太霊道と宗教団体・大本教であった」（井村前掲書、二八九頁）。こう評される大本は一八九二（明治二五）年に出口なお（一八三七〜一九一八）によって創始され、娘婿の出口王仁三郎（一八七一〜一九四八）によって組織された神道系新宗教団体である（第三章、第四章参照）。大本は大正期に教勢を伸長し、世界の立替えを説く「大正維新」の主張は社会的に大きな反響を呼んだ（川村邦光『出口なお・王仁三郎』ミネルヴァ書房、二〇一七）。

一方、太霊道は、田中守平（一八八四～一九二九）によって一九一六（大正五）年に組織された「大正期最大の霊術団体」（一柳廣孝『怪異の表象空間』国書刊行会、二〇二〇、一〇六頁）である。太霊道は宗教団体ではなく、霊術団体（精神療法団体）だった。一九二九（昭和四）年に宗教団体化しようとしたが、成功せず、結局、消失してしまう。

栗田によれば、一九一六（大正五）年から両者は大規模な活動をはじめ、大本の「鎮魂帰神法」と太霊道の「霊子術」という技術による霊的実験が世間の注目を集めていた（第三章参照）。しかし、一九二〇（大正九）年の第一次大本事件（不敬罪と新聞紙法違反による弾圧事件）と、一九二九（昭和四）年の田中守平の逝去によって、両団体は大きなダメージを受けることになる。

以上のような民間精神療法の隆盛、大本と太霊道の発展に見られるように、明治末・大正期に「神秘・呪術ブーム」が起こり、「〈霊＝術〉系新宗教」が伸長した意味を日本の近代化の問題として読み解いたのが、西山茂である。

西山は、明治末・大正期に千里眼・念写のような超能力、催眠術、伝統的な修験霊術を含む諸種の霊術が流行った神秘・呪術ブームが起こり、それを背景として、太霊道や大本という〈霊＝術〉系新宗教が教勢を伸ばしたことを指摘している（西山は太霊道を「宗教」に含めている）。なお、〈霊＝術系〉新宗教とは「神霊・人間霊・動物霊とその構成要素・作用などを操作し、それらの実在を「証明」したり、病気治しなどの除災招福をはかったりする反復的な霊術を、救済や布教の主要な武器とする新宗教のこと」である（西山、一九八八、一七二頁）。

西山によれば、明治初年に始まって明治末・大正期に一段落した「第一の近代化」と、第二次世界大戦後に始まり、高度経済成長後の一九七〇年代初頭に一段落した「第二の近代化」という「二つの近代化」がある（一七六頁）。その「二つの近代化」の一段落の時期に、「非合理の復権」（神秘・呪術ブーム）が生じ、〈霊＝術〉系新宗教が流行したという。

また、〈霊＝術〉系新宗教は「術の宗教」とも記され、それに対置されるのが、教義信条に重点を置いた「信の宗教」である（いわば、ビリーフの宗教とプラクティスの宗教）。「われわれは、近代化の開始期や推進期に「信の宗教」の発展を見、近代化の一段落期に「術の宗教」の台頭を見るのである」（一七七頁）という、二つの宗教パターンの交互的な発展を、西山は剔抉している。

西山の立論の背景には、ヴェーバーの近代化論（合理的な近代化の進展によって、非合理的な呪術が衰退する）への批判という意図がある。西山は、〈霊＝術〉系新宗教の流行を（「呪術からの解放」＝脱呪術化を近代化と捉える通説に対して）「呪術への解放」（一七二頁）＝再呪術化と捉え返す。説得的な見解である。ただし――吉永の言葉を借りれば――「近代は呪術を脱したのではなく、呪術も近代化した」のである（吉永、二〇一九b、三八六頁）。民間精神療法の隆盛や神秘・呪術ブームの発生は、「近代化された呪術」の受容を意味する。日本の近代化は脱呪術化が単線的に進む過程ではなく、脱呪術化と再呪術化が輻輳的に展開する過程だが、その再呪術化は「非合理の復権」であると同時に、神秘や呪術を実験によって科学的な認識に変えようとした「合理の徹底」（碧海前掲『科学化する仏教』、一〇一頁）にも根ざしたものでもあった。

こうした合理／非合理、呪術化／脱呪術化／再呪術化の輻輳的な関係性から――西山の見解を導きの糸として――あらためて日本の近代化を問い直すことが求められている。

四　宗教界の大正デモクラシー

僧侶の参政権運動

大正デモクラシーとは、日露戦後から大正・昭和初期にかけての政治、社会、文化の各方面に現れた民主主義的、自由主義的な傾向のことである。宗教界にもこうした大正デモクラシーの影響が及んだ。ここでは、第一次世界大戦後の僧侶参政権運動（厳密には僧侶被選挙権獲得運動。以下、僧参運動）、神社界の「神社非宗教論」をめぐる難問、そして「神社対宗教問題」を取り上げ、「宗教」と「非宗教」をめぐる問題を論じる。

明治期の日本に議会制度が導入されてから、僧侶には被選挙権が与えられていなかった。「神官、神職、僧侶其ノ他諸宗教師」は衆議院、貴族院、地方議会選挙に立候補することはできなかったのである。一九二〇（大正九）年末時点で、僧侶の数は一二万三千余を数えた（松尾尊兊『普通選挙制度史の研究』岩波書店、一九八九、三九三〜三九四頁）。

そうした中、一九一四（大正三）年七月に僧侶の参政権（被選挙権）を求める要望を世に問うたのが、土屋詮教（早稲田大学講師）だった。土屋は雑誌『日本及日本人』に「宗制改革論」を発表する。その背景には、政府が一八九九（明治三二）年に議会に上程したものの挫折した宗教法案（第一次宗教法案）をあらためて議会に提出するという動きがあった（当時の日本には、宗教団体に関する一般法がなかった）。土屋は、（一）国家は憲法第二八条（信教の自由）を基礎としてすみやかに新しい宗教法案を制定すること、（二）宗教法案の制定に先立ち、各宗派の僧侶・教師が一般国民と同じ参政権を得ること、(三) 国家は各宗派と寺院が私法人であることを認め、保護監督することを主張した(土屋『大正仏教史』三省堂、一九四〇、二九頁)。じつは、土屋こそが僧参運動の「理論的指導者」だった(松尾前掲書、三九五頁)。土屋の問題提起によって当時の宗教系メディアで宗教法案、政教問題が論じられ、仏教界もこの僧参運動に取り組むことになった。その中心となったのが、一三宗五六派からなる仏教連合会(現在の全日本仏教会、以下、仏連)と仏教護国団(仏教連合会を設立母体とする団体)だった。

仏連は、一九一六(大正五)年三月一五日に文部省に対して、四項の申請書を提出した。(一) 宗教制度調査に関する件、(二) 神職と神道教師の区別に関する件、(三) 宗教に関する地方行政矯正の件、(四) 宗教教師・僧侶参政権の件の四項である。

(四) の申請理由は、こう記されている。宗教教師・僧侶に参政権を与えないのは現行制度の規定で、その立法の趣旨は「政教混淆の弊」を惹起する恐れからだが、いまだそうした「政教混淆の弊害」はない。宗教教師・僧侶も「同一国民」であり、「国民の義務」を尽くしてきたが、国家は自分たちに何ら「恩典待遇」を与えず、「国民均霑《きんてん》の権利」を与えないのは遺憾である。ついては「個人資格」としても、「宗教と政治の交渉の必要」からも、「被選挙権を得せしめん」、と(土屋前掲書、三六頁)。ここには――松尾尊兊が指摘するように――「国民の権利意識の向上という、大正デモクラシーの風潮の影響」が明らかだった(松尾前掲書、三九六頁)。

その後、一九二〇(大正九)年初頭の第四二回帝国議会の下で普通選挙運動(以下、普選運動)が全国的に興隆する中で僧参運動も本格的に起動した。同年一二月一七日、五八宗派の管長の連署で首相宛の誓願が出され、翌年一月以降、貴族院・衆議院両院に対して数万通の請願書も提出された。また、一月二三日の京都護国団主催の京都仏教徒大会を皮切りに全国各地で集会も開かれ、参政権獲得のための活動が繰り広げられた。

結局、一九二五（大正一四）年春の第五〇回帝国議会で普通選挙法が治安維持法と一緒に成立し、僧侶参政権も実現することになる。ただし、それは僧参運動の直接的な成果ではなく、「普選運動の産物」（四一〇頁）だった。

一九二八（昭和三）年二月の第一回普通選挙による衆議院議員選挙で、浄土宗の椎尾弁匡《べんきょう》を筆頭に、地方選挙でも百余名の僧侶が当選するなど、僧侶の政治参加が一挙に進む。ただし、その政治参加は「神官神職僧侶其の他諸宗教師」の政治結社への参加を禁じた治安警察法に抵触しない限りでのものだった。僧参運動では治安警察法の廃止や修正は取り上げられなかったのである（四一一頁）。「宗教と政治の交渉の必要」を求めた仏教界だったが、それは自由な政治活動を求めるものではなかった点に限界があった。

神社界の「神社非宗教論」をめぐる難問

前述の仏教連合会による文部省への申請の中には、（二）神職と神道教師の区別に関する件も含まれていた。なぜ、仏教界はその「区別」を求めたのか。建国の祖先や歴代天皇、国家への功労者を祀る神社は、「宗教以外に超然たらしめざるべからず」のものである（すなわち、「神社非宗教論」）。ところが、地方の神社での実情はまったくこの精神に反し、「神道」と「宗教」を分かつことができない「宗教的儀礼」を行い、神社が「宗教の教会、寺院」のようなものになっている。そこで、「神社をして全く宗教以外に超然たらしめ、以て神社の尊厳を保持し、信教の自由を保障せらるべきなり」と訴えた（土屋前掲書、三三〜三四頁）。
第一次大戦後の神社の動向の中で国家神道に対する批判や抵抗が起こり（ただし、仏連の申請はそれ以前）、「神社の宗教性」と「神社の国家性」が問題化していた（赤澤史朗『近代日本の思想動員と宗教統制』校倉書房、一九八五、五二頁）。

ここで、明治後期から大正期にかけて政府が行った神社制度の整備（による国家神道の制度化）の流れを確認しておこう。

一九〇〇（明治三三）年四月、内務省に神社局が新設された。一八七七（明治一〇）年から神祇・宗教行政を担ってきた社寺局は宗教局となり、ここで神社行政と宗教行政が制度的に区別される（一九一三［大正二］年六月には内務省宗教局を文部省に移管し、その分離が徹底された）。

一九〇六（明治三九）年四月の官国幣社経費への国庫供進金制度（法律二四号）、府県社以下神社への神饌幣帛供進制度（勅令九六号）による経済的措置、一九一三（大正二）年四月の「祭神、神社名、社格、明細帳、境内、創立、移転、廃合、参拝、拝観、寄付金、講社、神札等ニ関スル件」（内務省令第六号）による規定、同年同月の「官国弊社以下神社神職奉務規則」（同第九号）による諸社（民社）＝「国家ノ宗祀」の位置づけなど、神社制度が整えられた。

こうした動向を踏まえた第一次大戦後の神社政策は、日露戦後の地方改良運動時の「神社中心主義」にもとづいていた（五三頁）。それは地方行政や町村民の生活を神社に結びつけることで、地域社会の再編と統合を図ろうとするものである（第五章も参照）。その際、町村の神社に全町村民が参拝することが自明視されていた。それは、すべての神社が「国家ノ宗祀」＝国家的な施設であるという「神社非宗教論」の論理によって成り立っていた。ところが、仏連の批判のように神社の宗教性が問題視されたのである。

赤澤の研究を踏まえ、一九一〇～二〇年代における全国各地の「村の鎮守」の神主たち（在地神職層）の「階層的集団活性化現象」に着目し、その中心勢力の「在地神職社会的活動派」（社活派）と地方神職会が神社を通じた国民教化の積極的な担い手として活動し、一九二〇年代の大正デモクラシー期に「下からの」国家神道の形成に寄与したことを明らかにしたのが、畔上直樹の『「村の鎮守」と戦前日本』（有志舎、二〇〇九）である（国家神道の確立期を二〇世紀転換期と見るこれまでの通説に一九二〇年代半ば確立論という新説を提示している）。

畔上の研究で興味深いのは、神社界の「「神社非宗教」論の「偽装理論」としての読み替え」の問題である（三二九頁）。社活派らの神社界は「国民的宗教」「国家公ノ宗教」という「神社宗教論」がホンネだったが、「積極的神社非宗教論」（宗教を包含する上位概念として、神社を「非宗教」と見なす考え方）によって政府の公式見解である「神社非宗教論」を読み替えた、と分析している（ただし、この見解には［藤田、二〇一三］の批判がある）。

「神社対宗教問題」の発生

神社は「宗教」なのか、「非宗教」なのか。当然のことながら、このことは神社界だけの問題ではなく、仏教界やキリスト教界にとっても大問題だった。神社の宗教性と非宗教性、宗教性と公共性（国家性）をめぐる問題は、「神社対宗教問題」（神社問題）として社会問題化する。この問題については――藤田大誠が整理しているように――明治末期から大正初年にかけてクローズアップされ、一九二六（大正一五）年に設置され、宗教法案（第二次宗教法案）について審議された文部省の宗教制度調査会でも問題化し、さらには一九二九（昭和四）年に設けられた神社制度調査会でも議論された（藤田、二〇一三、四四頁）。

この問題に対する批判の矢は、とりわけ、キリスト教と真宗から投じられた。一九一四（大正三）年一〇月、日本組合基督教総会で「神社と宗教の区別に対する建議」が討議された結果、「日本国民をして神社は宗教に非ることを明瞭に知覚せしめんが為委員を選び其の方法を考究せしむること」が可決された（『全国神職会会報』一九三号、一九一四）。海老名弾正や小崎弘道ら五名の委員にその「考究」が付された。

この背景には、第一次大戦の勃発（同年七月二八日）に際して、政府が神社に対して戦勝祈念のため、小学校の生徒に神社参拝を求めたことに対する反発があった。なお、大正・昭和期に教育方針や学校経営の目標に「敬神崇祖」が掲げられ、教育現場での神社参拝が定着していくという状況もあった（山本信良・今野敏彦『大正・昭和教育基本法の天皇制イデオロギーI』新泉社、一九八六）。

同様の動きは他の教派にも見られた。一九一七（大正六）年八月の第三一回日本基督教会大会、同年九月の日本基督教会同盟主催の宗教改革四百年記念会宣言でも神社の祭祀は宗教であるとし、当局の神社参拝強要は信教の自由に違反する、と決議された（『日本基督教団史資料集』第一篇、日本基督教団宣教研究所、一九九七、一七六頁）。

一方、神祇不拝の立場に立つ真宗の対応は、佛教大学（現在の龍谷大学）教授の杉紫朗の『神祇と真宗』（龍谷会、一九二二）に紹介されている。杉によれば、敬神と真宗の間に起こった現在の問題として、明治天皇病悩時の祈祷問題、大正天皇即位の大典（第七章参照）の際の注連縄の装飾、神棚の設置による大麻の奉安があった。いずれも真宗の信仰の立場からは、それができないと述べている（七〜八頁）。また、全国各地（広島、滋賀、福岡、三河、福井）の真宗寺院で発生した「種々な問題」（神社参拝、神宮大麻、明治神宮の守り札）も紹介したうえで、「真宗信徒は政府が非宗教の声明の下に実際宗教を強ひて居るものと解釈して居る」と指弾する（二一頁）。

これ以降も「神社対宗教問題」は終息することなく、前述の宗教制度調査会や神社制度調査会でも議論されていくことになる。時代は下るが、一九三〇（昭和五）年一月、真宗一〇派は「卑見」と題された声明書を政府と神社制度調査会に送付し、同年五月、キリスト教五五団体は「神社問題に関する進言」を同調査会に提出した。いずれも神社非宗教の立場を政府が堅持し、宗教行為（とみなされるもの）を国民に強要しないことを要望した。

以上、神社の宗教性をめぐる難問は、政府、神社界、キリスト教界、仏教界それぞれの立場や利害が衝突し、そこに解決はなかった。「問題として残るのは結局神祇崇拝は宗教であるか否かと云ふことになる」（一二八頁）と、杉紫朗が述べたように、宗教／非宗教の線引きをどう捉えるのかという問いをめぐって、政府とさまざまなアクターが熾烈な攻防を繰り広げたのである。

五　「改造」の時代と宗教界

宗教界の社会事業

雑誌『改造』と『解放』の創刊（一九一九年）に象徴されるように、米騒動以降、社会改造を主張する思潮が高まり、さまざまな社会運動・政治運動が展開されたことは、冒頭で述べた。「宗教」はどのようにこうした改造の思潮に対応したのだろうか。

普通選挙運動に触発された僧侶参政権運動についてはすでに紹介した。また、水平運動（部落解放運動）では、「人の世に熱あれ／人間に光あれ」と訴えた水平社宣言の起草者は真宗本願寺派寺院出身の西光万吉であり、真宗と初期水平運動には強い結びつきがあった（藤野豊『水平運動の社会思想史的研究』雄山閣出版、一九八九）。

社会主義運動、労働運動、農民運動はキリスト教とのつながりが強かった。その歴史は明治後期に遡る。一八九七（明治三〇）年結成の労働組合期成会（日本初の労働組合の準備会）、一九〇一（明治三四）年創立の社会民主党（日本最初の社会主義政党）には多くのキリスト者が参加し、明治三〇年代にキリスト教社会主義が生起した。

大正期に入り、一九一二（大正元）年設立の友愛会（日本労働総同盟の前身）の鈴木文治、一九二一（大正一〇）年四月創立の日本農民組合の杉山元治郎もキリスト者である。友愛会に加盟し、日本農民組合の結成にも関わった賀川豊彦は、消費組合運動でも指導的役割を果たしたキリスト者である（第六章参照）。

一八八六（明治一九）年に創設された日本基督教婦人矯風会（当初は東京婦人矯風会）は廃娼運動や禁酒禁煙運動のほか、大正期には婦人参政権運動にも取り組んだ。

ここでは、仏教界とキリスト教界の社会事業を取り上げる（詳しくは第六章を見よ）。

大正期の仏教社会事業を牽引した僧侶の一人が、浄土宗の渡辺海旭《かいぎょく》（一八七二～一九三三）である。海旭らは、一九一一（明治四四）年三月に東京で浄土宗労働共済会を設立し、翌年には通宗派からなる仏教徒社会事業研究会を結成して、社会事業の研究と調査に着手した。同研究会が編纂した『仏教徒社会事業大観』（一九二〇）を見ると、当時の活動の概要がわかる。①統一助成研究事業、②窮民救助事業、③養老救助事業、④救療事業、⑤育児事業、⑥感化教育事業、⑦盲唖教育事業、⑧貧児教育事業、⑨子守教育事業、⑩幼児保育事業、⑪授産職業紹介宿泊保護事業、⑫免囚保護事業からなる計三八七の事業が挙げられている。

一方、キリスト教界でも山室軍平や賀川らの活動をはじめ、多様なキリスト教社会事業が実践された。日本基督教連盟（プロテスタント教会の連合組織）の『基督教年鑑』大正一五年版では、①連絡研究機関、②救貧事業、③防貧事業、④医療保護事業、⑤教化事業、⑥児童保護事業の計二二九事業が紹介されている。

なお、神社・神職の社会事業については、藤本頼生『神道と社会事業の近代史』（弘文堂、二〇〇九）で明治期の神道教悔や感化院（旧教護院、現在の児童自立支援組織）、大正期の美作社会協会（神職、僧侶および教派神道教師、警察官の協働によって発足した共同無料宿泊所運営のための社会事業団体）の活動が紹介されている。

宗教と社会事業の間

ここで問題にしたいのは、なぜ、宗教者（僧侶やキリスト者）がこのような社会事業というプラクティスを行うのか、という問題である。たとえば、『基督教年鑑』大正一五年版では、「基督教社会事業」が「基督教経営及基督主義経営は勿論、基督教徒の創立或は経営に係るものを含むものにして、必ずしも基督教的に経営するものと限りたるものにあらず」と定義されている（一四七頁）。「基督教経営」や「基督主義経営」

が意味するものは、この記述からだけではわからないが、事業の根拠や理念（いわば、ビリーフ）として、「基督教」や「基督主義」を想定していることはうかがえる。

一方、仏教はどうだろうか。『仏教徒社会事業大観』では、各宗派の僧侶たちによって「仏教と社会事業」の関係が論じられている。たとえば、真宗本願寺派の河野純孝の「真宗の教義より起る社会救済の思想」では、真俗二諦論にもとづいて「社会救済」が行われているという。慈善事業や社会事業に対する根本思想が「仏陀大悲の他力より発露せしめたまふ本能的慈愛の感情と広大の仏恩に対する報謝の観念とに基きて、各自の意中に自然に活動しつゝある」、と述べられている（七九頁）。

また、興味深いのは、真言宗豊山派の小林正盛による「真言宗より見たる社会事業」である。小林は社会事業の動機を「内観的精神修養の結果」である、という（五九頁）。内観の修養とは「真言の宗意から云ふと、教相談理の事ではなく、宇宙の神秘なる大生命を観念の力によりて把握し、而して後に之を宇宙の事々物々に亘りて其のものの生活を発揮せしむる」ことである。この内観の修養という「真言宗の根本義」によって「真個の社会事業」となる、と説明されている（五九〜六〇頁）。修養主義と生命主義も含みこんだ教義（ビリーフ）によって、社会事業というプラクティスが基礎づけられていることがわかる。

ただ、仏教社会事業の中には事業の「基礎観念の曖昧なる」ものがあり、「仏者此の間に伍して低迷焉《えん》として更に活指南を示すなきは、其の深広なる教学の前に甚だ慚愧すべし」と語られており、「仏教」と「社会事業」の関連は必ずしも明確ではなかった（「本書編纂の趣旨及概観」、同前、二頁）。

宗教界の社会参加は明治期の慈善事業、感化救済事業から積極的に行われているが、「宗教」がどのように社会に関わるのか（関わってきたのか）という問題は、近代日本宗教史の重要な検討課題である。

以上、「宗教」「宗教的なもの」「非宗教」の間の複雑な関係性に着目して、大正宗教史の見取り図を素描した。抜けて落ちている論点や取り上げることができなかった現象や問題が多い。とくに、本論では宗教団体の海外布教・宣教、海外での教育事業や社会事業を取り上げることができなかった（ハワイや北米での「日系仏教」の展開や欧米での禅のグローバル化については、第八章を参照してほしい）。

日本国内でも宗教／非宗教の線引きは、さまざまな宗教的・社会的・政治的問題を引き起こした（その一端を本論では紹介した）。それが植民地であれば、その問題性はさらに深刻なものとなる。日本の「宗教」概念が移入された植民地朝鮮で惹起した諸問題を多方面から取り上げた重要な研究成果として、磯前順一・尹《ユン》海東《ヘドン》編『植民地朝鮮と宗教』（三元社、二〇一三）がある。この中で、「一九一〇年前後における「宗教」概念の行方」を執筆した金泰勲《キムテフン》はこう指摘する。「帝国日本における「宗教」概念は、それと隣接する概念としての神道や神社、仏教、儒教、類似宗教などと連動しつつ、植民地と「内地」を連環するものとして把握されるべきであろう」、と（五〇頁）。そして、帝国日本の支配的イデオロギーと共存してきた宗教概念として、「帝国宗教」という概念を提起している。

こうした帝国史やトランスナショナル・ヒストリーという視座から、日本の「宗教」「宗教的なもの」「非宗教」の複雑な関係性を分析することも、新しい大正宗教史研究のためには不可欠である。

六　本巻の構成

では、二章以降の概要を紹介しよう。

第二章「大正の教養主義と生命主義」(碧海寿広)は、非宗教者の活躍が大正期の宗教史の大きな特徴であるとして、その背景には教養主義と生命主義があったと指摘する。これまで別々に研究されてきた両者の密接な関連性を論じ、教養主義が生命主義に接続する「基本的なからくり」を明らかにしている。ふたつの「主義」の領域横断的な性格が特定の宗教伝統の垣根を超えた新たな宗教のあり方を創造してきたことを示す。

第三章「心霊と身体技法——霊動するデモクラシー」(栗田英彦)は、日本の心霊問題とデモクラシーの関係を扱う。当時の心霊現象のひとつである「霊道」(不随意な身体運動)に着目し、霊道をめぐる言説の場を〈霊道の地平〉と呼ぶ。太霊道、皇道大本、岡田式静坐法の事例を分析し、霊動とは失われた「神意」を求める民主的な運動でありながらも、「民意」を支配する「神意」を呼び出す矛盾を孕んだ運動だったという逆説を説く。

第四章「近代宗教とジェンダー——明治・大正期の女性と宗教」(佐伯順子)は、女性宗教者に関するメディア報道を手掛かりとして、明治・大正期の女性と宗教の関係を論じる。新宗教の女性教祖、巫女、女性神職、仏教婦人、女性キリスト者、社会運動、女子教育などの幅広い対象が扱われ、近代日本宗教史における女性の役割の多様性と可能性、ジェンダーのあり方が示されている。

第五章「地域社会と神社」(畔上直樹)は、大正期の神社政策がもたらした社会と神社の複雑な動態を考察する。内務官僚の佐上信一の神社行政に関する演説とその背景に注目する。政府の神社政策の徹底が地域社会の「下からの」社会的反応をもたらし、「国家ノ宗祀」という政府の公式的神社観とは異質な肥大化した神社観を生み出し、広く社会に広がっていた。そうした動向を踏まえて、大正末、佐上による神社行政改革が断行されたという。

第六章「社会事業と宗教的共同体」（永岡崇）は、宗教界の社会事業と一燈園、新しき村の宗教的共同体の活動を分析する。前者は体制内的な実践、後者は体制外的な実践という違いはあったが、社会主義運動や労働争議・小作争議への否定的な態度が共有されていた。また、両者には利他主義的なエートスが見られたが、それが総力戦体制へと自発的に組み込まれていく危険性が指摘され、近代における救いの意味が問い直されている。

第七章「天皇信仰の展開」（藤本頼生）は、明治天皇の崩御と大喪儀、大正天皇の御大礼、明治神宮の創建、全国の神社での大典奉祝行事を取り上げ、天皇と当時の人々との信仰的な関係性を明らかにしている。とりわけ、明治神宮の創建は国民と天皇・神社との関係性や、神社行政の展開を考える上での重要な転機となったことが指摘されている。

第八章「日系仏教の海外への拡がりと思想交流」（守屋友江）は、移民に占める信者数が多い仏教の欧米諸国への広がりと思想交流を扱う。アメリカにおける「日系仏教」の展開と、禅のグローバル化が詳述されている。日本とアメリカの間で太平洋をまたいで国籍や人種を超えて宗教的・思想的交流が行われたことや、禅のグローバル化はアジアと欧米の間の双方向的な交流であったことが明らかにされている。

なお、コラムでは「生命と霊性」（安藤礼二）、「キリスト教とハンセン病」（杉山博昭）、「「念じて植える」――寄進植え」（岡本貴久子）、「御真影」（小野雅章）、「南島とキリスト教」（一色哲）、「大正モダンと明治神宮」（今泉宜子）というずれも興味深い話題が取り上げられている。

以上の魅力的な諸章とコラムによって、大正期のバラエティに富んだ宗教史が解明される。こうした大正期の動向が、昭和初期（一九三〇年代）以降の戦争とファシズムの時代へとどのようにつながるのか、それについては第四巻で論じられる。

参考文献

赤江達也（二〇一八）「無教会キリスト教」大谷栄一・菊地暁・永岡崇編『日本宗教史のキーワード――近代主義を超えて』慶應義塾大学出版会
大谷栄一（二〇一三）「明治国家と宗教」苅部直・黒住真・佐藤弘夫・末木文美士・田尻祐一郎編『日本思想史講座4 近代』ぺりかん社
桂島宣弘（二〇二〇）「宗教が宗教になるとき――啓蒙と宗教の近代」島薗進・末木文美士・大谷栄一・西村明編『シリーズ近代日本宗教史 第一巻 維新の衝撃――幕末～明治前期』春秋社
栗田英彦（二〇一四）「真宗僧侶と岡田式静坐法」『近代仏教』二一号
――（二〇一五）「明治三〇年代における「修養」概念と将来の宗教の構想」『宗教研究』八九巻三号
千葉幸一郎（二〇一一）「空前の親鸞ブーム素描」五十嵐伸治・佐野正人・千葉幸一郎・千葉正昭編『大正宗教小説の流行――その背景と〝いま〟』論創社
手戸（伊達）聖伸（二〇〇〇）「旧制第一高等学校における教養と宗教――明治後期から大正期を中心に」『東京大学宗教学年報』一七号
西山茂（一九八八）「現代の宗教運動――〈霊＝術〉系新宗教の流行と「二つの近代化」」大村英昭・西山茂編『現代人の宗教』有斐閣
藤田大誠（二〇一三）「神社対宗教問題に関する一考察――神社参拝の公共性と宗教性」『國學院大學研究開発推進センタ

ー研究紀要』七号
吉永進一（二〇一九ａ）「序論」栗田英彦・塚田穂高・吉永進一編『近現代日本の民間精神療法――不可視なエネルギーの諸相』国書刊行会
――（二〇一九ｂ）「あとがき」同前

第二章　大正の教養主義と生命主義

碧海寿広

一　はじめに

大正期、日本宗教の主役は、宗教者から非宗教者へと移り変わる。少なくとも、そうした変化を強く印象付ける出来事が、次から次に起きた。たとえば、僧侶や神官や神父や牧師といった、専門の宗教者ではない、普通の学者や作家らの書いた宗教に関する著作が、次々とベストセラーになった。宗教者ではない人々が宗教について好き勝手に語りだし、あるいは、宗教者もまた、その宗教の伝統を無視した自由な発言をする傾向が強まる。寺院などの宗教施設に、信仰心を持たずに別の目的でやってくる人々も顕著に増えた。これらは、大正期の宗教をめぐる際立った動向であり、そして、この動向は現代に受け継がれる。宗教をめぐる近現代史の転換点だと言っていい。

明治期から、こうした動向はすでに見られはした。たとえば仏教界では、既存の宗派のあり方を批判する青年たちが、「新仏教徒同志会」を結成し、寺院や僧侶に依存しない仏教を求めて、次第に発言力を増していく。一方、寺院出身者ではなく僧侶でもない高楠《たかくす》順次郎《じゅんじろう》（一八六六～一九四五）が、西洋に留学し、当時の最先端の仏教学を日本に持ち帰った。キリスト教界では、熱烈なキリスト教徒であるクラークの影響下にあった内村鑑三《かんぞう》（一八六一～一九三〇）が、特定の教会に基づかない「無教会」キリスト教を広め始める。さらに、井上哲次郎《てつじろう》のような哲学者が、諸宗教を総合した「新宗教」の構築を提唱して、物議をかもしもする。非宗教者、あるいは伝統的な宗教者とは異質の主体による宗教的なメッセージは、明治後期のあたりから量産されるようになる。

とはいえ、明治の宗教界では、依然として、宗派や教会など特定の宗教伝統に属する宗教者らの活躍が目立つ。廃仏毀釈《はいぶつきしゃく》という言葉に象徴される仏教界の危機のなか、日本仏教の立て直しをはかった僧侶たちの活動や、西洋の宣教師による開国後の日本への進出などが、明治宗教史を語る上では特に重要だろう。あるいは、国政と密に結びついた神社神道の再編や、近世後期から続くカリスマ教祖らによる新宗教教団の形成なども、これまで詳しく検証されてきたとおりである。非宗教者は、明治宗教史の主役とはいい難い。

対して、大正期の宗教史は、非宗教者を主役に据えることで、その特徴がよく浮かび上がる。もちろん、この時代にも宗教者による活動が依然として重要だ。寺院や神社や教会や新宗教の教団といった組織の力は、大正期以降も実に巨大である。だが、大正期には非宗教者の存在感が大いに増したことで、宗教者の役割は明らかに相対化される。また、宗教者の側も、非宗教者が示す新たな宗教の語りやイメージに、少なからぬ影響を受けるようになった。ゆえに、大正期の宗教史を描くには、まずもって非宗教者に注目する必要がある。

非宗教者が宗教史の中心に躍り出るにあたり、二つの「主義」の社会的な広がりが、背景として重要である。本章のタイトルにあるとおり、教養主義と生命主義だ。この両者は、それぞれ別個に研究されてきたが、実は密接に関連する。とりわけ、宗教史を見ていく上では、両者の強い関連性を読み解かねばならない。

本章では、大正期の宗教状況の一側面について、教養主義と生命主義という文脈を踏まえ、いくつかの代表的な人物を事例として取り上げながら、明らかにする。登場するのは、和辻哲郎《わつじてつろう》、倉田百三《ひゃくぞう》、西田幾多郎《きたろう》、暁烏敏《あけがらすはや》、福来友吉《ふくらいともきち》といった面々だ。

二　教養主義と生命主義

修養主義から教養主義へ

近代日本を生きた少なからぬ人々にとって、教養は非常に大事だった。幅広い読書などにより教養を深め、自己の人格を高める。そして、教養によって磨かれた個人の人格の素晴らしさを、他の何にも代えがたい至上の価値とする。こうした価値観を共有する教養主義の風潮は、大正期に確立され、戦後にも一定期間にわたり維持される。だが、おおよそ一九七〇年代頃から、次第に衰微していった。しかし、「教養としての〇〇」といった本が今なお刊行される事実からも示唆されるとおり、現代日本にも依然として、教養主義の残滓は認められる。

教養主義は、それに先立つ修養主義から派生し展開したというのが定説だろう（筒井、一九九五）。明治後期、国家体制の整備が進むのに呼応して、それまでの立身出世主義に陰りが見え始める。立身出世を目指す者が一定数に達した結果、競争が激しくなり、努力しても報われない可能性が高まったのだ。一方で、国家に自己同一化して、その発展に寄与するのが望ましいという価値観が、必ずしも自明ではなくなる。日清・日露戦争の勝利に象徴されるように、日本の「富国強兵」が一定の段階に達したのを受け、国力増強への貢献とは別のところに意識を注ぐ人々も増えてきたのだ。とりわけ、青年層ではそうした傾向が著しかった。

彼らのなかには、国家ではなく、個人の内面に価値の基準を置く者たちがいた。国力よりも人間性の高尚さのほうが肝心だ、という考え方である。あるいは、国家や社会に貢献するためにも、まずは個人の人格を高めるのが欠かせない、という発想だ。さらには、内面に意識を向け、自省を深めた結果、今の自分のあり方に悩み苦しむ若者たちも出現する。彼らを称して「煩悶《はんもん》青年」という。そして、こうした個人の内面重視の若者たちをおもな受け皿として発生したのが、修養主義である。

修養主義では、学校での勉学や道徳的な訓練とは別のところで、何らかの文化に接し、自らもその文化形成の主体となって、個人の人格を高める営みが重んじられる。そこで接するべき文化は、世俗的な読書や社会運動だけでも、おそらく構わなかった。だが、修養主義では近代を通して、宗教者が主導した運動が大きな役割を果たす。時代の要請に応えて、個人の内面に向き合い、人格の育成に役立つ思想や運動のかたちを提示した宗教者が、かなり多かったわけだ。真宗大谷派の僧侶で「精神主義」運動を率いた清沢満之《きよざわまんし》（一八六三～一九〇三）や、托鉢・奉仕・懺悔の生活を説いて「一燈園《いっとうえん》」を設立した西田天香《てんこう》（一八七二～一九六八）などが、その代表である。

教養主義は、この修養主義とおおむね重なりあいながら、微妙に差別化するかたちで成立する。それはもっぱら学歴エリートによる差別化であり、人格形成の手段として摂取する文化が、高度な内容の本の読書などに偏った。たとえば、西洋由来の哲学や文学の翻訳書（または原著）や、日本の古典の読書である。これらは、生活に取り入れる上での一定の知的ハードルを課し、誰もが容易に親しむことのできるものではない。教養主義は、こうした学歴エリートによる差別化の力学によって、おおよそ大正期の頃にその輪郭を整えていく。その枠組みの形成にあたっては、哲学書や古典作品を数多く刊行し、学歴エリートに愛好された、岩波書店の存在意義が大きい。次節で取り上げる教養主義の必読書も、ほぼ岩波書店の刊行物である。

ただし、修養主義と教養主義は、いずれも人格の向上を目指す点で地盤を共有しており、それほど明確に区別できるわけでもない。実際、修養主義と同様に教養主義でも、宗教あるいは宗教者の役割が欠かせない。たとえば、「無教会」の運動を推進した内村鑑三のもとには、教養主義の拠点ともいえる第一高等学校（一校）の生徒たちが数多く集い、聖書に基づく内村の思想を真剣に学んだ。また、一校の生徒たちのなかには、真宗大谷派の僧侶で、本郷に求道会館（一九一五年に完成）という説教所をつくった近角常観《ちかずみじょうかん》（一八七〇～一九四一）のもとに、足しげく通う者もいた。内村や近角のところには、一校生のようなエリート青年のみならず、より社会階層の低い信徒たちも、たくさん訪れていた。こうした点から考えても、修養主義と教養主義は連続している。

さらに、修養にせよ教養にせよ、その主義に取り込まれる宗教は、伝統的な理解から多かれ少なかれ離れていき、やがて伝統とは無関係の場所で自立する、というのも共通の特質だ（碧海、二〇一六）。人格の向上が至上の価値とされる修養／教養主義において、宗教はその伝統の護持よりも、個々人の内面にどれだけ有効に働きかけられるかが、評価の基準となる。そうであれば、伝統的な受け止め方からは自由に、宗教が個の内面という場において再編成され、ときには伝統に反するような解釈のもと受容されるのは、いわば自然の成り行きだろう。そして、次節で見るとおり、教養主義が勃興する大正期には、何人もの非宗教者たちが伝統とは異質な宗教理解を示し、多大な支持を集めるのである。

生命主義の形成

生命主義とは何か。それは、「生命」をキーワードにして、やはり大正期に拡大した、様々な思想や運動の総体を指す（鈴木貞美、一九九六）。文学や哲学や芸術などの領域で、生命という概念が大きくクローズアップされ、しばしば、この世界の成り立ちを説明する際の根本的な原理として位置づけられた。

生命が特別視されたのは、それが宗教と科学という、表面的には相反するものを調停し、さらに双方を超える価値を発揮しうると考えられたからである。近代科学、とりわけダーウィンの進化論は、キリスト教をはじめとする宗教が示す世界観に挑戦し、宗教の成立根拠を脅かす可能性を有した。人間をはじめとする生物の発生と展開を、「自然選択」などの科学的な言葉で説明する進化論は、神による世界の創造や、人間に固有の精神性や道徳観を主張する宗教とは、概して相いれないわけである（Godart, 2017）。とはいえ、近代の大勢の知識人にとって、科学を完全に無視した議論は、到底受け入れられない。そこで、宗教的なものをなおも重んじる知識人のなかから、人間を含めた生命に、一方では科学的な認識で迫りながら、他方でそこに宗教に近似した力を読み取る、新たな思想や運動が出現してくるのだ。

大正期の生命主義には多種多様な思想や運動が関与しているが、中でもベルクソンの影響力の大きさは、はっきりと確認できる。この時代は「ベルクソン・ブーム」と評されるほどベルクソンに人気があり、生命主義の理論的な基盤の一つとしても、このフランスの哲学者の思想は大きな影響を与えたのだ。彼が提示した「エラン・ヴィタル（生命の飛躍）」の概念は、遺伝学と進化論から出てきた突然変異説を、哲学的に読み替え、生命に科学では説明しきれぬ創造性と、神秘的な意味を付与した。このダイナミックな生命観が、日本の学者や思想家、さらには宗教者も含めた知識人の心を揺さぶり、これと近似した思想を、彼らに表現させたのである。

なお、「生命」をキーワードにした思想であれば、すでに明治期にも存在し、同時代の少なからぬ反響もあった。北村透谷《とうこく》の「内部生命」論がそれである（山田、一九六一）。ただし、透谷の生命論は、国家や社会に還元されない、個々人の内面的な次元を尊ぶ、まさに「内部」に特化した思想であった。個人の内面を超えた、生命そのものの創造性に着目する大正期の生命主義とは、性格が異なるといえる。個を超越した生命の力を信じる生命主義は、国家のような全体的なものに個人の心や身体を包摂する上でも有効に機能してしまうが、この点については、本章のおわりに少し触れたい。

　続いて、教養主義と生命主義の関係について述べておこう。次節で見るとおり、大正期の教養主義を後押しした主要人物の多くは、同時に生命主義的な思想を提示してもいる。両者には、明らかに理論的なつながりがあるのだ。先述のとおり、教養主義の目指すところは、個人の人格の向上にある。では、人格の向上の先には、いったい何があるのか。それは、一つの生命としての個人の、創造力に満ちた活発な人生だろう。あるいは、その豊かな人生を支える自然環境としての、大いなる生命への目覚めである。かくして、教養の深まりによる人格の高まりは、個人とそれを包み込む世界全体の、生命としての高尚さや創造性への認識を導く。これが、教養主義が生命主義に接続する、基本的なからくりだ。次節以降、これを具体的な人物に即して論じてみよう。

三　仏像・親鸞・哲学

和辻哲郎と古寺巡礼

和辻哲郎（一八八九〜一九六〇）は、友人の阿部次郎などとともに、日本に「教養」という言葉を広めた、代表的な人物の一人である。その和辻いわく、教養とは「数千年来人類が築いて来た多くの精神的な宝」であるところの「芸術、哲学、宗教、歴史」によって、「貴い心情」を獲得することだ（「すべての芽を培え」、一九一七年）。まさに教養主義者らしい発言だが、ここで教養の源として、芸術や哲学や歴史に並び、宗教が挙げられている点は見逃せない。教養主義の権化であるところの和辻にとって、宗教は欠かせぬ文化的要素の一つであった。

ただし、和辻は宗教を尊重しこそすれ、いかなる宗教も、自己の信仰の対象とすることはなかった。鎌倉時代の高僧である道元《どうげん》を「哲学者」と評して、これを素朴に崇敬する宗派（曹洞宗《そうとうしゅう》）の人間を批判しさえしている。宗教を教養として受容する、典型的なスタイルの一つがここに見える。

和辻の教養主義的な宗教との接し方は、彼の著作のうち最も多くの読者を獲得した『古寺巡礼』（一九一九）に、とりわけ鮮やかな文章で示される。和辻が友人と巡った奈良旅行の感想文をまとめた本であり、旅先で鑑賞した古寺の伽藍や仏像を、西洋美術に負けず劣らぬ傑作として、巧みに批評している。

仏像を信仰の対象としないという自身の態度について、和辻は本の前半部で、次のように明言する。「たとえ僕が或仏像の前で、心底から頭を下げたい心持になったり、慈悲の光に打たれてしみじみと涙ぐんだりしたとしても、それは恐らく仏教の精神を生かした美術の力にまいったのであって、宗教的に仏に帰依したというものではなかろう」。仏像が、もともと仏教への信仰に基づき制作されたのは疑いない。仏像を通して仏教への帰依の精神が喚起されなければ、その本来の目的は達成されない。だが、和辻にとって仏像は、あくまでも美術品として感動し、教養を高めるためのものであり、仏教への信仰は、そこでは不問に付された。

『古寺巡礼』を好意的に受け入れた大正期の読者たちもまた、おおむね和辻と近い感性で、古寺や仏像に向き合っていたと思われる。実際、仏像を美術品ないしは教養の対象として楽しむ環境が、『古寺巡礼』が刊行される頃には整いつつあった（碧海、二〇一八）。たとえば、奈良や京都など古都の文化財を解説する、ガイドブックの刊行である。黒田鵬心《ほうしん》『古美術行脚』（一九一四）、佐々木恒清『奈良の美術』（同年）、足立源一郎、小嶋貞三、辰巳利文『古美術行脚 大和』（一九二三）など、大正期以降にたびたび出版された。いずれも『古寺巡礼』とは異なりロングセラーにはなりえなかったとはいえ、仏像鑑賞を教養文化のなかに定着させる上で、和辻の本と類似の役割を果たしたはずである。

また、奈良に美術鑑賞（研究）に訪れる人々のための専用の宿泊施設として、一九一四年には日吉館が創業される。ここには、歌人の会津八一《あいづやいち》を筆頭に、岡本太郎、山口蓬春《ほうしゅん》、志賀直哉、堀辰雄、幸田文《こうだあや》、小林秀雄ら、多くの美術家や作家が寄宿した。さらに、一九二二年には写真家の小川晴暘《せいよう》が奈良飛鳥園《あすかえん》を設立し、古寺や仏像を被写体にした芸術写真を展示・販売し始める。個々の仏像の美しさを際立たせる小川の写真は、多くのファンを獲得し、仏像を信仰ではなく教養の文脈で評価する風潮を、ますます世間に広めた。小川の写真の愛好者と、和辻の『古寺巡礼』の愛読者は、当然のごとく重なる。

和辻による仏像の解釈には、かすかながら、生命主義的な論調も読み取れる。古寺巡礼の最中に彼が最も感動した仏像の一つ、中宮寺《ちゅうぐうじ》の観音（菩薩半跏像）について、彼は次のような見解を述べる。「愛らしい、親しみ易い、優雅な、そのくせいずこの自然とも同じく底知れぬ神秘を持ったわが島国の自然は、人間の姿に現せばあの観音となるほかない。自然に酔う甘美なこころもちは、日本文化を貫通して流れる著しい特長であるが、その根はあの観音と共通に、必竟我国土の自然自身から出ているのである」。古代の魅力的な仏像の根底に、自然の「神秘」を感じ取る和辻の思想には、生命主義の片鱗が見える。ただし、和辻の宗教に関する発言は、おおむね教養主義的な色彩が強く、この点は次に取り上げる倉田百三などとは、だいぶ異なる。

なお、こうした和辻の教養主義的な古寺巡礼に対しては、昭和初期に反感をあらわにする者たちが出現し、その筆頭が、評論家の亀井勝一郎《かついちろう》である。亀井もまた、当初は教養を得たいがために奈良の仏像巡りを開始した。だが、実際に現地を訪れて、仏への信仰に覚醒したと告白する（『大和古寺風物誌』、一九四三）。教養文化としての仏像鑑賞は、和辻の『古寺巡礼』の強大な影響力もあり、現在に至るまで安定的に持続される。だが、昭和初期の亀井が示したような、教養よりも信仰を重んじる立場の人間からの反動もときに生じるという事実には、注意を向けておく必要があろう。

倉田百三と親鸞ブーム

和辻が、「あの生命に充ちた作を涙と感激で読んだ」と述べた本がある。倉田百三（一八九一〜一九四三）の『出家とその弟子』（一九一七）だ。和辻の『古寺巡礼』と同じく、大正期の刊行直後からよく読まれ、教養主義の必読書の一冊として、その後もロングセラー作品となる。

『出家とその弟子』は、浄土真宗の開祖である親鸞《しんらん》を題材とした戯曲である。親鸞と、その弟子をはじめとする周囲の人間による群像劇として構成される。同書の執筆に至るまで、倉田は、一校生の時代に哲学に親しみ、その後にキリスト教や一燈園に関与するなど、思想・宗教上の遍歴を経ていた。そうした経緯もあり、

『出家とその弟子』に描かれる親鸞は、あたかも西洋の哲学者のようであり、またキリスト教の聖職者のようでもあり、さらに言えば、一燈園の創始者である西田天香のようでもある。いずれにせよ、同作に登場する親鸞は、真宗の開祖となった鎌倉時代の僧侶とは、とても思えない。親鸞に関するある程度の伝承や史実を参照しながら、それ以上に倉田の教養や宗教観に基づき描かれた、虚構の親鸞像がそこにある。

同書に対しては、真宗の関係者や仏教学者などから、いくつかの批判が寄せられた。ゆがんだ親鸞のイメージを提示し、真宗や仏教に関する誤解を広めている、といった趣旨の批判である。たとえば、真宗信徒で仏教学者の高楠順次郎は、「『出家と其弟子』の初から終りまでの信仰と云ふものは、全然耶蘇教［引用者注：キリスト教］の信仰」と断じ、「単に耶蘇教を述べる為に、真宗の親鸞聖人と云ふものを使つた」として、読者に警戒を呼び掛けた（『真宗の信仰と戯曲『出家と其弟子』』、一九二二）。高楠のほかにも、倉田の作品に伝統的な親鸞理解からの大きな逸脱を見て取り、違和感をおぼえた者は少なくなかった。

だが、倉田はこうした同時代の批判や違和感の表明を、あまり意に介さなかった。なぜなら、彼にとって同作は、親鸞の伝記でも、真宗の教義の解説書でもなく、「私の心に触れ、私の内生命を動かし、私の霊のなかに坐を占める限りの親鸞」を描くためのものであったからである。同作を執筆した頃の倉田は、人生上の悩みを抱えており、「心の中に寺を建てたい」と繰り返し述べていた。そうした苦悶する彼の内面を救うために建立された「寺」のなかで生み出されたのが、『出家とその弟子』の独創的な親鸞像であったのだ。

倉田の「内生命」を動かした親鸞像は、多数の教養主義的な読者に支持された。また一九二一年には同作が帝国劇場で上演され好評を博したことから、宗派の外部での親鸞への注目が、ますます高まっていく。そうしたなか、大正期には一種の「親鸞ブーム」が起きる。倉田の著作以外にも、親鸞を題材にした小説や戯曲が毎月のように刊行され、それぞれ広く読まれたのだ（大澤、二〇一九）。

なかでも、作家の石丸梧平《ごへい》（一八八六～一九六九）の小説「人間親鸞」（一九二二）は空前のベストセラーとなり、その発行部数は四〇万部を突破したともいわれる。『出家とその弟子』以上に人間味のあふれる親鸞像を提示した石丸の作品は、近代の出版文化の成熟により大正期に形成された大衆読者層に、大いに歓迎されたわけである。同書に対してもまた、その親鸞理解に関し異議を唱える僧侶や仏教学者らが出てくる。だが、石丸は「生きた人間の直接経験」こそが『人間親鸞』のテーマであると反論し、むしろ宗派の人々の伝えてきた親鸞への凝り固まった信仰のあり方を、批判した。

同書の続編として、石丸はさらに『受難の親鸞』を刊行。これらの親鸞作品によって、彼は流行作家となった。その後、石丸を宗教家と勘違いした悩める青年たちから、彼のもとに手紙が寄せられるようになる。大正期の親鸞ブームによって、渦中の作家に宗教者のような役割が期待されるようになったわけだ。

倉田に話を戻そう。親鸞を描くにあたり倉田がこだわったのは、それが自身の「内生命」に響くか否かであった。彼のこうした生命への関心は、本人も自覚するとおり、西田幾多郎の哲学に由来する。学生時代に西田の『善の研究』（一九一一）を読んで激しく感動した倉田は、「氏の哲学は実に概念の芸術であり、論理の宗教である」として、西田の哲学に著しく傾倒するようになった。西田の倫理思想を、倉田は「人格的自然主義」と定義する。それは、「生命の底に一層深く根を下ろしたる気分」によって発生する、と倉田は解説する。そして、「生命の内部より起る本然の要求に押されつつ生きる」ことこそが、西田が提示した自然主義の倫理なのだと主張した（「生命の認識的努力」、一九一二）。

教養主義の風潮ときわめて相性の良い、倉田の作品や思想の根底には、彼が西田から学んだ、生命の哲学があったわけである。『出家とその弟子』の高い評判により人気作家となった倉田は、自身の思想的立場は「生命の肯定」を「第一原理」とする「生命主義」である、と明言するようになる（鈴木、一九八〇）。では、倉田を生命主義へと導いた西田の思想は、いかなる性格のものであったのか。

西田幾多郎の哲学と宗教

西田幾多郎（一八七〇～一九四五）の『善の研究』もまた、大正期の教養主義の広がりのなかで、熱心に読まれた。西田は「善」なる行いとは何かを問うて、それは「人格を目的とした行為である」と論じる。「人格は凡ての価値の根本であって、宇宙間においてただ人格のみ絶対的価値をもっているのである。（中略）富貴、権力、健康、技能、学識もそれ自身において善なるのではない、もし人格的要求に反した時にはかえって悪となる」。こうした『善の研究』の人格至上主義的な発想が、個人の人格の高まりを重んじる教養主義の思潮のなか熱烈に受け入れられたのは、当然の成り行きであった。

同書の西田はまた、宗教の本質について考察して、それは神と人間の合一にこそ認められると指摘する。そして、神人合一を達成した人間は、「内面的再生において直に神を見、これを信ずると共に、ここに自己の真生命を見出し無限の力を感ずる」と主張する。

『善の研究』では、宗教体験が自己の内側から沸き起こる「真生命」の発見として説明され、さらに、その「真生命」は、個人に生きる力を与えると語られていたわけだ。いわく「信念とは単なる知識ではない、かかる意味における直観であると共に活力であるのである」。

『善の研究』に表現された西田の哲学では、個人の人格に至高の価値がおかれる一方、その個人が神との合一を通して、生命の働きに目覚め、その働きのもと活発に生きることが説かれた。そこでは、宗教を媒介として、教養主義的な価値観と生命主義的な理論が、密に結び合わさっていたのである。こうした哲学は、倉田百三のような内省的な知的青年にとって、非常に魅力的であった。また、『善の研究』で表現される宗教は、特定の宗派や教団を連想させない、ごく抽象的な概念として論じられている。こうした西田の宗教論の影響下にあった倉田が、宗派の伝統とはかけ離れた親鸞像を描くことになったのは、先述のとおりである。

ただし、『善の研究』は、特定の宗教伝統に大きく規定されている、という意見もある。それは、「善」ならぬ「禅」である。『善の研究』で独自の哲学を開示する以前、西田が一定期間にわたり参禅に熱を入れていたのは、よく知られる。実際、彼は「余は禅を学の為になすは誤なり。余が心の為め、生命の為になすべし」とも日記に書いている（一九〇三年）。西田の禅体験が、どれだけ彼の哲学に影響しているかについては議論があるが、まったく無関係とするのは、難しいと思われる。

西田が禅に関心を抱いたのは、金沢の第四高等学校に在学時に師事した、北条時敬《ときゆき》を通してである。北条は、鎌倉の円覚寺《えんがくじ》の今北洪川《いまきたこうぜん》のもとで、参禅を繰り返した。西田も東京帝国大学の選科生だった時期に、同寺などに通い、禅を体験するようになる。他にも、明治期に円覚寺に参禅した知識人は数多い。北条のような教育者のみならず、後年に政財界のエリートとなる青年層にも、円覚寺の禅が幅広く受容されたのだ（松本、二〇一四）。西田との関係でいえば、生涯の親友である鈴木大拙《だいせつ》が、西田に先立ち同寺に参禅している。こうした明治期の青年たちのあいだでの参禅熱の背景には、当時の修養主義の後押しもあった。したがって、参禅体験から一定の示唆を得た西田の哲学に、人格を極度に重んじ、宗教体験の意義を強調する傾向があるのは、何ら不思議ではない。

西田の哲学そのものは、大正期以降、宗教からはやや遠ざかり、主題的に論じられることも少なくなる。だが、彼の宗教への関心はその後も衰えることはなく、その思索は晩年に至り、「場所的論理と宗教的世界観」と題した遺稿に結実する。西田の哲学もまた、特定の宗教伝統とは異質のところから発信された宗教的メッセージの一種として、とても意義深い。

四　僧侶の教養／生命主義

暁烏敏と『歎異抄』

以上に見たとおり、大正期には非宗教者が発する宗教をめぐる語りや思想が、一世を風靡し、人々の宗教のとらえ方を、次第に変化させていく。そして、こうした宗教状況の変化は、教養（修養）主義と生命主義の広がりを背景にしつつ、他方でこれらの主義のさらなる拡張をもたらした。

だが、教養主義と生命主義の拡張を担ったのは、非宗教者だけではない。宗教者のなかにもまた、これら二つの主義を内面化し、その担い手になった人物がいた。たとえば、真宗大谷派の僧侶、暁烏敏（一八七七～一九五四）が、その一人である。書籍がベスト（ロング）セラーとなった和辻や倉田や西田に比べれば、暁烏の社会的なプレゼンス、とりわけ知識層への影響力は、明らかに劣る。しかしながら、真宗のカリスマ布教者として暁烏が持ちえた、信徒への感化力は、決して軽視できない。そして、暁烏の思想のなかに教養主義と生命主義が十分に浸透しているのであれば、それは、ここで検討の対象とするに値しよう。

暁烏は、清沢満之の弟子である。青年時代から清沢の指導のもと、自己の内面を直視し、そこに見いだされる信仰の価値に重きを置いた。つまり、暁烏は若い頃から、修養主義的な仏教理解を受容していたわけだ。彼はまた、膨大な本を読み込む読書家であり、手に取る本のジャンルも、仏典などの宗教関係書はもちろんのこと、哲学や文学から自然科学の書物まで、多岐にわたった。暁烏が僧侶であると同時に教養人でもあったのは、疑いない。

清沢が率いた「精神主義」運動の機関誌『精神界』に、暁烏は一九〇三年から一九一〇年までの八年間、「歎異鈔《たんにしょう》を読む」を連載。その後、連載した文章を『歎異鈔講話』（一九一一）として一冊にまとめて出版した。同書によって暁烏は、やはり自己の説法に『歎異抄』をよく用いた近角常観らと共に、『歎異抄』とそこに記された親鸞の思想を世間に普及させた僧侶の代表格となる。先述した倉田百三が、親鸞を自らの作品の題材としたのも、暁烏らが明治後期から大正期にかけて、『歎異抄』を典拠に親鸞の魅力を世に広めていたのが大きい。

『歎異鈔講話』には、暁烏の教養主義的な価値観が、冒頭に近い部分から明瞭に見て取れる。『歎異抄』を、カントの『純粋理性批判』やダーウィンの『種の起源』やダンテの『神曲《しんきょく》』と比べても遜色のない、「世界に示して大いに光明ある書物」であると評し、是非とも「世界全国の民」に読ませるべきだ、と主張するのである。自身が属する宗派の仏典を、「世界の名著」の一冊であるかのように語る彼の発想には、教養主義的な考え方が、にじみ出ている。

ただし、同書に一貫する暁烏の思想の力点は、道徳や学問とは差別化されるべき、宗教による絶対的な救済にこそあった。この点では、幅広い教養の摂取による人格の向上を目指す教養主義の理念とは、明確な一線を画す。実際、同書で彼は「此身を以て完全円満なる人格とは思はぬ」と述べ、「人格の完成を遠くあの世に望んでおる」と語っている。現世の人間に可能なのは、信仰から得られる救済の喜びを甘受することのみであり、それ以上の人間性の発達や、あるいは悟りの探究は、来世（浄土）に期待すべき問題であるというわけだ。真宗の僧侶らしい主張である。もっとも、ここで「人格の完成」が問われ、来世ではそれが叶えられることが暗示されているのは、暁烏の思想への教養（修養）主義の浸透を、十分に物語っているだろう。

教養から生命へ

大正期の暁烏は、妻の死などによる衝撃のなか、信仰の挫折を経験する。それから再起へと向かっていった自らの思考の変遷の記録を、彼は『更生の前後』（一九二〇）という著作にまとめた。同書もまた、トルストイやイプセンが親鸞と並列して引用されるなど、依然として教養主義の香りが維持される。だが、同書でそれ以上に際立つのは、むしろ、暁烏のあからさまに生命主義的な宗教思想である。

いわく、「私の中心欲求は生命であります。私が善と思惟するところのものは、この生命を助成するところのものであります。私が悪と思惟するところのものは、生命を劫奪するところのものであります。（中略）生命の持続に対する欲求と努力とは私共の生活の全体ではありますまいか」。この文章は、単に生活を充実させ、長生きをしたい、という願望の表明のようにも読める。だが、こうした暁烏の意見は、彼の宗教的な信念と不即不離のものであった。

暁烏は、真宗の信仰対象である阿弥陀如来を、釈迦の高邁な理想の人格化として理解する。その上で、阿弥陀如来を、自分の苦しみにどこまでも共感し、仏としての心身を惜しげなく捧げてくれる存在としてとらえる。すなわち、「私の今有する生命も、この如来の血肉によりて培養さられてをるのである。私が将来持続して行く生命も、この如来の血肉によりてつながして頂けるのである。この如来は私の救主であります、私自身の魂であります」。

ここでは、暁烏が従来から信仰してきた阿弥陀如来が、生命主義の思想によって再解釈され、暁烏という個人の生命の源として語られている。生命主義的な考え方には多様性があり、いずれもが必ず宗教思想につながるわけではない。だが、大正期の暁烏の語りでは、はっきりと宗教的信念に染まった生命主義の思想が示された。単に、人間を含めた生命が大事なのではない。生命そのものが、宗教的な信仰の対象と化しているのである。「生命の宗教といふのは、この最大の生の跳躍の信仰の上に建てられたる宗教のことをいふのであります。生命の宗教の信者といふのは、この生の大跳躍を味はひ得たる人をいふのであります」。「生の跳躍」という言葉遣いから明らかなように、ここにはベルクソンからの影響が明確に見て取れる。教養主義的な傾向のある僧侶として、時代の流行である西洋の哲学をよく学び、その学びの結果、僧侶の立場からの生命主義を説く。暁烏の言動からは、大正期の宗教者のなかでの教養主義と生命主義の連動が、実に容易に確かめられるのだ。

時代思潮にシンクロした暁烏の宗教思想は、彼が属する真宗大谷派の伝統的な教義理解とは、かなり異質である。阿弥陀如来には、確かに「無限の生命」といった意味合いが本来ある。しかし、如来を個体の生命の供給源とし、その生命の創造性を信仰の対象とするような考えは、良くも悪くも近代的で新しい。

真宗の教義への暁烏の斬新な解釈は、疑いなく、彼の豊富な読書経験に基づき構築されている。暁烏は、多種多様な本から得られた情報が集積された自己の内面で、仏教や親鸞の教えと、古今東西の哲学や文学や科学の知を、独自の観点から編集してみせた。そして、そのように形成された宗教思想を、自身の救いや、表現欲の希求に導かれて、各種のメディアをとおして発表したのだ。大正期において、その思想は生命主義の色合いを非常に濃厚に帯びていた。

暁烏が生きた近代に至るまで、僧侶による学びの形態は、右のようなかたちとは、だいぶ異質であった。過去から伝わる尊い仏典の読み方を、特定の師について、その師の読み方に忠実に学ぶ。これが伝統的な教義の学習の仕方の基本であった。個人による独自の解釈など、そこでは基本的に求められていない。つまり、僧侶による教義の学習とは、あくまでも教えの伝承のための営みであって、自己表現の手段などでは、断じてなかった。

もちろん、前近代でも教義の新しい解釈が、しばしば生まれた。仏教史とは、そもそも、釈迦が開示した真理の絶えざる再解釈の歴史である。また、近代以降も大勢としては、師の教えを忠実に再現するのが、僧侶の学びの規範であり続けた。だが、近代の出版文化の発達、とりわけ発行される書籍の数量の著しい増大と、それぞれの書籍が伝える情報の多様化によって、伝統の反復から新説の発想へと、仏教をめぐる知の形態が推移しやすくなったのは、間違いない。そうした読書環境のなか、大正期の教養主義と生命主義に動機づけられた新鮮な宗教思想を率先して示したのが、暁烏敏であったのだ。

五　生命主義から宗教へ

福来友吉と生命主義の信仰

暁烏は、生命主義の強い影響下にあった宗教者が、その影響ゆえに自己が属する宗教伝統から少なからず逸脱した事例であった。これとは逆に、生命主義に開眼した非宗教者が、ひるがえって伝統宗教に接近した例もある。福来友吉（一八六九〜一九五二）の場合を見てみよう。

福来は心理学者である。東京帝国大学の心理学講座の初代教授である元良勇次郎《もとらゆうじろう》の弟子として、同大学の助教授にまで上り詰めた。だが、次第に通常の心理学の範囲を超える研究に没頭し、それが原因で、遂には大学を追われる。その後、宗教的な思想家となり、また伝統仏教の教義や修行法にも親しむようになった（碧海、二〇二〇）。

福来が大学から追放されたきっかけは、明治後期に催眠術の研究に着手したのを発端とする。もっとも、当時の心理学の業界では、催眠術に大きな注目が集まっており、それを研究するのもタブーではなかった。ところが、催眠術によって開発されると一部で考えられた、透視や念写（心に念じた観念を写真乾板などに焼き付ける技術）といった、いわゆる超能力の研究にも深入りしたことで、福来の立場は危うくなる。彼が立ち会った「千里眼」の実験が詐欺扱いされて物議を醸し、その責を負わされるなどして、彼は大学を辞任するに至ったのだ。

福来はその後も、念写は科学的に証明できると信じ続けた。のみならず、一九一七年に発表した論文「観念は生物也」などで、従来の心理学説ではとらえきれない、観念の力を強調するようになる。観念とは「それ自身で永続的に存在し、自らの要求に従って、客観的世界に作用する生きたものである」のだと、彼は論じる。観念は心の内側の世界に限定されるものではなく、ある種の生命体として、外部の物理的な世界にも自律的な力を行使する、というわけだ。福来はまた、個人の心や身体を超えた観念は、死後にも存族すると考えた。

この観念＝生命説をさらに深めた福来は、大正後期に「生命主義の信仰」を唱えはじめる（『生命主義の信仰』、一九二三）。それは、端的にいえば、この宇宙の全体を構成する生命への、絶対的な帰依を誓う宗教だ。すなわち、「生命主義の立場から言ふと、宗教とは物質の現世を逃れて、死後の唯心的生活に入るの道を説くものでなくして、物質の現世に即して、永劫の生命を味ふの道を説くものであります」。個体であると同時に、個体を超えて永続する生命への信仰において、従来の宗教が想定するような死後の世界は、問題にならない。あらゆる生命が、未来永劫にわたり、この物質的世界に存在し続けるからだ。生命主義の信仰のなかで、生命は必然的に「不死」となる。

さらに、「観念は生物也」という福来の基本的な見解から、永遠の生命が息づく場所は、物質的世界だけでなく、精神的世界にも当然のごとく広がる。この点について、福来は「神」という概念を用いながら、次のように解説する。「信仰の人は、神を客観的に心外に在るものと考へ、自覚の人は、主観的に内心に在るものと考へます。併し実を言へば、神は客観又は主観に、心外又は内心に局限さるべきものでない。斯様に局限されたものは、神の部分であつて、其の全体でありません。霊覚の人より言へば、神は客観と主観とを包含し、心外と心内とに遍在するものである。故に、神は宇宙の如何なる所にも自現します」。

近代の宗教思想では一般に、神仏の客観的な実在については沈黙し、個人の内面的な世界で神仏と主観的に出会うことの意味が語られる場合が多い。宗教を「主観的事実」として論じた清沢満之は、その典型である。だが、福来は「神」を客観と主観の双方の側面から実在的に語り、人間の心身の内外に存在するのが「神」だと主張する。これは、福来が生命をこそ「神」として把握しているがゆえに可能となった見解だろう。「神」を特定の宗教伝統から切り離し、現世に遍在する生命体としてとらえ、その宗教としての優位性を誇らしげに述べているわけだ。

ただし、興味深いことに、福来は特定のいかなる宗教伝統からも距離を置く、生命主義の信仰者としてのみ活動したのではない。ある宗教伝統に、積極的に親近する局面もあったのだ。その宗教とは、真言密教である。

伝統宗教への接近

東京帝国大学から退き、生命主義の宗教を模索しはじめた福来は、高野山の奥の院で修行に取り組むようになる。宿坊（宝蔵院）に寄宿しながら、日中に真言密教のなかで伝楽されてきた行に励んだのだ。その最たる目的は、彼自身が念写などの超能力を得るためである。また、仏教の真髄を多少なりとも理解するためでもあった。近代的な超科学への関心と、伝統的な宗教への敬意が、ないまぜになった感覚がそこに見える。

修行中のある日、福来は金剛峰寺に近い明王院で、不動像の前に坐り、瞑想を行い精神統一をした。すると、「宇宙の大霊」あるいは「大生命」が、自分の身体に浸透するように感じられた。こうした宗教体験を得た後、山を降りた彼は、背中に腫れ物のある老人に出会い、彼の患部をさすって、病を治すことができたという。この一種の超能力は、数日で消失し、使えなくなったらしい。だが、これら一連の出来事が、福来に、生命が有する神秘的な力や、そうした力を人間が操作できる可能性を確信させたのは、間違いないだろう。

一九二一年、福来は真言宗が経営する大阪の宣真《せんしん》高等女学校（現在の宣真高等学校）の、初代校長に迎えられる。同校を辞した後、さらに一九二六年には、高野山大学教授として迎えられた。この間に、彼は四国遍路に挑戦して、この伝統的な巡礼の意義を高く評価し、また大著『心霊と神秘世界』（一九三二）では、真言密教の解釈に一〇〇ページ以上の紙幅を費やした。一九三〇年には「弘法大師の御霊影《ごれいえい》」として、自称超能力者の三田光一《こういち》に、空海の念写をさせている。

このように、福来は真言宗（密教）との密接なつながりのもと、大正・昭和初期の活動を続けた。しかし、彼は真言宗の信徒や、ましては僧侶では、まったくなかった。福米の高山の生家は代々浄土真宗であり、その後、仙台の寺院に墓を移したが、これも真宗であった。彼は、「家は真宗だが、超心理については真言宗が最も多くの説明原理を含んでいる」と、しばしば述べていたようだ。福来にとって真言密教は、彼の超能力研究や生命主義の信仰に、適切な説明を付与してくれる言葉や、あるいは理論的な枠組みに過ぎず、全身全霊で帰依すべき対象ではなかったのである。

これを先述した暁烏の例と比較してみよう。教養主義的な僧侶であった暁烏は、生命主義の思想を取り入れることで、真宗の伝統を再解釈し、その教義を宗派の外部へ開いた。あるいは、宗派の伝統から大きく逸脱した。それに対し、自意識的には科学者であった福来は、生命主義の信仰を磨くためにも、真言宗の伝統を再解釈し、その教義をやはり宗派の外部へ開いたといえる。

彼らが関与した真宗と真言宗は、いずれも伝統仏教の一派ではあれ、それぞれが伝えてきた教義は、だいぶ異質である。個人の自助努力の意義を否定し、阿弥陀如来への絶対帰依による救いを説く真宗と、修行によって人間が獲得する霊力によって、自他の救いの達成を目指す真言宗では、教義の性格が、ほとんど正反対とすらいえる。

だが、生命主義の媒介により、両者は大正期の宗教空間で交差した。単に、真宗の関係者と真言宗の関係者が、同じ場で対話したり、一緒に活動したりといったような、ごく表面的な交流ではない。それぞれの教義の受け止め方という、宗教としての根幹にかかわる部分で、互いが接近したのだ。これは、たとえ局所的にではあれ、生命主義が、宗派の伝統の垣根を超える、ないしは無効化する力を発揮したことを意味する。

しかしながら、宗教間の差異や伝統を超えて広がる生命主義の力は、やがて一つの宗教的なイデオロギーへと収斂し、そこに、あらゆる宗派の宗教者や、宗教に接近した非宗教者たちを流し込んでいく。すなわち、近代のとりわけ昭和初期にクローズアップされる、日本主義というイデオロギーに。

六　おわりに

本章のおもな登場人物は、一部の例外を除きほとんどが、昭和期に広い意味での日本主義者となる。つまり、神聖性を認められた天皇を中心とする日本と日本人を礼賛し、国家を宗教のように絶対視する論客、または活動家へと変貌したのだ。

日本文化論者としての評価を高めた昭和初期の和辻哲郎は、大正期までに重んじた仏教よりも、皇室や神道のほうに傾き、それらに「日本民族の生」の重大さを読み取った。作家として毀誉褒貶を被った倉田百三は、「日本民族の世界史的使命」を自覚し、生命主義の立場からの国家護持と国民動員を推進する。暁烏敏は、真宗の僧侶ながら神道にも帰依し、天皇よりも阿弥陀如来を大切にする者は、日本から出ていくべきだと息巻いた。福来友吉は、日本神話について独特の論調で語りながら、日本人こそ「選ばれた民族」だと絶叫した。西田幾多郎は、こうした日本主義の熱狂とは一線を画す。とはいえ、彼の薫陶を受けた弟子たちの多くは、昭和の戦争を知識人の立場からサポートし、日本人が国のために自己の生命をささげるのを肯定した。

教養主義では、特定の宗教伝統にこだわらず、個人の人格を高める文化を積極的に受容することが重んじられた。ゆえに、個人の人格を強化してくれる文化であれば、それが日本主義の思想や国家護持の運動であろうと、拒絶すべき理由は特になかった。教養として評価できるものであれば、状況によって何にでも染まるのが、教養主義のスタイルである。そして、国家権力の存在感に満たされた昭和初期の日本では、教養の対象として国家や天皇に関する文化を選びとるのが、多くの教養主義者にとって、都合の悪くない選択であった。

生命主義は、個人が属する宗教伝統を超えて、人々の心と身体を包み込む。あるいは、特定の宗教伝統に属さない者たちをも、宗教に接近させながら、巻き込んでいく。この生命主義が、日本人の民族的な優位性への信仰と結びついたとき、そこに宗教も非宗教も超えた、国民動員のかたちが生まれる。

教養主義も生命主義も、本質的に領域横断的な性格を備えており、それゆえにこそ、特定の宗教伝統の垣根を超えた、新たな宗教のあり方を創造できた。これら二つの主義の拡張によって、非宗教者が宗教について自由に語る場が広がり、また宗教者が自らの属する伝統から飛翔するのも容易になった。

だが、その領域横断性は、少なくとも昭和期の日本では、国家ないしは民族という垣根を、超えられなかった。むしろ、宗派の違いや宗教と非宗教の分断を超えて、天皇制国家としての日本のもとに、大多数の人間を包摂する結果となった。

敗戦後の天皇制国家の廃絶を受けて、教養主義と生命主義は、それぞれ新たな展開を遂げる。教養主義は、その後もしばらくは学歴エリートに信奉され、そこでは仏教やキリスト教などの宗教も、一定の役割を果たす。だが、一九七〇年代以降の大学の大衆化などによって、教養主義は次第に衰退する。現在も日本の読書文化の豊かさや、市民講座の盛況などに、教養主義の名残はある。だが、もはや「主義」として多くの人間を動かすだけの力は、明らかに持ち得ていない。

他方、生命主義のほうはどうか。国家主義が破綻した後の戦後の日本人にとっては、「生きる」ことが至上の価値となった。日本主義という宗教的なイデオロギーのもと、多くの命が失われ、国土の荒廃も経験した日本人にとって、依拠すべき最大公約数的な価値は、何はともあれ「生きる」ことへと転換した。戦後の大勢の日本人にとって何よりも大事なのは、国家や宗教や、あるいはそれらを取り巻く伝統ではなく、生命の尊重にほかならない。

これは、おそらくは形を変えた生命主義である。宗教的な思想や理念との関係は断ちつつ、なおも生命の持続にこそ救いを求める生命主義だ。大正期の福来友吉は、「私の宣伝する生命主義の人生観は、「俺は生きて居る」と言ふ、否定することの出来ない事実から出立して居るのであります」と述べていた。この「俺は生きて居る」という事実を、大いなる生命への宗教的な傾倒や、あるいは「神」や「仏」とは無関係に価値の基準とするのが、戦後版の生命主義だと思われる。

こうしたタイプの生命主義は、近年では、遺伝子治療やナノテクノロジー、ロボット工学などの科学技術の発達を根拠として、「不死」の夢を人類に夢見させ始めている。各種のテクノロジーによって、かつてない長命と延命が現実化する機運が高まっているのだ。本章で論じた福来の思想が、改めて信ぴょう性も持ちそうな状況だが、そこで宗教は、いかに受容され、あるいは再解釈されていくのだろうか。近代日本宗教史上の、生命主義の展開を詳細に検討しながら、今後の人類ないしは日本人のゆくえを考える必要がある。

参考文献

大澤絢子（二〇一九）『親鸞 六つの「顔」はなぜ生まれたのか』筑摩書房
碧海寿広（二〇一六）『入門 近代仏教思想』筑摩書房
――――（二〇一八）『仏像と日本人―宗教と美の近現代』中央公論新社
――――（二〇二〇）『科学化する仏教―瞑想と心身の近現代』KADOKAWA
鈴木貞美（一九九六）『「生命」で読む日本近代―大正生命主義の誕生と展開』日本放送出版協会
鈴木範久（一九八〇）『倉田百三〈増補版〉』大明堂
筒井清忠（一九九五）『日本型「教養」の運命―歴史社会学的考察』岩波書店
松本晧一（二〇一四）『宗教的人格と教育者』秋山書店
山田宗睦（一九六一）『日本型思想の原像』三一書房
G. Clinton Godart (2017) *Darwin, Dharma, and the Divine: Evolutionary Theory and Religion in Modern Japan*, University of Hawaii Press

コラム① 生命と霊性

安藤礼二

一 ベルクソンと大拙

一九〇七年、フランス語と英語で二冊の書物が刊行された。アンリ・ベルクソン（一八五九～一九四一）の『創造的進化』と鈴木大拙（一八七〇～一九六六）の『大乗仏教概論』である。ベルクソンは「生命」（life）の哲学を、大拙は「霊性」（spirituality）の宗教を説いた。ベルクソンの「生命」は超越的な創造と内在的な進化を一つに統合することが目指され、大拙の「霊性」は無限の精神と有限の身体を一つに統合することが目指されていた。ベルクソンと大拙の両者は、ほとんど同一のヴィジョンを見ていた。それを主観と客観、記憶と物質の二項対立を乗り越えることと言い換えることも可能である。

つまり「霊性」と「生命」は表裏一体の関係にあった。そのような事実を証明してくれるのがこの二冊の書物なのである。

二 霊性という言葉

なお、「霊性」という特異な言葉の起源は、禅と華厳に総合を与えようとした華厳宗第五祖、唐代の圭峰宗密の著作にまでさかのぼる。もちろん大拙もそうした事情は熟知していた。『大乗仏教概論』それ自体が華厳的な思想体系の現代的な再構築という体裁をもっていたからだ。しかしもう一方で、明治がまさに終わる直前、十数年に及ぶ海外生活を切り上げて日本に帰国した大拙が手がけていった『天界と地獄』(一九一〇)からはじまる一連のスエデンボルグの著作の日本語訳(英語訳からの重訳)において、大拙自身が英語原文の spirituality を「霊性」と訳出していることもまた事実である。『大乗仏教概論』のなかにも spiritual という単語が頻出する。つまり「霊性」には歴史的な意味と現代的な意味の双方が含み込まれていたのである。

大正生命主義なる思想潮流としてまとめられる運動が本当に存在したとして(私個人としてはあまりにも大き過ぎるこのような理念を提起することにほとんど意義を認めない)、当然のことながらその起源は狭義の近代「日本」に限定されない。その真の起源は、地上のあらゆる場所が一つにむすばれ合った広義の近代「世界」にある。そこでは、伝統的な宗教観を革新的な科学観とどう両立させていけばいいのかが問われていた。ベルクソンも大拙も、宗教と科学が相克するなかで、有神論(キリスト教)の基盤となる「神」をあらためて定義し直そうとし、無神論(仏教)の基盤となる「仏」——大拙の場合は「大乗仏教の神性」として位置づけられた究極にして最高の存在たる「法身」——をあらためて定義し直そうとしていた。その際、ベルクソンも大拙もおそらくは同じ書物、その書物が体現する同じ思想を参照していた。

三　両者の接点

それがアメリカの古生物学者、エドワード・ドリンカー・コープ(一八四〇〜一八九七)が最後に残した大著『有機的な進化の主要因』(一八九六)で展開していった「精神」へと上昇(上向)していく「アナゲネシス」(有機的で前進的な進化=発生のエネルギー)と「物質」へと下降(下向)していく「カタゲネシス」(非有機的で後進的な進化=発生のエネルギー)である。二〇〇〇年代に入り完全に刷新されたPUF版ベルクソン著作集には、それまでまったく付されていなかった膨大な注釈が加えられるようになった。『創造的進化』の注釈を担当したフレデリック・ボルムスは、ベルクソンが作中で「われわれの時代の最も注目すべき博物学者のうちの一人」と賞賛するコープの著作からベルクソンが一体何を読み取ったのか詳細に跡づけてくれている。

『創造的進化』のなかにはコープがはじめて用いた「アナゲネシス」および「カタゲネシス」という言葉がそのまま使われている（第一章）。ボルムスは、コープの著書、そのなかでも特に第九章「進化のエネルギー」がいかに『創造的進化』全体に大きな影響を及ぼしているのか論証してくれている。ボルムスはさらに、この著書に先立つ数年前（一八九三年）、「アナゲネシス」と「カタゲネシス」の関係を論じたコープの論考が掲載されたアメリカの「新ヘーゲル主義の雑誌」である『モニスト』（一元論者）をベルクソンが既に読み込んでいたとさえ記してくれている。ボルムスがタイトルを明かしてくれていないコープの論考は、「有神論の基盤」と題されていた。

ベルクソン以前に、コープこそが伝統的な有神論が説く超越的な「創造」と現代的な生物学が説く内在的な「進化」を一つに総合しようとしていたのだ。「有神論の基盤」のなかでコープは言う。精神（Mind）と物質（Matter）、主観と客観を一つに総合するものが進化論なのだ。進化を推進していくものこそ、細胞の原形質流動および新陳代謝に見出されるような「意識」の芽生えに他ならない。この原初の「意識」が「アナゲネシス」を推し進めていく。「アナゲネシス」こそが生のプロセス（精神の生成）であり、「カタゲネシス」は「アナゲネシス」の結果として残される物理的で化学的な死のプロセス（物質の生成）に過ぎないのだ。精神と物質は進化というエネルギーによって一つにむすび合わされる。否、進化というエネルギーの働きによってはじめて、その上向方向には精神が、下向方向には物質があらわれる。「有神論の基盤」において、コープは「神」をあらためて定義し直す。「この大宇宙において、最も原初の意識活動としてなんらかの広がりをもつもの」、それを「神」と名づけると。ベルクソンもまた、『創造的進化』においてこう宣言する（第三章）。「生命の起源にあるもの、それは意識である」（より正確には「超意識」であると続く）。原初の意識から解き放たれた生命の「躍動」（エラン）、進化のエネルギーこそがさまざまな物質をその後に残して進展していくのである。だからこそ「神」とはその「躍動」の源泉であり、絶え間のないエネルギーの湧出として定義されるのだ（同）。それゆえ、宇宙は「上昇」と「下降」の二つの力、二つの方向の相互作用として持続する。『創造的進化』のなかでベルクソンは生命、宇宙、意識の「持続」がもつ二つの力、二つの方向という見解をさまざまな形で繰り返し変奏してゆく。

ベルクソンの『創造的進化』の源泉となったコープの『有機的な進化の主要因』も、「有神論の基盤」が発表された雑誌『モニスト』も、同じ出版社であるオープン・コートから刊行されていた。二十代の後半でアメリカに渡った大拙が十年以上勤務することになるのもまた同じ出版社であった（大拙の渡米は一八九七年）。『モニスト』を編集していたドイツからの宗教的な亡命者であるポール・ケーラス（一八五二〜一九一九）は自らが実現を望む、精神と物質を同一の地平から思考する一元論哲学の科学的な裏付けになるものを「意識」の進化論に、宗教的な裏付けになるものを「東洋」（大乗仏教）の教理に求めた――その直接の契機となったのは一八九三年のシカゴ万博に併催された万国宗教会議である（ケーラスはそこで大拙の師である釈宗演と出会ったのだ）。

アメリカ時代の思索の総決算である『大乗仏教概論』のなかで大拙は、森羅万象あらゆるものはこの大宇宙を統べる「法身」の顕現であるという。その「法身」は「心」と別のものではないのだ。森羅万象あらゆるものは自らの「心」のなかに如来（法身）となる種子をあたかも胎児のように孕んでいる。種子のなかにはさまざまな変化の可能性、変身の可能性が秘められている。無限の存在である「法身」と有限の存在であるわれわれは「心」――大拙の師たちは万国宗教会議のために作成されたバイリンガルのパンフレットで「霊性」を大文字の「心」（Mind）として表現していた――を通じて一つにむすばれ合っているのだ。「法身」は自らの意識あるいは意志（慈愛と知性）、すなわちその存在が孕みもつエネルギー、精神が孕みもつエネルギー（spiritual energy）によって森羅万象あらゆるものを産出していく。「生命」とは「霊性」であり、「霊性」とは「生命」である。そこから近代の宗教哲学がはじまっているのだ。

第三章　心霊と身体技法——霊動するデモクラシー

栗田英彦

一　はじめに

大正期の実用本に、加藤美倫『是丈は心得おくべし』（全一六巻、一九一八～一九二二）というシリーズがある。礼法、科学、法律から宴席のかくし芸まで、生活に役立つあらゆる知識を平易に紹介してベストセラーとなったが、その一つに『新しい問題と主義思潮』という巻がある。目次をみると、「デモクラシー（民本主義）」を筆頭に「社会主義」「労働問題」「生活問題」「婦人問題」「普通選挙論と其運動」「欧州戦争及国際問題」「政変史話」「支那革命運動史」といった章題が並ぶが、そのあいだに「心霊問題」なるタイトルが見える。

一方に自然科学が異常な発達を遂げ、自然界人間界の不思議を征服し、凡そ何事でも科学で説明の出来ぬ事物現象が世の中にないといふ気勢を示すと同時に、その反対の傾向として、神秘とか、不可思議とかいふ現象が頭を擡げて来ている。その最も面白いのは心霊現象で、科学者自身もこれには多大の興味を持つて、現に研究の歩を進めつゝある。科学と哲学、科学と宗教、この関係は一体どうなるか。（一八九頁）

そうして心霊研究に科学者も取り組むようになり、「例えば、透視とか、幽霊とか、或いは宗教で云ふ奇蹟とか復活とか云ふことをも、最早以前のやうに頭から否定して了はないで、正面からこれに積極的解釈を試みるやうになつた」のだと言う（一九〇～一九一頁）。

デモクラシー――大正時代を象徴するこの政治思潮は、広範な広がりを持っていた。加藤も、「デモクラシーの本を出せば、どんなものでも売れ」、「デモクラシーでなければ夜も日も明けぬ世の中」（四－五頁）だと嘯く。戦後の歴史研究でも重要なテーマであり、多様な観点から研究が蓄積されてきた。『新しい問題と主義思潮』で取り上げられたトピックは、ほぼ網羅されていると言ってよいだろう――ただし、心霊問題を除いて。

ところが実のところ、欧米における革新的政治運動と心霊現象の勃興には深い結びつきがあったのである。そもそも心霊現象を制御する技法を持った人々――俗に言う霊能者――の大規模な出現は、前近代の遺物というより、まさに近代の産物であった。すなわち一八世紀末の動物磁気術（催眠術や精神分析の源流となった治病術・メスメリスム）、一九世紀中頃の心霊主義《スピリチュアリズム》（死者霊との交信を軸とした実践と思想）、さらには一九世紀後半の神智学協会（第二巻のコラムを参照）やニューソート（アメリカの唯心論的療法運動）の登場である。この動向への学術的応答として、英国心霊研究協会（一八八二年発足）や米国心霊研究協会（一八八五年発足）の心霊研究《サイキカル・リサーチ》があった。動物磁気以来の諸運動は、キリスト教や自然科学の主流派に対抗し、またロマン主義的な思潮とも交錯しながら、透視、交霊、予知、精神感応、念動力、信仰治療といった超常現象・心霊現象を主張し、一方で革新的な政治運動と繋がりを持ってきた。動物磁気術師たちの一部はフランス革命の立役者となり、またフーリエ、オーウェン、サン・シモンらのユートピア的社会主義思想と結びついた。心霊主義者たちは女権運動や奴隷解放運動に関わり、神智学協会はインドの独立運動に重要な足跡を残してきたのである（Braude 1989, ダーントン、一九八七）。

そうであれば、日本の心霊問題とデモクラシーの関係も検討に値する課題だろう。それは、大正の宗教史を新たな角度から再検討することにも繋がる。本章では、当時の心霊現象の一つ「霊動」にスポットを当て、その発生や制御をめぐる思想と技法を追跡しながら、その政治的含意を探りたい。

二　霊動と霊術の近代日本

催眠術から民間精神療法へ

近代日本における霊的な技法の一般化は、催眠術の導入を嚆矢とする。明治二〇年代、初期の導入者の一人、井上円了（一八五八〜一九一九）は、哲学館（後の東洋大学）の講義で催眠術を紹介し、宗教的な奇蹟を催眠術で説明している（井上円了『妖怪学講義第四冊』一八九六、二六四－三六五頁）。その意図は宗教的説明の解体にあったが、心理学の範囲内で信仰治療の効果を承認することにもなる。在野では後者をさらに拡大し、人間の心身のみならず宇宙万物を制する「精神の感通作用」を認める主張も現れる（近藤嘉三『魔術と催眠術』一八九二、三八〜三九頁）。要するに催眠術は、幻術・呪術・奇蹟などの現象を近代空間のなかに再び導きいれる水路となっていたのである。

これを引き継ぎ、明治三〇年代後半に「精神療法」が登場する。当時の精神療法の意味は、現在のそれとは大きく異なる。戦前には精神療法を行う正規の医師は、森田療法を創始した森田正馬《まさたけ》（一八七四〜一九三八）など若干名に留まり、一方で在野では数万の規模で出現したと言われている。つまり、精神療法は主として民間療法の領域にあり、しかもそれは「精神」の治療というより、「精神」による治療を意味していた。精神疾患から結核まで心身両面の多様な病気に効果があるとされ、さらに精神感応や念動力などの超常能力の開発、刃渡りや刺針術といった危険術の実演もそのレパートリーに加えていた。

民間精神療法の先鞭をつけたのが、漢文教師の桑原俊郎（一八七三〜一九〇六）である。主著『精神霊動』（全三巻、一九〇三〜一九〇四）によれば、催眠術の実験中、桑原は被験者を催眠状態にすることなく、その心身を操作できることに気付く。彼はこの実験を進め、遂には人間のみならず他生物や物質までも動かせることを「事実」と認め、そこから万物は精神を有し、精神は根底において共通し、その総体は「宇宙の大精神」であると主張するに至る。これが、桑原の「精神哲学」である。無念無想となり、利己的個性を払拭して大精神に一致すれば、病気治療、神通力などさまざまなことが可能となる。桑原は、これを精神の「霊動」と呼んだ。こうした自我の宇宙規模の向上的肥大化の一方で、人間の苦悩や有限性を強調し、むしろ人生苦の認識から「宇宙の真理」を発見して「安心」に至り、どこまでも「愉快」に「日本の規約、慣例、歴史」に従うことを「宗教の目的」とも言う。このような桑原の救済論には、清沢満之の影響が指摘されている（井村、一九九六）。

自我と宇宙の対立とその究極的な合一を説く桑原の精神哲学は、自我の絶対性、合理主義への反動、倫理的・民族的な宗教性など、ドイツ・ロマン主義を思わせる特徴を持つ。知識社会学的に見ても、知的中間層の成立との関連が見て取れ、『精神霊動』は教育界を中心にベストセラーとなり、その門人には教育者や医師が多かった（ドイツの教養市民層と霊性思想の関連は、深澤、二〇〇六参照）。ここで詳述する余裕はないが、要するに、日本の霊性思想を単に日本的特殊主義に押し込めるのではなく、近代化（資本主義化）という条件下の文化現象として、国際比較や世界史的観点から考える必要があることを指摘しておきたい。

ともあれ、桑原の登場以降、在野での心霊研究は活性化していく。一九〇七（明治四〇）年には、松村介石、平井金三らが心象会を結成、心霊実験を定期的に行うが、これに協力した五十嵐光龍や藤田霊斎は、桑原門下あるいはその影響を受けた精神療法家であった。アカデミズムの心霊研究は、この後を追う形で続く。心象会に参加した心理学者福来友吉が千里眼実験（透視実験）を行い、センセーションを巻き起すが、実験への批判から福来は東京帝国大学を辞し、心霊研究はアカデミズムでは途絶する。しかし、在野の心霊研究はますます発展し、大正期には多数の精神療法家が出現してくる。すでに一過性のブームに左右されない深い根を、近代日本社会に張り巡らせていたのである。

〈霊動の地平〉の出現

さて、こうした精神療法の展開において、霊動の意味は微妙に変化していく。元々、桑原の一派では、物質や身体に作用する術者の精神の働きを霊動と呼んでいたが、大正期に入ると自動運動（不随意的な身体運動）全般を霊動と呼ぶようになる。この転換に一役買ったと思われるのが、元師範学校教諭の精神療法家桧山鋭（鉄心、一八七二～？）である。彼は、桑原と同じような精神哲学を論じつつ、「精神の感応によりて宇宙の大精神（大霊）に感ずる時は此肉体を組織せる細胞は霊動を起こす」（『心身円満発達桧山式正座法』一九一三、一三四頁）と述べる。細胞の霊動とは、細胞の原形質内にある電子（電気）が活動することで、その動力が外部に現れると手、体、頭が自動的に動き出す（これを手当てなどで他者に伝え、他者治療もできるという）。桧山においては、大精神との一致という霊的な境地が、電気の物理的《フィジカル》・身体的な運動として発現しているのである。

実は大正期で霊動と言うと、この意味が主流であった。そうなった要因は一概には言えないが、明治末以来、修養法の岡田式静坐法が大流行していたことがまず重要だろう。岡田式静坐法については後述するが、静坐という名前に反して実践中に激しく振動したことで知られている。桧山が細胞霊動法を打ち出したとき、繰返し静坐法との異同を論じており、かなり意識していたことが分かる。さらに一九一六（大正五）年から、神道系新宗教の皇道大本と精神療法団体の太霊道が大規模な活動を始め、前者の鎮魂帰神法や後者の霊子術が、簡易な霊的実験を供する技術として耳目を集めていた。鎮魂帰神法は「神憑《かみがかり》」を、霊子術は「霊子作用」を発現させる技法で、根拠となる霊概念も理論も全く異なっているが、静坐法の振動について、皇道大本は「神霊の不完全な発動」（浅野和三郎『皇道大本略説』一九一八、一二二頁）と捉え、太霊道は「一部には知らず識らず霊子顕動作用が誘発」（『太霊道及霊子術講授録』第四輯、一九一七、六頁）したものと見て、自らの文脈で上書きする戦略を取っていた。この結果、各々の自動運動は本質的には同じものだという認識が生まれ、自動運動一般を指す言葉として霊動が定着したように思われる。

霊動をめぐって成立したこの言説の場を、ここでは〈霊動の地平〉と呼んでおこう。大正後期には、民間精神療法、修養、神道行法、さらに交霊術や密教行法などを総称した「霊術」という用語も普及するが（栗田・塚田・吉永編、二〇一九、一二頁）、それは霊動を含む諸実践を同一地平で捉える認識が一般化したことを示していよう。〈霊動の地平〉の様相は、精神療法家高木秀輔（一八八八？〜？）の著述からも鮮明である。

斯様な現象は霊的修養を真面目に行う人には常にあり勝ちなことであります。私が嘗て師事したことのある、桧山鉄心氏は、福岡師範で教鞭を取つて居た頃、肺病と脳神経衰弱に罹り、医科大学で不治の宣告を受けてから成田の断食堂に入り、断食修行中偶然、例の自働現象が起り、其時から流石の難症も夢のように治つたと告白して居ります。又、太霊道の田中守平氏も、山に籠つて断食瞑想中、突然全身が飛動をはじめ、遂に無我無中《ママ》になつたと伝へて居る。夫れから、印度から流行して来たプラナ術にプラナ振動法ということがあり、我邦の太古から鎮魂振魂ということがあつて、神憑があると、盛んに自動的運動が起きて来ます。そして之を行う者は、何時の間にか、永年の持病が消失し、又他人に之を伝うれば他人の難病痼疾が奇跡的に平癒することが多いのであります。岡田式静座法でも、一心に行いつつあると、ピヨンピヨンと座敷中を飛び廻り、自分乍ら驚くゝとがあります。(高木秀輔『神秘霊動術講習録』救世会出版部、一九二二、四〜五頁)

高木自身は、近所の八幡神社における病気平癒祈願の跣足《はだし》参りの際、自動運動が発生した。だが、その後多数の精神療法家に学び、自分の体験を「霊性に因つて起こる運動」すなわち「霊動」と再認識し(八頁)、「霊動術」を看板に精神療法家として踏み出すことになる。

ここで確認しておきたいのは、八幡神の霊験が、〈霊動の地平〉を通じて脱文脈化－再文脈化され、個々人の「霊的修養」へと委ねられていることである。不随意的な身体行為の根源的な動因――「霊」――の支配が、神から個人へと移行したと言えよう。フランス革命の一因となった動物磁気術もまた、悪魔祓いの脱教会化であった。こうしたプロセスを、「霊」の民主化《デモクラシー》と見ることもできよう。ただし、「霊」は剥き出しで解放されるのではなく、霊的修養の技法を通じて訓育される。とすれば、新たな支配の鍵はその技法にある。大正期の〈霊動の地平〉では、身体技法を通じた「霊」の支配をめぐって、さまざまなアクターが抗争を繰り広げ、不断の脱文脈化と再文脈化が起こっていた。ここにおいて最もヘゲモニーを握っていたのが、太霊道、皇道大本、岡田式静坐法だったのである。

三　太霊道——啓蒙の身体技法

霊子術と霊理学

太霊道は田中守平（一八八四〜一九二九）によって創立され、後続の精神療法や新宗教に大きな影響を与えた精神療法団体である。霊能発現を謳った霊子術とその理論である霊理学の教授を主要な活動とし、新聞にも大規模な広告を打って宣伝を行い、カリキュラムを設けて修了者には「霊学士」という称号を授けるなど、宗教団体というよりは、大学に模した教育機関に近い。著名な会員には特に陸軍の軍人が多く、他には何人かの医師、大学教員、作家（西村渚山・巖谷小波・児玉花外）や芸術家（久米民十郎）、宗教者（中根環堂）がいた。心霊研究書の翻訳者として知られる高橋五郎も太霊道に一時期入れ込んでいる。一般的には、都市ブルジョワを中心に信奉者がいたようである。

田中は、日露戦争勃発の前年に対露強硬論を天皇に直訴し、翌年には雑誌『日本人』に「東亜聯邦論」を発表して天皇中心の東アジア連邦（アジア主義）を主張するなど、もともと活発な政治活動家であった。だが、一九〇五（明治三八）年、故郷の恵那山中で断食修行を行って以来、政治活動と並行しつつ、精神療法活動を始めるようになる（経歴の詳細については、吉永進一「太霊と国家」（『人体科学』一七巻一号、二〇〇八）を参照）。

霊動は、恵那山での修行中に発動し、霊子術の「発見」を導いたとされる。霊子術の中核に組み込まれた霊動は「霊子顕動作用」と呼ばれ、以下の方法で発動するとされる。まず正座して瞑目、「全真太霊！々々々々！　々々々々！」と黙唱する。その状態のまま、次に両腕を前伸して力を加えて緊張させた後、合掌して「真点」（手掌中指の約五分程の下部）と呼ばれる箇所に軽く力を込める。すると腕が振動し始め、それが全身に伝わり座したまま飛動を始めるという（他にも立って行う方式や手の位置に幾つかの形式がある）。この時、精神統一の必要はなく、雑念や妄想は生ずれば生ずるままに任せておくようにする。この振動を体内に潜在して発動させると「霊子潜動作用」となり、掌を通じて伝達し、治病、念写、透視、念動力といった霊能を発揮させられるという。

では、霊子とは何か。太霊道の教本『太霊道及霊子術講授録』（一九一六、以下『講授録』）によれば、宇宙の根本原因は「太霊」である。これは諸宗教における究極的な実在、キリスト教のゴッド、仏教の真如、儒教の天、老子の玄、易の太極、神道の天御中主神《あめのみなかぬしのかみ》などに比されるが、「信」の対象たるそれらに対し、太霊は理と信を合わせた「理信」の対象である。太霊からは「霊子」なる全性能を有する実体子が発動し、これが随時随所で発動して万物となる。霊子が「有機的発動」をなすと精神、「無機的発動」をなすと物質となり、精神と物質が結合して生命となる。霊子術は、心身では知覚できない霊子の存在を感得する方法とされ、霊動の不随意性が霊子の存在を実証するものである。ここでの生命には生物だけでなく、鉱物や天体も含まれ、それらは皆、発育、生成、運行している。つまり宇宙とは、「大精神体」かつ「大物質体」、ゆえに「大生命体」である。宇宙秩序の全ては、絶対的な太霊から発するがゆえに必然であり、「霊勅」と呼ばれる。

以上のように太霊道では、絶対的な太霊から演繹的かつ決定論的に宇宙が論述される。森田正馬は太霊道の霊理学を評して、スピノザの心身並行論やライプニッツの単子論に似ていると述べている（『精神療法講義』二七〜二八頁）。細かく見れば違うが、大雑把に言えば、自我を強調するロマン主義哲学より、スピノザやライプニッツの啓蒙的合理主義に近いかもしれない。事実や自我から出発する桑原の精神哲学との大きな違いであり、また宗教的救済に深い関心を抱いた桑原に対し、次に見るように太霊道は社会改革の抱負を強く持っていた。

太霊道の政治思想

太霊道の政治思想（社会論・国家論）は、本章の関心において重要なので、『講授録』に沿って少し詳しく見ておこう。霊理学では「相関連脈」で結合された事物の集団を社会と呼ぶ。大生命たる宇宙も「大社会」であり、あらゆる事物が社会的形式を具えて各々の性能を発揮するが、そのなかで人類社会は特殊な位置を占める。それは、社会性能の完全なる発動をした形である「国家」を形成するためである。他の社会と違いは、「国家は殺奪の権力をも自由に行使して以て其命令に対する絶対服従を被治者に向て強要することが出来得る」（『講授録』第壱輯、一一〇頁）と定義される。この権力を行使する「主権者」は、社会秩序を自らの意志と力で作り出す者であり、秩序の産出者として太霊の機能を一部にせよ担う。太霊道では、人類社会を「至上」、その社会性能を「至上性能」だと断言するが、その論拠はこの国家論に求められるだろう。

こうした人間社会の「至上性能」の発現は、発展的に考えられている。元々は、ほとんど国家の体を成していない「無秩序」の段階に始まり、それが統一されて「種族的秩序」となり、次いで「民族的秩序」、「人種的秩序」、最終的に「世界的秩序」に至る。このとき、「世界国家」が出現する。太霊道の認識では、一九一六（大正五）年の時点では民族的秩序の段階にあり、そして第一次世界大戦後に「人種的秩序」に移行したと見ていた。

さて、以上の秩序の変遷は、太霊の発動の結果ゆえに霊勅＝必然である。ただし、この霊勅を事前に透徹し、それに適った行動を為すことができる者が存在する。太霊道ではそれを「偉人」と呼ぶ。偉人は少数であっても、その作り出すものに多数が従って社会は動いていく。これまでの歴史でも「聖人」（霊勅を透徹し得る者）や「英雄」（霊勅に行動が適う者）が出現して主権者となり、国家を形成し、秩序を発展させてきた。秩序の規模は拡大し、現在では聖人と英雄を兼ね備えた偉人の到来が期待されている。究極的に言えば、「宇宙の目的は偉人を造るに在るといふことになる」（同上、八六頁）のであり、太霊の道たる太霊道の目的もまた、偉人を造ることに他ならず、霊理学と霊子術は、偉人への道を万人に開くための「学術」とされるのである。言うまでもなく、田中自身もまた「偉人」として、国家と世界を牽引していく使命を有していることが暗示されている。

ここに至って、太霊の決定論は「学術」を軸に反転し、人類の全面的な能動性が説かれる。完全なる霊動（＝霊子作用の発動）は、人間の自由の出発点であり終着点なのである。ただ、ここで問題となるのが天皇と偉人との関係である。田中は、国家における主権者の絶対性から、主権者と被治者を混同する「共和国」より、両者を峻別する「君主国」が国家体制として妥当とする。したがって、「君主は一系持続して其主権を確保行使するのを以て原則としなければならぬ」（同上、一一五頁）。要するに、田中は天皇主権説と皇統を支持する立場に立っており、これに対して偉人は、全体の整合性から判断すると、天皇の臣民として服しつつ、国民と世界を先駆的に指導していく者となる。しかし、太霊道の教憲が「太霊を信じ、霊勅を奉じ、皇上を尊み、国家を重んじ」と始まるように、あくまで太霊が上に置かれているに留意しておくべきだろう。

精神療法家の松本道別は、太霊道のこの側面を批判し、「一大不敬漢」と罵倒している（『火星通信』三号、一九一八、九頁）。逆に言えば、この太霊の普遍性こそ、対外硬から出発し、「内に立憲主義、外に帝国主義」の典型である田中をして、デモクラシーを普遍的に追求させたと思われる。

例えば、機関誌『太霊道』三巻三号（一九一九）では、朝鮮統治における武断政治を批判するのみならず、「現在及将来に於て政権自由を与へ、物質的欲求を満足せしむると共に精神的最高欲求を満足せしむることを計るべき」という主張が見える（五六頁）。また、一九一八（大正七）年末の「民心の基調協一の提議要項」は、田中のデモクラットとしての姿勢をよく現れている。この年、内閣諮問機関の臨時教育会議は、高まるデモクラシーに対抗して、「人心帰嚮統一に関する建議案」（後に「教育の効果を完からしむべき一般施設に関する建議」）を提出し、「国体明徴」を軸とした国民の思想統一を図っていた。田中の提議要項は、これを批判して絶対への尊信、皇道顕揚を掲げつつ、普通選挙施行（総理大臣直接選挙）、階級調和、税制改革（累進課税）、兵制改革、国家賠償制度、陪審制施行、学術振興などを提案し（後に華族制度改廃や婦人参政権付与も追加）、その実現のために「国民協会」を立ち上げるというものであった（『太霊道』三巻一号、四〜一〇頁）。

太霊道の政治思想は、天皇主権を護持しつつ、進歩的な改革を進めるというものであり、吉野作造らの提唱する民本主義の一種と言える。一方、その論拠を、国民国家の経済的利益を超えた太霊の普遍性と社会性に置き、人々をその政治理念に導く啓蒙の身体技法として霊子術が設定されている点に、太霊道の霊的デモクラシーたる特徴があった（ただし、例えば吉野にもキリスト教の理念と訓育の基礎があることを踏まえると、太霊道の政治思想は、むしろ民本主義の脱キリスト教的な変奏、あるいは霊的な根底を開示した民本主義と見ることもできる）。

四　霊的デモクラシーの挫折

第一次世界大戦とデモクラシー

太霊道のポジティブな進歩主義は、一九一九（大正八）年、大きな転機を迎える。この年、パリ講和会議が開かれ、米国大統領ウィルソンの唱えた十四ヵ条の平和原則を下敷きに、第一次世界大戦後の国際秩序に関する取り決めがなされた。田中は、この国際情勢に強く反応する。彼にとって、パリ講和会議の内容はアンビヴァレントであった。まず、戦後の国際秩序において、吉野作造や姉崎正治らと同じくデモクラシーの進展は必然だと考えていた。先述の国民協会の発足も、そうした動向に棹差している。だが、吉野や姉崎のように、連合国を「正義的民主的平和主義」、ドイツを「侵略的軍国主義」として、前者の勝利をデモクラシーの勝利とする見方は採用しなかった（『太霊道』三巻二号、一九一九、二六頁）。田中にとって、デモクラシーの推進は英米に倣うことではなく、「人格の機械化」に対する「生命活躍機会の均等」という霊理学の論理の展開であった（『太霊道』三巻三号、五二頁）。その観点からすると、連合国のデモクラシーもまた不十分なものだったのである。

というのも、田中の分析によれば、第一次世界大戦は資本主義や唯物論が蔓延ったが故の私利私欲の爆発であり、大戦後の国際秩序も単に軍事的帝国主義から資本的帝国主義への移行したにすぎないものだった。

それゆえ、国際的公正の観点から国際的資本制限をするべきだと主張し、ウィルソンの振る舞いは「世界的専制」であると批判する（『太霊道』三巻二号、四頁）。さらに、日本が提起した人種差別撤廃案を否認したことから、ウィルソンを人種差別主義者として糾弾、「白色人種」に対抗する「有色人種」の連帯を主張し、「人種的秩序」への移行を宣言するのである（『太霊道』三巻四号、四七〜五〇頁）。そして、最終的な「世界的秩序」への移行を視野に入れつつ、「人種的大戦争」という大規模な世界戦争の可能性も示される。

田中のこの主張は、彼本来のアジア主義への回帰というより、太霊的＝普遍主義的なデモクラシーの限界状況の露呈と見るべきだろう。第一次世界大戦後に現れたのは、進歩主義の国際的準拠枠の分裂という状況である。英米型の自由主義か、ソ連の共産主義か、あるいはいずれとも異なる第三の立場か。単線的な進歩は現実味を失い、いずれかの道への決断が選択的に迫られる。英米の欺瞞を批判する太霊道は、ロシア革命、ドイツ革命、米騒動なども背景としつつ、共産主義など「過激思想」さえ肯定する論説さえ掲げていた——ただし、その思想を純化して利己心を滅し「霊の覚醒」が起こる限りにおいてである（『太霊道』三巻二号、一六頁）。おそらく太霊道が見据えていたのは、霊的社会主義ともいうべき第三の立場であろう。それが世界的秩序の理想郷だったと思われるが、現実的な進歩主義者であるがゆえに、対立や戦争も視野に入れつつ、「自主的競争」を確信犯的に決断していたのである。

だが、デモクラシーに期待した者ほど、第一次世界大戦による絶望は深かったかもしれない。そうした例を、実業之日本社理事兼記者の栗原白嶺（？〜一九三六）に見る事ができる。一九一六（大正五）年頃の栗原は、ウィルソンの国際連盟構想を支持し、米国の中立と民主主義に期待を抱いていた。しかし翌年、「平和と民主主義」の名の下に米国が参戦すると、第一次世界大戦それ自体が「自由平等を理想としたデモクラシーの思想」の結果とまで考えるようになる（栗原『聖徒か逆賊か』一九二三、五五頁）。そして、人類界から戦争の絶滅を期すべしと思い詰め、極度の神経衰弱に陥ってしまう。

そこで栗原は、一九一九（大正八）年二月に太霊道の講授会に参加する。直接の理由は神経衰弱の治療のためだったが、講授会の卒業式では、次のように演説している。

太霊道究極の目的は、単なる顕動作用、潜動作用の体得といへるが如き狭少なる範囲のものではありますまい。……之を大にしては世界の人類の思想をして太霊の全真に融合せしめ、軈《やが》て社会完序の確立に至るべく、佶《か》くて世界的秩序時代の理想郷に達することが出来るのでありませう。若し我が太霊道主元（田中のこと・引用者註）をして今より一世紀前に生れしめ、而して斯の太霊道の思想を公宣せしめたならば、恐らくは這次の悲惨実に戦慄すべき大戦争はなくて済んだ事であらうと思はれるのであります（栗原白嶺「太霊道の公宣が今百年早かりせば」『太霊道』三巻三号、二五～二六頁）。

ここからは栗原の反戦への強烈な思いと、太霊道への過大な期待が見える。だが、栗原はすぐに太霊道に見切りをつけ、早くも翌月、皇道大本の本部綾部に赴いている。

当時の実業之日本社は雑誌界の頂点にあり、雑誌『実業之日本』はビジネス雑誌兼オピニオン誌としてデモクラシー的な政治発言も行っていた（馬静『実業之日本社の研究』博士論文、二〇〇六）。社会教育や健康法にも関心が深く、岡田式静坐法の一般認知度を飛躍的に高めたのは、実業之日本社である。おそらく、田中は宣伝面でも栗原の入会に期待しただろうし、治病や霊能獲得を超えた栗原の志に感銘もしていたのだろう。そうした栗原の綾部行きは、田中にとって無視できない問題であった。

皇道大本との直接対決

皇道大本は、出口なお（一八三七〜一九一八）によって一八九二（明治二五）年に創始、その娘婿出口王仁三郎（一八七一〜一九四八）によって組織された神道系の新宗教教団である。だが、当時この団体を牽引していたのは、浅野和三郎（一八七四〜一九三七）や谷口正治（一八九三〜一九八五、後の生長の家総裁）ら、大正期に入信した知識人層の幹部であった。彼らは、なおの『おふでさき』による終末論的な予言「立替立直」と、王仁三郎が持ち込んだ鎮魂帰神法を結びつけ、「大正維新」をスローガンに大規模な宣教を行っていた。その主張の軸は、次のように、デモクラシーを含むあらゆる近代化への批判である。

憲政有終の美とか、交通機関の改良とか、衛生状態が何うとか、軍備が何うとか、輸出入の権衡が取れるとか、取れぬとか、そんな上滑べりの、末梢的、表面的の小刀細工とは全然訳が違ふ。……皇道大本の仕事は、要するに底の底からの大立替、大立直しである。（浅野和三郎『皇道大本略説』一九一八、五一頁）

一九二二（大正一一）年に起こると予言された「国常立神」による立替立直では、「世界の人口は半分以上も減少」し、「土地も奉還」、「貨幣制度も廃止」され、あらゆる制度習慣の「世界大革命」となり、続く「大理想時代」では、「個人的欲望を全部ヌキにして、人々自己の霊的本分を厳守し、秋毫も他を犯さぬ永久平和の連続」となるという（浅野『大本神諭略解』一九一八、四六〜四九頁）。栗原には我が意を得たものだったのだろう。綾部への初回訪問の際、「世界の真平和は別に偉大なる何者かが現れて、人類の覚醒を促して初て成功さるべきものでなければならぬ」と述べ、「神様でなくても我々人間から見てさへ今の人間は当然亡されねばならぬ様な者計《ばかり》で殆ど人間らしい人間は見る事が出来ぬ」と結んでいる（『神霊界』八四号、一九一九、十三〜十五頁）。

その四ヶ月後、栗原を通じて、田中は宣教のために上京していた浅野に会見を申し込む。栗原邸で行われた会見では、人類の三分の二を殺戮するような神は人類共同の敵であり、そもそも神は立替立直せざるを得ない世界をなぜ創造したのかと、浅野にまず疑問を投げかける。田中の論難は続くが、根本的な前提が違う二人の議論はかみ合わない。そこで浅野は、田中に対して鎮魂帰神法の実験を行うことを提案する。両者の交錯点は、〈霊動の地平〉だというわけである。しかし、その提案に対して、実験が「理論の当否を決する材料とはならぬ」と田中はいったん謝絶したのである。懇請に応じて鎮魂帰神法を受けたが、三〇分以上経っても霊動はなく、実験を終えている。その後も議論は続き、午後七時半から始まった会見は夜中を過ぎ、午前三時にようやく散会となった。三日後に太霊道本部にて霊子術実験と議論の続きを行うことを約束していたが、浅野が来ることはなかった（『彗星』一四〇号、一九一九、『太霊道』三巻八〜九号、一九一九）。会見では、終始田中が浅野を圧倒していた様子であった。

しかし、ここで注目したいのは、田中が理論の当否と実験の成否を分けて考えていることである。浅野にとって理論と実験は固く結びついており、鎮魂帰神法の実験は皇道大本の信念への入門であり、その先には綾部本部への移住や宣教など、立替立直に向けた活動が控えている。一方、太霊道にも目指すべき世界的秩序の理想郷があり、霊子術はその実現を担う偉人の修養のはずである。だが、皇道大本と違って理想郷は遠い未来であり、それは言葉の上で示されるのみであった。さらに、〈霊動の地平〉における不断の脱文脈化―再文脈化の無限サイクルは、言葉と身体、理論と実践を乖離させていく。理論や理想と切り離された霊子術は、現実的な有効性から判断される治病術や霊能開発以上のものではないだろう。会見での田中の発言は、図らずもこの問題を露呈しているように思われる。通常の精神療法家であれば、霊子術が治病術や霊能開発法であって何の問題もない。桑原も言うように、大精神との一致の後は日常に帰ればよいのである。だが、栗原はそれでは満足できなかったのだろう。それゆえ、会見の内容如何に関わらず、皇道大本に終生留まることとなる（栗原は第二次大本事件の弾圧において拷問の果てに獄中で縊死している）。

そして、田中にとってもそれで満足できるものではないはずだった。彼は療法家であるとともに政治活動家である。栗原の絶対平和主義が田中に突き付けたものは、理想郷の抽象性と、その先送りによる現実追従の是認の問題であろう。さらにここに、第一次世界大戦後のデモクラシーの限界状況が重なる。単線的な進歩の現実性が失われ、決断が求められる状況では、理性だけなく意志や信念を要求する。そして何より、世界が人種的秩序に移行したならば、太霊道は今こそ世界的秩序の建設に、先駆的に向かうべきだろう。

一九二一（大正一〇）年以降、太霊道は、理論、実践、組織体制の抜本的改革を行うことになる。まず、絶対的、無限であるはずの太霊が、ある限定された人間と場所――田中と霊子術発見の地の恵那――に顕現する。すなわち、教祖と聖地の創出である。田中に顕現（憑依？）した太霊が語る次の言葉は、この変革の本音を語っている。

地方の霊子療法は威力がない、霊子療法が何になった、霊子療法によりて癒された人々には少しも感激がないではないか。全く太霊の神格に感謝してゐる者はないではないか。…それをさせるには、組織がいかぬ。今のやうでは信念が起らぬ。誠に遺憾の外ない。…主元は智慧に囚はれてゐる。…太霊道の組織は、霊を救ふやうになつては居らぬ。（『太霊道』五巻九号、一九二一、二七～二九頁）

これ以降、太霊の霊示によって新たな布教法や修行法を提示し、時に予言めいたことも行われるようになる。また「宗教方面に立脚して宣伝すべき」（『太霊道』五巻八号、一九二一、二七頁）と述べられ、太霊の神格とそれへの信仰を強調し、太霊の霊示の絶対的権威が確立される。さらに、武並郵便局や武並駅を誘致し、町ぐるみで恵那理想郷なる一種の修行コミューンを形成しようとしていた。この改革に、皇道大本の神憑や綾部コミューンなどの影響がないとは言えないだろう。しかし、急激な方針転換には幹部からの批判もあり、また恵那理想郷の一部の火災、そして田中の急逝から太霊道は衰退、消滅することになる。

一方、同時期の皇道大本は不敬罪と新聞紙法違反で官憲の弾圧を受け（第一次大本事件）、浅野や谷口ら幹部は離脱する。だが、その後の王仁三郎中心の新体制では、鎮魂帰神法を実質的に禁止し、新教典『霊界物語』を救済の軸にさらに大きく伸張を始める。一九三四（昭和九）年には「昭和維新」を掲げた昭和神聖会を結成、王仁三郎を統管としたファシズム的傾向の強い運動を開始する。これが不敬罪と治安維持法違反による弾圧（第二次大本事件）を再度呼び込むが、皇道大本は田中の目指した指導者へ霊的権威の一元化を達成していたと言えよう。

ただ、ここで繰り返し強調しておきたいのは、第一次世界大戦を契機としたデモクラシーの変容である。鹿野政直など、皇道大本を大正デモクラシーと結びつける論者はいる（鹿野、一九七三）。鹿野は大正デモクラシーの駆動力となった民衆運動の底流に、皇道大本に代表されるような反近代的かつナショナリスティックな「土俗」があったと論じる。だが、太霊道や栗原の事例を合わせて考えるならば、むしろ土俗的な底流というより、近代的なデモクラシーの限界状況の突破——近代の超克——もあったのではないだろうか。それらが入り混じったところに皇道大本の豊かさがあるが、少なくとも後者の側面を見逃してはならないだろう。そして、重要な点は、その限界状況の突破は、田中にせよ、栗原にせよ、神権政治《テオクラシー》への志向として現れたということにある。

五　岡田式静坐法——自由の身体技法

静坐法の戦略

太霊道改革の年に発行された『太霊道五巻臨時号』では、太霊道以外の霊術について二つだけ記載がある。一つは皇道大本で、もう一つは岡田式静坐法であった。この前年に創始者の岡田虎二郎（一八七二〜一九二〇）が亡くなったことに触れて静坐法の得失を述べ、危険性無く効果絶大な呼吸法を実行するには、『講授録』を読むべしと結んでいる。皇道大本と並んで、無視できない運動だったことが分かる。ところで、太霊道改革で加えられた「修霊法」は、身体技法のみで構成された簡易版の太霊直通法なのだが、「太霊道の内容などは説かんでもい丶。人を見たら誰にも之を説け」（『太霊道』五巻八号号外、二頁）と霊示が添えられており、理論を除去して身体技法を強調した布教法となっている。実は、同時代の修養法で一切理論的な説明がなく、身体技法のみで広まったのが岡田式静坐法だったのである。岡田虎二郎は生涯、静坐についての本や論文を書くことさえなかった。

岡田式静坐法を実践したデモクラットは多い。大正デモクラシー研究で取り上げられる人物を挙げるなら、高田早苗、浮田和民、天野為之、木下尚江、石川三四郎、田中正造、逸見斧吉、芦田恵之助、星島二郎、小山東助、中里介山などが思い当たる。歴史学者の伊藤隆は、大正期革新派研究の結びで、「場合によっては岡田式静坐法などをもとりあげる必要があった（ができなかった）」（伊藤隆『大正期「革新」派の成立』一九七八、二九九頁、括弧内引用者補足）と述べるように、これが大正期の政治思想に与えた影響は少なくない。ここでは、その政治的含意を抽出しつつ、〈霊動の地平〉との関わりを述べて見たい。

先述のように岡田式静坐法では、しばしば自動運動が起こるのだが、岡田はこれについても、理論的な説明をしていない。弟子たちによる体験的な説明はあるが、岡田自身は「正座《ママ》してゆれるは、中心点を得ればなり」（笹村編、一九七四、一四頁）と述べるに留まっており、中心点を得るとなぜ揺れるのか、はっきりしない。岡田は大本や太霊道のように、霊動に対して「神」や「霊」による説明を一切採用していないのである。様々な疑問をぶつけてくる門弟に対しては、「まあ、お坐りなさい」「坐れば分かる」というのが彼の口ぐせであった（同前、一〇六、一三〇、一三九〜一四〇頁）。

一方、静坐の形式については、シンプルながら厳密に定められており、それを徹底的に遵守するように指示している。瞑目、手を組んで静坐し、下腹に力を入れ、腰を立て、鳩尾を落とし、あごを引く。呼吸は鼻から、呼気は下腹に力を入れつつ細く長く、吸気は自然にまかせて短く吸う。通常の腹式呼吸とは逆に、呼気で下腹を張るため、これを「逆呼吸」と呼ぶ者もおり、当時の精神療法や修養法のなかでは独自のものであった。それ以外の形式は原則的に認めず、改良を加えることもなかった。この形式の由来についてもはっきりしないが、静坐法の形式は「自然法」（同前、三九頁）であると岡田は断定していた。

〈霊動の地平〉における解釈の闘争は、脱文脈化－再文脈化の無限のサイクルに陥らざるを得ない。「大精神との一致」を求めながらも、無限の解釈の層に阻まれて却ってその不可能性に陥る。こうしたなか、岡田の理論化の拒否はそのサイクルの切断であり、形式の厳密化は言葉によらない岡田式静坐法の端的な自己定立であったと言える。つまり、太霊道や皇道大本が霊動を再文脈化することによって取り込む戦略を取っていたのに対し、岡田は敢えてその切断を図ったのである。

これは岡田自身の戦略的な決断であった可能性は高い。一九〇五（明治三八）年に活動を始めた当初、岡田は「精神療法」の看板を掲げ、静坐指導の他、他者治療も行っていた。具体的には患者を横臥させて呼吸させるというもので、初期の弟子はそれを「催眠術」や「精神療法」だと思っていた。初期の岡田は、桑原の精神療法論圏内から出発した可能性は高く（栗田他編、二〇一九、三〇八頁）、その点で、太霊道と同じ源流を持っていた。一九〇九（明治四二）年頃に実行者が増えたため、他者治療を止め、自修できる静坐法に専念したらしい。なりゆきとしてはこうであったが、彼はこの自修化に際して原理的に突き詰め、静坐法に治療法を超えた哲学的な意味を盛り込んだと思われる。

自我の自由と身体の束縛

おそらく、この突き詰めの導きとなったのが、J・G・フィヒテ（一七六二～一八一四）のドイツ観念論哲学だろう。岡田がフィヒテを独文か英文で読んでいたことは、その語録から垣間見える。フィヒテは、主著『全知識学の基礎』において、自我の本質を、「理想」への「無限なる努力」とする（フィヒテ『全知識学の基礎下巻』岩波書店、一九四九、三六二～三六三頁）。そして調和や真の満足は、活動そのものを努力（衝動）の目的とすることにあり、これが究極的な自我の自由――「絶対的衝動」「衝動のための衝動」「無上命令」――である（同前、四五九～四六一頁）。そして、これは、あらゆる知識のみならず、共同体、さらには国家の倫理的基礎とされ、その実現形態としてプラトン的教育国家、あるいは「自由の国」が説かれる（南原繁『フィヒテの政治哲学』岩波書店、一九五九、四五〜五〇、六九〜八六頁）。

これに対応する岡田の静坐観は、次の言葉に現れている。

静坐の目的や功験を論ずるのは、愚かなことである。静坐それ自身が目的でなければならない（笹村編、一九七四、一三二頁）。静坐は人を自由にする（同前、一四二頁）

プラトンでもルソーでも理想国家を描いて、そのためにはこういう教育がいるのだと説いています。しかし今日のデモクラシーには、理想があって教育がありません。……私の考えているデモクラシーは、流行を追わず宣伝に乗せられぬ自主独立の人間をつくることだと思っています。（同前、三一〇頁）

つまり、「衝動のための衝動」（＝自我の自由）の現実的な現れとして静坐が立てられており、それがひいては「理想国家」の教育的基礎と考えられているのである。なお、フィヒテの場合、キリスト教の「普遍的無意識支配」を文化的媒介として考えていたが、岡田はそうした統一的な文化的媒介を日本の諸宗教に見出し得ず、代わって静坐を考えたようである。「静坐の形式に由るものは、本邦古来一般に行われて居る処の習慣を利用したるものである」（同前、三〇七頁）という言葉はそれを示している。静坐法の政治的含意はここにあり、すなわち前意識的次元における身体技法による統合の確立と、その基礎の上での個人の自主独立ということにある。それは個人意識のレベルでの絶対の自由であり、前意識＝基礎的身体のレベルでの絶対の束縛である。

太霊道との違いはこの点であり、田中は「太霊」という言葉に統合機能を持たせ、霊子術の技法は霊子の発動（霊動）の手段・道具である。だが、すでに見たように、言葉は解釈の闘争に巻き込まれ、太霊道がそうであったように、統合力を分散する。結果として、究極の目的たる「太霊」の前に、霊動が目的となるのである。岡田が静坐を理論化しない理由は、それにより静坐自体の実践と目的が乖離する可能性があるからだろう。先述のように、この問題意識から、太霊道は「修霊法」の霊示を出したと思われる。

　ただ太霊道がそれでも「修霊法」を布教の手段としていたのに対し、岡田はさらに目的としての静坐という立場を徹底する。岡田は、弟子達にも「決して静座《ママ》の形のままで、宣伝してはならぬ」（笹村編、二八七頁）と述べ、静坐を人に勧めることさえ戒めていたが、それは自己韜晦などではなく、むしろ必然的要請だと言えよう。結果として、静坐の運動形態は、大本や太霊道のように組織的な布教や宣伝ではなく、個人的な縁で立ち上げられた各所の静坐会に、求めに応じて岡田が毎週出向いて指導するというものになる。

　一九一二（明治四五）年時点での東京における静坐会は、百数十ヶ所以上（場所が判明しているのは七七ヶ所）とされ、大正期を通じておおむねこの数の静坐会を維持していた。これについて、実業之日本社の記者は次のように述べている。

> 此れだけの静坐会を一週一回宛《づつ》開くことにすれば、一日に十数箇所くらいも歴順しなければ廻り切れない。東京で日に十数箇所（一回少なくとも四十分乃至一時間）廻はるといふ事は容易な事でない。況んや別に廻はらねばならぬといふ義務のあるではなく、又何等名利の観念から出たのでなく、唯静坐といふ道の為にするのであるから、他人から見ると誠に容易な事でない様に見える。然るに先生は欣然として其容易ならぬ事を極めて容易な事のやうに仕遂げて居られる。（実業之日本社編、一九一二、二七～二八頁）

岡田式静坐法の流行の理由は、究極的には岡田自身が「無上命令」的に静坐実践を行い、それを数多くの直弟子たちが目の当りにしていたことに尽きよう。直弟子である各静坐会の主催者は財閥家や指導的な軍人や教育者であり、その人脈を通じて、実業界、陸海軍、教育界に多数の信奉者を得ることになる。

その一方で心霊問題や〈霊動の地平〉が、静坐法の裾野を形成していたことは確かである。岡田の高弟でさえ、太霊道の霊子作用と静坐の振動は同じではないかと考えていた（橋本五作「静坐の振動に就て」『静坐』二巻二号、一九二八、二一～四頁）。しかしながら、そしてそれゆえにこそ、一九二〇（大正九）年、岡田は「太霊道大本教など、その他との混同をさけるため」と明言して、静坐会で振動を全面的に禁じている（笹村編、一八三頁）。こうして〈霊動の地平〉を切り開く一因となった岡田式静坐法は、それを自ら離脱することになったのである。

〈霊動の地平〉からの離脱は、脱文脈化－再文脈化の無限のサイクルから切断して統合力を高めるが、一方、その地平に由来する拡散的な運動力を失う。はじめから霊動を付随的な結果として見ていた岡田は容易に前者へと徹底できたが、それを目的化していた田中はその地平の運動力を捨て切れなかった。この点が、デモクラシーの限界状況後に迷走、消滅した太霊道と、岡田急逝後も一定の存在感を発揮することになる静坐法との分かれ目だったのかもしれない（昭和期以降の静坐については、栗田・塚田・吉永編二〇一九、三一〇～三一一、三七一～三七二頁を参照）。

六　おわりに

結局のところ、霊動とは何だったのだろうか。考察の材料として、柳田國男が『祭礼と世間』（一九二二）

で論じた、塩竈神社の神輿渡御で発生した事件を取り上げたい。

一九一四（大正三）年、毎年「神意」によって暴れ廻ることで知られる塩竈の「神輿荒れ」が、警察署の構内に乱入した。警察は「神輿の影に隠れて私怨等を晴らさんとする行動」と批判し、一方、町長や氏子総代は宮城県庁に押し寄せて警察署の「不敬」を訴えた。問題は紛糾し、東北帝国大学物理学講座教授の日下部四郎太が調査し、自ら提唱する「信仰物理学」の見地より、神輿荒れは「神意」でも「悪意」でもなく、十六人の舁き手の力が一トンにもなる神輿に加えられ、「運動量が極めて複雑になった結果」だと論じた（『東京朝日新聞』一九一四年三月十七日）。柳田は日下部の見解を批判し、舁き手の意志は「古くかつ頑固な、習慣」によって統一されており、事件は、祭礼を取り巻く村の警固役と国家の警察力の軋轢を背景とした、「神意」＝「公怨」であったと結論づける（柳田、一九九〇）。つまり、集団的自動運動とも言うべき「神輿荒れ」を統制しているのは古き「公」（村）の習慣（＝継続的な身体技法）を通じた意志であり、事件は新しき「公」（国家）との、近代化に伴う必然的な衝突だったというわけである。

これが柳田の分析の通りだったとすれば、村から離れて都市で暮らし、習慣で統一された仲間や「神意」を表現する祭礼を失った者たちはどうなるだろう。マルクスに言わせれば、資本主義社会に個として投げ出された人間は、労働力商品として物象化する。だが、〈霊動の地平〉が示しているのは、「神意」は単に資本の意志へと端的に置き換わるだけでなく、むしろ分裂し、多層化・輻輳化して無意識的‐身体的に底流していくということである。柳田は日下部の論議を「大霊道《ママ》」（同前、五四六頁）にかこつけて皮肉っているが、実際に信仰物理学は、むしろ都市で霊動する身体をこそ言い当てていたのかもしれない――ただし物理力ではなく、「神意」の複雑化ゆえの無意図的（に見える）運動力であろう。

だが、柳田の用法からすれば、分裂した「神意」は、もはや「神意」ではない。「神意」を憧憬する「民意」とここでは呼んでおこう。霊動とは、新しき「公」に抗しながら、失われた「神意」を求める民主的《デモクラティック》な運動であり、言わばそうした「民意」のなかから「民意」を超えて「民意」を支配する「神意」を召喚する意志の発現であり、すなわち「テオクラシー」を求める「デモクラシー」という必然的矛盾を孕んだ運動だったのである。〈霊動の地平〉でヘゲモニーを握った諸運動は、そのような矛盾した「民意」を受け取り、身体技法を通じて新たな「神意」を提供するものに他ならなかった。それらは政治的デモクラシーの底流としてあるだけではなく、その限界状況においてこそ、「神意」を場所・人・身体技法においてより具体的に顕在化させ、デモクラシーを突破して表層へと浮かび上がるのである。

こうした霊的デモクラシーの帰結は、続く昭和期の総力戦における「ビリーフ（言語的に表明される信仰）」と「プラクティス（非言語的・非意味的な慣習行為）」の絡み合いを理解するうえでも見落とせないだろう。総力戦とは社会総体を戦争遂行のために機能的に合理化するプロジェクトであるが、それによって、必ずしも非合理的信念が排斥されるわけではない。むしろ非合理的信念は戦争遂行に動員されるとともに、それを動機付けてさえいた（永岡、二〇一八、三二一〜三二二頁）。ビリーフとプラクティスが絡み合ったテオクラシー希求の諸運動が、総力戦下のビリーフとプラクティスの絡み合いといかに交錯したのかは、問い直す意味のある課題である。

なお、精神療法業界はこれ以降、太霊道のような大仰な理論は鳴りを潜めて治療効果に関心を集中し、昭和期に入ると、「療術」へと再編されることになる。霊動は療法としては長い命脈を保ち、岩田篤之介（本能療法）、石井常造（生気療法）らの療法の主軸となり、さらに野口晴哉の活元運動や中野裕道のヨーガ霊動法などへと続いている。戦後の新宗教の中にも、憑霊的なものを含め、霊動は散見される。だが、心霊現象と革新的政治運動が直交した大規模な〈霊動の地平〉は収束し、一つの時代が幕を下ろすことになったのである。

参考文献

井村宏次（一九九六）『新・霊術家の饗宴』心交社
永岡崇（二〇一八）「総力戦」大谷栄一・菊地暁・永岡崇編著『日本宗教史のキーワード』慶応義塾大学出版会
鹿野政直（一九七三）『大正デモクラシーの底流――土俗的精神への回帰』日本放送協会出版会
栗田英彦・塚田穂高・吉永進一編（二〇一九）『近現代日本の民間精神療法――不可視なエネルギーの諸相』国書刊行会
笹村草家人編（一九七四）『静坐――岡田虎二郎その言葉と生涯』無名会
実業之日本社編（一九一二）『岡田式静坐法』実業之日本社
深澤英隆（二〇〇六）『啓蒙と霊性――近代宗教言説の生成と変容』岩波書店
柳田國男（一九九〇）『柳田國男全集　一三』筑摩書房
ロバート・ダーントン（一九八七）『パリのメスマー――大革命と動物磁気催眠術』平凡社、稲生永訳
Ann Braude (1989) *Radical Spirits: Spiritualism and Women's Rights in Nineteenth-Century America*, Indiana University Press

コラム② キリスト教とハンセン病

杉山博昭

一　ハンセン病と政策

近現代日本における深刻な人権問題として知られるのが、ハンセン病者についての強制隔離である。一九〇七（明治四〇）年の「癩予防ニ関スル件」制定以来、一般社会から隔絶された療養所への隔離が行われたうえ、所内でなされた数々の人権侵害が問われている。隔離政策は一九三一（昭和六）年の癩予防法でさらに強化された。同法は戦後にらい予防法へと改正されたものの、隔離の原則は継続した。法律上は一九九六年の法廃止まで続く。

ハンセン病問題の根深さの一つは、国家が政策として一方的に押し付けたにとどまらず、民間側が政策に呼応して助長し、協力していったことである。とりわけ宗教者による関わりが大きい。キリスト教は、カトリック、プロテスタントとも多様な活動を展開して、さまざまな面で影響を与えた。

二　キリスト教による動き

キリスト教による動きは、すでに明治期に始まった。顕著なのは、独自の療養所の設置である。カトリックでは神山復生病院や待労院、プロテスタントでは慰廃園や回春病院が知られる。大正期の動きとしては、聖バルナバミッションと総称される活動が、一九一六（大正五）年から聖公会宣教師コンウォール・リーによって群馬県草津で始まった。

これら施設は社会福祉の先駆として、肯定的に評価されることが多い。しかし、神山復生病院では、岩下壮一が一九三〇年代に院長に就任して設備や体制を整備する以前は、水の確保すらままならない有様であった。回春病院は過剰なまでに男女の区分を徹底していて、入所者は不満を抱えていた。精神的な慰安はあっても、医療面では不備が目立つなど、問題も決して少なくなかった。

大正期になると、政策側と民間側の動きがそれぞれ活発化した。キリスト教による関与も増していく。「癩予防ニ関スル件」に基づき、府県の連合による公立療養所が各地に設立されて、実際に患者が入所していくのが明治末から大正期にかけてである。この公立療養所に、キリスト者が医師や看護婦として勤務する動きが見られる。信仰的動機を自覚し、入所者へのキリスト教伝道をみずから促進しようとする者もいた。典型的な人物は林文雄(一九〇〇〜一九四七)である。林は医師を目指す中で医学と信仰との関係について悩み、その解決策として見出したのが、ハンセン病の医師になることであった。念願かなって全生病院(現・多磨全生園)に就職するのが一九二七年である。林が医師としての自己のあり方に悩み、ハンセン病の医師になる決断に至るのが、ちょうど大正期に当たる。林は真摯な信仰により誠意をもって患者に接した反面、隔離政策を中核的に支えた医師・光田健輔に連なる隔離推進者でもあった。

療養所を拠点とした、キリスト教伝道も開始された。ハンセン病者への伝道を自己の使命と感じた者が療養所に入って、伝道活動を本格的に進めていく。たとえば、香川県の大島療養所(現・大島青松園)では南長老派宣教師のエリクソンが頻繁に訪問して伝道した。やがて有力な信徒が現れ、所内に霊交会という教会組織が発足する。沖縄での活動で知られる青木恵哉(一八九三〜一九六九)は、一九一六年に大島療養所に入所し、一九一八年にエリクソンから洗礼を受けている。

社会から排除され、隔絶を強いられ、病の進行に苦しみ、人生に絶望した入所者にとって、伝道者の説くキリストによる永遠の救いという教えは魅力的であった。療養所当局も、所内の治安維持のためにキリスト教の広がりは歓迎すべきことであった。大部分の療養所に、カトリック、プロテスタント双方の教会が設立されていった。

療養所をめぐる動きの一方、ハンセン病問題の隔離による「解決」を主目的とした社会運動が広がった。社会運動といっても、政府に対して何らかの要求を突きつけるのではない。政府に協力して国民への「啓発」を行うものである。官民協同によるハンセン病救済組織である癩予防協会が創られるのは一九三一（昭和六）年であるが、大正期に先行して活動を始めていたのが、一九二五（大正一四）年に創設された、キリスト教系ハンセン病救済団体の日本ＭＴＬである。日本ＭＴＬは民間の立場から賀川豊彦らを中心に結成された。病者への慰問や宣教活動にとどまらず、療養所への支援や隔離促進のための活動を行った。

日本ＭＴＬの活動家には、ハンセン病救済をライフワークとする者もあらわれる。ユニークなのは牧師の飯野十造である。一九一六年に静岡で伝道を開始した飯野はハンセン病への関心を深め、茶を療養所に寄贈したり相談所を設置したりするなど独自の活動を行う。

三　関心が高い理由

こうして大正期に、キリスト教がハンセン病への関心を高めたのはなぜなのか。第一に、天皇制や国家神道を基盤としていく近代日本社会との軋轢のなか、キリスト教が存在意義を見出したのは社会事業であった。孤児や障害児の救済、非行児童への支援など、社会が対応に苦慮していた課題に果敢に取り組み、この領域では先頭を走った。大正期は、キリスト教社会事業が大きく発展する時期でもある。この流れのなかで、ハンセン病への関心をさらに深めていった。

第二に、ハンセン病者と関わることが「愛」の行為と受け止められた。キリスト教について、都市部の高学歴層に主に浸透して、大衆から遊離した側面が批判されがちである。しかし、その立場をよしとせず、イエスの生涯に倣って「愛」に生きることを志向した実践的な者もいた。「愛」を示すために、この世でもっとも虐げられた人に関わることが求められた。ハンセン病者がそういう存在として注目された。井深八重がハンセン病と診断されて神山復生病院に入院し、誤診とわかってからもなお看護婦として病院にとどまったのも、大正期（一九二二年）の出来事である。井深の行動は「愛」の行為として、現在に至るまで語られ続けている。

第三に、当時の聖書の翻訳では、旧約・新約とも随所に「癩」が登場して、聖書の「癩」とハンセン病とが同一視された。そのため聖書を根拠としてハンセン病について、罪の結果あるいは象徴の病であるように通俗的には理解された。聖書が普及して読者を獲得していくのは、通俗的なハンセン病理解が浸透することでもあった。人の罪を背負ったハンセン病者を救うことが、キリスト者の特別な使命であるという発想になっていった。

なお現在では、かつて聖書のなかで「癩」あるいは「らい」と翻訳されてきた疾病は、ハンセン病とは異なることが明らかになっている。日本聖書協会による新共同訳では「重い皮膚病」とされたが、原語には「重い」「皮膚病」という意はないことから批判もあった。二〇一八年に新たな訳として、聖書協会共同訳が発刊された。そこでは「律法で規定された病」という趣旨で、「規定の病」と訳されている。

四　隔離政策とキリスト教

キリスト教とハンセン病との関係を、隔離政策との関連で考えた場合、無関係に行われた面、補完・補強した面、批判・克服しようとした面があって、これらが錯綜している。

たとえば、キリスト教系の療養所は住宅地の近隣に位置するなど、隔離の場とはいえない立地であった。しかしやがて、隔離政策への協力的な姿勢が鮮明になっていく。療養所内の伝道は、所内の治安を保持して隔離政策を支える性格があったことは否めない。しかし信仰を得たことで人生観が変わり、自治会活動を担って隔離政策に抵抗した人もいる。

キリスト教が何らか虐げられた人たちに目を向けて支えようと試みたこと自体は、評価すべきであろう。しかし、隔離政策という大きなうねりのなかで、その善意は変質してしまって、病者にとってもキリスト教にとっても負の結果をもたらしたのである。

第四章　近代宗教とジェンダー——明治・大正期の女性と宗教

佐伯順子

一　はじめに

女性と宗教との関わり方は多様である。信仰する側として信じる主体になる場合もあれば、信仰される側として聖性を付与される場合もある。前者は信者としての女性、後者は女神や教祖として位置づけられ、歴史によって変化する側面、または共通する側面が認められる。

本章では、日本の近代宗教とジェンダーの関わりを、日本の女性と宗教との歴史的関係を視野に入れて考察する。明治大正期の日本社会の近代化過程において、女性は宗教といかなる関係をもったのか、その特色は何かを、女性宗教者に関連するメディア情報を手掛かりにしながら明らかにしたい。メディアの報道は、女性と宗教に対する同時代の社会のまなざしのありようを知る重要な資料であるとともに、宗教全般に関する当時の心性を知るためにも有効だからである。

考察にあたっては、文明開化期の男女平等思想の影響、日本社会の価値観の変容という、近代日本の社会的、歴史的文脈と関連づけ、近代宗教におけるジェンダーのありかたの特質を明らかにしたい。

二　近世以前の女性の「霊力」

シャーマニズムの要素

日本古代の女性支配者とされる卑弥呼は、宗教性を備えた女性とされ、『万葉集』に登場する「遊行女婦《うかれめ》」は旅をする巫女かつ芸能者であったとの説が、柳田国男、折口信夫によって提示された。折口信夫は、「日本の神道では、すべて尊い男神の前に尊い女神を考へてゐる。その姫神は多くの場合、尊貴な巫女でいらせられた方が多い」（「富士山と女性神の俤と」一九三五、折口信夫『折口信夫全集』第一六巻、中央公論社、一九六七、四五三頁）と述べ、柳田は、女性には霊的な力が備わっているとして、「妹の力」という概念を打ち出した（単著『妹の力』一九四〇、初出は一九二五年の『婦人公論』）。しかし、これらの説は資料も乏しいために、十分な実証的裏づけがあるとは言い難く、「妹の力」という概念自体について、ジェンダー論の観点から批判がなされ（大越愛子『近代日本のジェンダー』三一書房、一九九七）、歴史的実態、学術的概念とは言い切れない側面がある（佐伯順子「「妹の力」と日本型「女性性」――その歴史性と汎文化性」苅部直、黒住真、佐藤弘夫、末木文美士編『岩波講座　日本の思想　第六巻　秩序と規範「国家」のなりたち』岩波書店、二〇一三）。とはいえ、日本の宗教史上、女性が霊的、宗教的な力を発揮した形跡については、シャーマニズムとの関連で論じられてきた。桜井徳太郎は、エリアーデら宗教学者のシャーマニズム論を整理し、日本の「民間巫女」による「カミツキ・ホトケツキ・カミオロシ・ホトケオロシ」と呼ばれる現象は、「第一人称」で「カミ・ホトケそのほか超自然的な霊的存在それ自体」が語る「憑依型トランス」であり、「イタコやユタも広い意味のトランス入巫を明瞭に示すことから、シャーマン」としての「宗教的機能」を有すると指摘した（桜井徳太郎編『シャーマニズムの世界』春秋社、一九八八、古代女性の宗教性については、倉塚曉子『巫女の文化』平凡社、一九九四、西口順子『女の力　古代の女性と仏教』平凡社、一九八七）。

後述するように、近現代の日本社会においては、こうした女性のシャーマン的要素は衰退したものの、現代に継承されている芸能においては、謡曲『巻絹』の熊野本宮の巫女らの姿に、その形跡をみることができる。『葵上』のツレの巫女、『葵上』の巫女は、葵上に憑いた霊が「生霊か死霊か」を判別するために「梓にかけ」(古典文学からの引用文は参考文献により、ルビを整理した)、『巻絹』の巫女には音無天神が憑依する。憑依状態における巫女の舞い狂う様子、「これまでなりや神はあがらせたまうと言い捨つる」との、神がかりが終わって「本性」に返る姿は、「第一人称」で神の言葉を伝えるシャーマンの言動を今日に伝えている。病の治療と招霊はシャーマンの重要な職能であり、「東には女はなきか男巫女」(『梁塵秘抄』)との中世歌謡の一節や、憑依の表現としての能の「狂女」ものに比して、男が狂う演目が少ないことから(細川涼一『逸脱の日本中世』筑摩書房、二〇〇〇)、シャーマニズムの宗教性が男性よりも女性のジェンダーに備わっていた状況が示唆されている。

芸能と豊穣——女性の霊性の三類型

折口は前述のように、女性神と巫女を、融合する存在であると論じたが、両者は同一視できる可能性もあるものの、女性に神が憑くか、女性が神そのものであるかは、区別する必要があろう。『源平盛衰記』には、天武天皇が吉野で琴を弾じた際「神女空より降り下り」、舞いで祝福を与えたとされ、現代の宮中行事の五節の舞(新嘗祭、大嘗祭の豊明節会での女性の舞)に継承されている。天女の存在は羽衣説話としても伝承されており、人間の巫女とは異なる超人間的存在といえる。また、山中に棲むと信じられた山姥、高砂の松の精とされる老女は、その長い生命力ゆえに宗教性を帯びた女性として神聖視されている。山姥は近世の浮世絵にも、「山姥と金太郎」のモチーフとして、子育てをする母性的存在として描かれ(佐伯順子「光の女」川本皓嗣編『美女の図像学』思文閣出版、一九九四）、高砂の媼は翁と一対となり、長寿、健康の祈りが託される。また、和歌の才能で著名な小野小町、和泉式部は、人間の女性ではあるが、和歌が神の言葉であるとの信仰から、和歌の神、芸能の神ともみなされ、恋多き女との伝承から、男女の仲をとりもつ神ともみなされた。旅する比丘尼たちの姿が小野小町の伝承と一体化し、全国各地に小町伝説が生まれたともいわれる（小野小町の聖性については、佐伯順子『遊女の文化史』中公新書、一九八七）。

まとめれば、日本の宗教と女性の近世以前の関わりとしては、

一、巫女類型　シャーマニズムにおける憑依による神託、病気の治療

二、天女・天人・山姥類型　超人間的存在

三、芸能、男女和合の神　和歌、芸能の才や恋の伝承による神聖視

という三類型が存在したといえる。そもそも、自然崇拝を源とする日本の神々には社がなく（神崎宣武『社をもたない神々』KADOKAWA、二〇一九）、神も人格を超越した存在であったために、日本神話における造化三神は「独神《ひとりがみ》」としてジェンダーがないともみなされる（松前健編『天地開闢神話と国生み神話の構造』有精堂出版、一九七六）。しかし、神々のジェンダーが分化した段階では、天照大神は女性神とみなされ、この神を岩戸から導き出した天鈿女も、「神懸り」して踊ったとされるので、身体的パフォーマンスがもたらす感性的な世界と女性の宗教性のつながりは、古代からの表現がある。民族学者も、民間信仰から、女性の宗教性を指摘してきた（千葉徳爾『女房と山の神』堺屋図書、一九八三、宮田登『ヒメの民俗学』青土社、一九八八

七、同『女性の霊力と家の神――日本の民俗宗教』人文書院、一九八二)。

しかし、六世紀に日本に伝来したとされる仏教、一六世紀に宣教師がもたらしたキリスト教はともに、仏陀、キリストという男性の人格を開祖としており、これらの宗教組織は男性聖職者が中心である。謡曲『葵上』後半で、巫女にかわり僧侶が生霊を退散させるのも、土着的な巫女の問題解決能力における劣位と、男性聖職者の優位の象徴的表現とみることができ、男性教祖の宗教においては、女性は従属的立場におかれる傾向がある。

古代の仏教界においては、光明皇后を模したとされる法華寺十一面観音像や、子を育む母親としての姿をとる訶梨帝母、豊穣を示唆する吉祥天、芸能の神とされる弁才天など、女性的造形をされる聖像もあるが(佐伯前掲「光の女」)、高野山、比叡山等の山岳の聖域は江戸以前には女人禁制であり、中世仏教においては、女性には「五障」があり、男性にならないと成仏できないとの「変性男子」の教えも流布した(西口順子『中世の女性と仏教』法藏館、二〇〇六)。

外来の宗教のみならず、民間信仰においても、出産や月経という女性の血をケガレとして忌む風習は存在し、シャーマニズムの文化が存在する一方で、女性を宗教的に劣位とみなす女性観も存在したのである。いわば、宗教世界における女性の位置づけは、ジュール・ミシュレがその両極性を指摘したように(ミシュレ、ジュール、篠田浩一郎訳『魔女〈上〉』『魔女〈下〉』岩波書店、二〇〇四)、聖と賤の両極に位置付けられており、その背景には、女性の身体には男性の身体には無い感受性の強さや霊的性質がある、という認識があったといえる。

三　幕末から明治期における女性教祖の登場

天理教と中山みき

では、こうした日本の宗教史における女性ジェンダーのあり方は、幕末から明治維新にかけての近代化過程において、どのように変化したのか、またはしなかったのか。幕末から明治期の日本社会は、開国、幕藩体制の崩壊、東京奠都と、社会的、政治的に大きな変革と動乱の時期であり、まさに「御一新」の時代であった。

女性史上においても、様々な歴史的変革がおこった。近代的な人権と自由の概念の台頭により、男女平等思想も知識人を中心に提唱され、教育の男女機会均等、聖域の女人禁制の解除といった、女性の自由を拡大する制度的改革が行われた（佐伯順子『明治〈美人〉論――メディアは女性をどう変えたか』ＮＨＫ出版、二〇一二）。

こうした日本の女性史上の一大転換期に、現代にも継承される宗教集団の女性教祖が誕生したのは偶然とはいえない。近世以前のシャーマニズムが、大教団の形成に至ることなく、巫女個人の一過性の活動としてなされていたのに対し、幕末から明治にかけて登場した女性教祖は、近世以前のシャーマニズムの要素を継承しつつも、社会的な勢力にまで成長したことが大きな特徴だからである。それは、女性の社会的地位向上、自由、権利の拡大という近代的男女平等思想がなければ困難であったといえるだろう。

日本社会の近代化過程において誕生した女性教祖の代表的一人である中山みき（一七九八〜一八八七）は、大和の庄屋の家に生まれ、一八三八（天保九）年、長男の足の病の治癒のための祈祷を山伏に依頼した際、その憑代となることで、病気の治癒という役割をこえて神託を語り始めた。後の天理教立教の淵源である。

彼女の人生と宗教については参考文献に示したような多くの先行研究があるので重複は避けるが、「第一人称」で「我は元の神・実の神」と語る憑依の様子は、一、で述べたとおりの、近世以前のシャーマニズムとの連続性を如実に示している。みきへの突然の憑依は、親族をとまどわせ、生前は決して周囲の十分な理解を得たわけではないが、死後は教祖《おやさま》として信者の精神的支柱となり続け、天台宗の開祖・弘法大師空海のカリスマ性にも通じる開祖としての地位を確立するに至った。その意味では、折口が説いたように、巫女的要素と女神的聖性が融合した存在とみることもできる。しかも、彼女の活動が彼女の人生とともに終わるのではなく、また、彼女自身が有力な宗教家の生まれではなく、近代的高等教育をうけたわけではないにもかかわらず、後に大学や博物館等を擁し、国際化に至るまで発展する宗教の教祖となった事実は、日本の女性と宗教の関係を語る上で、刮目に値する。

みきへのメディアの視線の変化——懐疑から賛美へ

もっとも、同時代のメディアは、みきの存在を必ずしも肯定的にはとらえていない。没後の新聞報道には、みきの活動が「●邪教流布家　▲中山ミキ婆　大和庄屋敷に生れ、天理教なるものを遺し」（『讀賣新聞』明治三六年一一月三日付、以下『讀賣』）と、「邪教」と表現されており、決して初期から順風満帆に信者を拡大したわけではなく、社会的に十分認知されたわけでもなかった。（以下、新聞記事の引用は、データベース検索。

『朝日新聞』は「聞蔵」、『讀賣新聞』は「ヨミダス歴史館」により、旧漢字は新漢字にあらためルビを適宜省略する。●▲等の記号は原文のまま。現代は差別用語に相当する表現もあるが、引用文については当時の表現に従った）。

ところが明治も末近くなると、みきへのメディアの視線は、肯定的なものへと変化してゆく。「おみき婆さん」との見出しのある連載記事「お国自慢」（明治四四年八月三〇日付）では、「天理教は、むつかしい実質の問題は第二として、近代珍らしい大和の特産物」と肯定的に紹介され、「宗教改革で名を得たルーテルよりも、たとひ迷信にもせよ一匹婦の身を以て自ら一宗教を編み出したみき子女史の腕前は偉いものだ」と、宗教改革者・マルティン・ルターにも匹敵する偉業をなした存在と讃えられている。

みきは、高等女学校令発布（一八九九（明治三二）年）以前に没しており、近代的女子教育を受けたわけでもなければ、有力宗教家の妻や娘でもないが、家系的背景も教育の支えも無い、全く無名であった一地域の女性が、「教祖様《みおやさま》」となりえたのは、新聞報道どおり、確かに驚異的事実である。記者は地元を取材し、「大祭当時丹波市駅」（大祭は、教祖の誕生と姿をかくされた日に催す）には「幾万と云ふ数知れぬ群衆」がつめかけ、「秩序が立つて静必《しづか》」に振る舞い、汽車が遅れても誰ひとり不満を述べず、「未だ教祖様のお許しが出ませぬ」と冷静に待ち続ける信者らの姿に、「おみき婆さんの教化の力には、所謂道徳教よりも、基督教よりも、仏教よりも、たしかに偉い所がある」と感嘆する。記者の筆致からは、「邪教」との偏見が払拭されつつあり、天理教への社会的認知と評価が進んだことがうかがえる。

「天理教の欧州伝道」（『東京朝日新聞』明治四三年六月二三日付、以下『東京朝日』）では、「英国の電気工学士チヱ、ローが昨年一月大阪電球会社の顧問技手」として来阪し、「深く帰依の心」を生じたことを契機として天理教の「伝道師を英国へ派遣」することが決まり、「日本宗教が欧羅巴に布教」する先駆として、肯定的に報じられている。みきの神託が『泥海古記』として出版されると、「教祖みきが口述した天理教の虎の巻『泥海古記』が初めて世間に出る」とメディアでも注目され、「その教理の整然たることは最も進歩したと云はれる基督教の聖書の教理よりも、もつと進歩してゐるもの」であり、「旧約の創世記よりも、もつと科学的なもので、ダーウインの進化論を整はせる」もの（大正一五年一月二二日付）と、天理教を「迷信扱ひ」すべきではなく、キリスト教よりも「科学」的であるとまで高く評価するのである。

出版文化による普及と「科学」からの評価

大正期には、超常現象や「変態心理」についての関心が高まり、民間信仰における憑依現象については、「憑霊の祟は実際にあるものか」と問われ、「憑霊《つきもの》」という現象が「世界各国」の歴史や伝承に散見するとしつつ（中村古峡『変態心理の研究』大同館書店、一九一九、一四〇頁、旧字体を新字体に改める）、「其の憑霊が神であらうが、或ひは生霊であらうが、死霊であらうが、其の他禽獣虫魚、草木土石、およそ如何なるもの、霊であらうとも、それは常に憑霊者自身の精神作用で以て、人格変換と呼ぶ一種の変態現象を惹起したまでゞあつて、決して実際に神霊や其他の霊なるものが憑いたのでないと云ふことが開明《ママ》されて来たのである」（中村同前、一四四～一四五頁）と、近代科学の視点から否定する議論が存在していた。にもかかわらず、女性への憑依を契機とした天理教が、大正期の新聞メディアにおいて「科学」的と評されるのは、近世以前の巫女の文化の近代社会における再評価として重要である。女性の神懸り現象は、中村古峡の議論のように、批判的認識をされる一方で、みきの口述の神託が活字化されることにより、近代の出版文化と結びつき、近代宗教としての社会的認知を得たことが、当時の新聞報道からうかがえる。それは、近代の出版文化が『聖書』を流布したことで、プロテスタンティズムの拡大につながった経緯と同様のメカニズムともいえ、その意味では、日本の新聞報道がみきとルターを並置するのも、あながち牽強付会とはいえない。組織的な近代宗教としての基盤を強化するには、近代の出版文化による教義の活字化が必須である。

逆に、「今日耶蘇教國に於て唱ふる神の黙示とか超自然的顕現などいふことは、我が国で云へば内村鑑三君とか、宮崎虎之助君とか、中山みき子君とか云つた様な人物が言ひ出したもので、宗教の根本義とは全く没交渉のものである」(『讀賣』大正二年六月一〇日付)と、キリスト教と天理教を同列にみなして批判する議論も存在した。キリスト教と天理教を同一視する発想は、近代教育を受けた典型的男性知識人である内村(東京大学予備門から札幌農学校に進学)と、近代教育の恩恵を受ける前に没した市井の女性を同一視する面でも当時ならではの視線といえるが、キリスト教も明治以降に公的に許可された意味では、一般市民にとっては外来の一種の〝新しい宗教〟としてうけとめられ、天理教も新興宗教という点で、当時の新聞メディアにとっては同列に論じる必然性があったといえるだろう。

近代日本の最先端の教育の主流からはずれた一女性が、少なくとも新聞メディアの言論においては、宗教活動という観点から、宗教改革者・ルターや内村鑑三に並ぶ存在感を示していたことは、特筆すべき事実である。しかも、現地取材等を通じて、新聞メディアが内村よりはむしろ、市井の一女性であったみきによりそう報道姿勢をみせていることは、男性知識人がオピニオン・リーダーとなりがちであった当時の社会状況にてらしても貴重な情報であるといえる。

出口なおと大本教

みきと並び、市井の女性が近代日本の黎明期に教祖となった事例に、福知山生まれの出口なお（一八三七～一九一八）がある。十八歳で綾部の叔母・出口ゆりの幼女となり、その後一時実家に戻ったなおは、ゆりの死後、再び綾部に戻り、一八五五（安政二）年、二〇歳の際に婿を迎えて出口家を継いだ。一一人の子供（うち三人が早世）のうち、三女ひさが「ゑらいきちがい」（『おふでさき』）（引用は参考文献により、ルビを整理し、頁数を（）内に記す）となり（一八九〇（明治二三）年）、続いて長女のよね、なお自身が同様の状態となり、さらに一八九二（明治二五）年、「うしとらのこんじん」がなおに憑依したことが、綾部を拠点とする大本教立教の契機となった。

「でぐちおやこ、きちがいにして」（同前）と、女性三人の「きちがい」現象は、近世以前の巫女への憑依現象、シャーマニズムとの連続性がみられる。出口家は巫女や社寺という宗教的家系ではなかったが、同時代には「祟りて村まで祟る屋敷」（同前）と、負の因縁をもつ家とみなされ、巫女の研究者である川村邦光は、なおの「神がかり」は「ままあることで、そう珍しいことではな」く、「極度の心身不調・異常状態」（川村邦光『出口なお・王仁三郎』ミネルヴァ書房、二〇一七、一一〇頁）であったと指摘する。

ただし、なおの活動も一個人の言動にとどまらず、教団組織へと発展したことが、近世以前の巫女の活動とは異なる点である。「変性男子と変性女子の身魂が、揃ふて守護が在りだした」「艮の金神、稚日女岐美命が、出口の守と現れて」（三一頁）、「変性男子と女子とが現れて、二度目の天の岩戸を開く折は」（三一頁）、「艮の金神、国常立尊《くにとこたちのみこと》、出口の守と現れて、二度目の天の岩戸開きを致す」（三六頁）と、なおの言葉には、女性と男性のジェンダーを兼ね備える表現が頻出する。「変性男子」は仏教思想の影響がみられる表現だが、「国常立尊」「稚日女岐美命」と、日本の神性も混在し、「金神」は陰陽道の神である。「変性男子」はなおが男性ジェンダーへと越境し、「変性女子」はなおの養子（娘婿）である出口王仁三郎が女性側へとジェンダーを越境したと理解できる（川村前掲『出口なお・王仁三郎』、一四三〜四頁）。しかし、多様な神性が混沌として登場するなおの神懸りによる言葉は、全体として、現世における女性、男性という性の二分法を超越した両性具有的境地、いや、性という概念自体を相対化するジェンダーレスな境地の表現とみることもできる。なぜなら、天之御中主神、高御産巣日神、神産巣日神の造化三神は「独神」であり、現世の人間の性をこえた観念性、絶対性の表現とも解釈できるからである。

地域へのメディアの視線――東京奠都による影響

なおもまた、当時のメディアの注目の対象となり、『東京朝日新聞』は「謎の綾部」のタイトルのもと、合計一二回にもわたる、現地ルポを含む連載記事を組み（大正九年六月十二日付〜六月二五日付）、『讀賣新聞』にも、「綾部一昼夜の印象」（大正九年一二月五日付〜六日付）という二回の連載記事が組まれている。「謎の」というタイトルには、当時の新興宗教たる大本教の活動を奇異なものととらえる視線がみられ（図1）、「東京の友人中には大本教の俘虜とならぬやう用心せよと自分を戒めてくれたものもあつた。京都では神懸りなどに熱心し過ぎて発狂した者があるので、近来大本教の信用が落ちたと談《かた》った人もあった」（「綾部昼夜の印象（一）」『讀賣』大正九年一二月五日付）と、近代日本の首都となった東京から関西方面への警戒的視線もみてとれる。あわせて、「仏教基督教の一大中心たる京都の鼻先に大本教の起こったのは両教に対す

大本教の印刷部

謎《なぞ》の綾部《あやべ》（五）

自分《じぶん》を捨てゝ

食ふ物も食はず働き廻る憐れな労働者

相当地位のある人達が不味い麦飯に満足をして

◆十五の両を◆

◆時を揚げて◆

◆熱心な信者◆

◆一日を通し◆

原告側

三千人に

図１　「謎の綾部」記事（『東京朝日新聞』）

る皮肉でも警戒でもあるやうに思はれる」との、偶然同行したカナダ人牧師・ペドレイの感想を記しつつ、「其の流行」は、「現代人心の要求の或《ある》ものを満足させるからではないか」と、同時代の世相と大本教の信仰拡大の関係も指摘する。

「紙屑買いのお直ばあさんが突然叫んだ物騒なお告げ」（「謎の綾部」（一）大正九年六月一二日付）と、なおの出自と人物像については、貧困や憑依をめぐる差別的視線がみられ、大本教本部の印象も、「仏教、神道、基督教、儒学、言霊《げんれい》学などをごちゃまぜに代表して居るやう」（「綾部昼夜の印象（一）」）な「気味の悪い町」（「謎の綾部」（四）、六月一六日付）、活動についても、「歯磨屋の様な鎮魂帰神の法」（同前（八）、六月二〇日付）と不信感が投げかけられている。「神様より遥に豪い「御筆先」の判断者」と、なおの活動に一定の信者が存在することを認めつつも、「感心する裏面にはちと解し兼る大本教の神託」（『東京朝日』大正九年六月一四日付）と、神託の内容にも懐疑的である。

しかし、やはり時代がくだるにつれ、肯定的な視線が登場する。「これからの大本教」は、「科学的根拠の下に組織される時代が来た」のであり、「真の宗教」はそこから始まるとする医学博士・岸一太の大本教再興の主張が、大正期の後半に新聞で紹介され（『讀賣』大正一〇年五月二一日付）、近代男性知識人の視点からの「科学」的評価により新興宗教への社会的認知が高まってゆくのは、天理教と同じプロセスである。また、なおの「筆先」を中心とした教義が、なおの娘婿・出口王仁三郎によって『大本神論』として整理（教団機関紙「神霊論」に大正六年二月に初掲、以降、八年から九年にかけて、天の巻、火の巻として発刊）、出版されたことにより、教義が出版メディアによって周知されるようになったことも教団組織の発展に寄与したといえる。大本教は現在も綾部に本部があり、外国語を含むホームページも整備して国際的展開も行っている。

「宗教法人大本」の公式サイト（二〇二〇年十月現在）では、エスペラント語、英語、ポルトガル語、モンゴル語、ローマ字、ハンガリー語、ロシア語、日本語を含む八種類の言語・文字で情報発信しており、文部科学大臣所轄宗教法人のうち、「神道系」の「（B）教派神道系」四〇番」に分類され、教会数六二八、布教所は一一一である（文化庁『宗教年鑑』平成三〇年版による）。

中山みき、出口なおともに、近世以前の巫女の憑依の継承のみでは、信者組織の拡大、教団としての発展は困難であったと思われるが、口述内容の成文化と出版、「科学」による正当化、男性知識人の評価、さらにメディア掲載自体が教団の周知の役割を果したたという条件があり、近世以前の個人の巫女活動をこえ、教祖死後も活動が消滅することなく、国際化展開も含めた教団形成へ至ったと考えられる。

四　市井に残る女性の霊力と近代神道の巫女

病気治癒と巫女

こうした、後に国際的展開にまで至る女性教祖の憑依現象以外にも、明治大正期の日本社会には、近世以前のシャーマニズムの歴史が継承されていた。明治期の新聞報道には、巫女をめぐる習俗や事件に関する報道が存在するからである。

明治初期の小田原の地域情報には、「病気に成ると医師を嫌ッて巫女を頼むのハ悪い風で早くお止めにしたいものだ」（『讀賣』明治九年五月二三日付）と、巫女による病気治療への近代的批判が記されている。記事の批判とは逆に、病気の治癒にあたり医師よりも巫女を頼る市民が存在した事実もわかる記事であり、妻が梅毒になった千葉在住の僧侶が、巫女のお告げに従って護摩をたいた(『讀賣』明治三〇年二月二六日付)との報道もあり、僧侶といえども病気治癒を巫女に頼った例さえあった。東京の代表的花街のひとつ柳橋には、「制禁を破り…生口死口寄せやんしょ」と戸別にまわる巫女がおり、「死んだ旦那…惚れた男」の霊を招いた(『東京朝日』明治二六年九月十三日付)という。神職法務規則(明治六年)において、「卜筮方位ヲ以テ漫ニ吉凶禍福ヲ説キ無稽ノ祈禳等決テ行フヘカラス」(教部省達第二四号)と、古代以来のシャーマニズム文化は「文明開化」期に制度的に否定されつつも、民間には一定の需要があったことがわかる。

しかし、「亀戸天神の裏門外」で「内々巫女」をしていた女性が「口寄せ其他供物料と称して」謝礼をとっていたため、逮捕されたとの報、不幸が続く一家が巫女の託宣に従って過分な謝礼を払った件の社会問題化(福島の事件、『讀賣』明治二二年四月一二日)、「父の生き霊を口寄せ」した「梓巫女」が信用ならないとの警告(『讀賣』明治二五年二月一七日付)、謝礼を受け取る巫女が客から被害の訴えをうけて「拘留」された報(『讀賣』明治三六年十二月二〇日)、「死霊のたたり」と称して病人から謝金を受け取った巫女に罰金が課された報(『讀賣』明治三九年一月三〇日付)と、巫女の活動は時代がくだるにつれて警戒、処罰の対象となっていった。「医師の地位向上する日本、巫医と称し巫女と同一視する清国」(『讀賣』明治二四年八月二三日付)と、病気治療を巫女に頼む清を後進国、近代医療に移行する日本を先進国とする記事からも、明治前半には民間の病気治療に市民の需要があった巫女が、近代社会から徐々に周縁化されてゆく様相が伝わる。

「迷信の東京」と見出しのある新聞記事では、草野栄子という女性が原宿で病気治療をしており(『東京朝日』明治四二年九月二日付)、「床の間には仏像や坊様たちの写真」が飾られ、「南無阿弥陀仏の声」とともに気合いを入れて治療していたので、「宗教に関係がある」とあり、仏教的背景を利用しつつ活動していた様子がわかる。しかし、「迷信」との見出しは、こうした民間の宗教的女性による病気治療が、近代科学の視点から批判の対象になったことを端的に表現している。

シャーマニズムの衰退

一方、明治前半の『大阪朝日新聞』には、大阪・高津神社で「囃子に連て鈴を振り神の心を慰むる神子巫」が付文をされたとの挿絵つきの報があり（図2）、明治期のメディアによる「巫女」には、シャーマニズムの系統を継ぐ巫女と、芸能者として近代神道の神社に奉仕する巫女の両方が存在し、前者は「いちこ」、後者は「みこ」として区別されている。後者の巫女は、神社における職掌として現代社会にも継承されている。明治前半のメディアは、亡くなった神主の慈善の遺志を継ぐ埼玉の女性たちの孤児養育の奉仕活動（『讀賣』明治八年一一月一四日付）と、男性神主の補助的役割を果たす女性たちの活動を報じているが、大正期になると、国学院大学が女性に門戸を開き、「女の神主も行々け出よう」（『讀賣』大正一三年一一月二一日付）と、神職への女性参画の可能性がニュースとなっている。大正期の神職への女性参画可能性は、大正デモクラシー期の思想と連動する、女性の自由や権利を求める明治末から大正期にかけての「新しい女」の胎動の影響があろう。

病の治療は近代医学の普及のもとで男性医師の役割へと転換し、今日の医療界の男性医師の量的優位につながるが、地域社会には二〇〇〇年代に至るまで、イタコによる口寄せやユタの占いが存在し、民俗学者による研究書や、本人による書籍も出版されている（森勇男（文）田畑俊次郎（写真）『下北のイタコ物語』北の

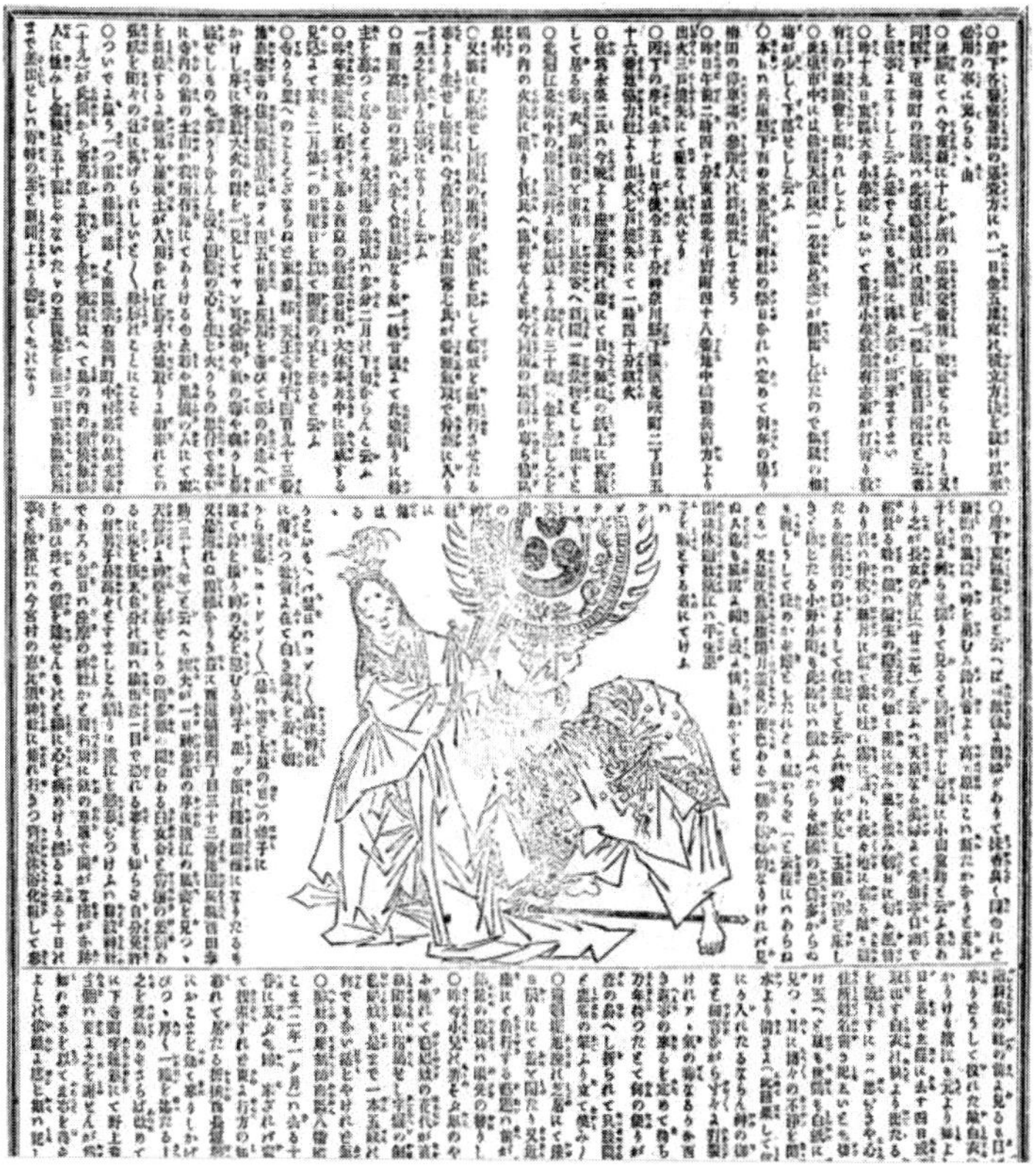

図２　『大阪朝日新聞』の「巫女」初出記事（明治14年）

街社、一九九一、松田広子『最後のイタコ』扶桑社、二〇一三)。これらの女性たちの活動は、都市文明の周縁的地域に残る民間信仰としてのシャーマニズムの継承であるが、松田広子が「最後のイタコ」とされるように、二〇一〇年代には、明治以降には残存しつつも衰退傾向にあった民間のシャーマニズムはついに消滅に近づいている。

憑依、交霊行為ではないが、明治から大正期にかけては、女性たちの透視能力が社会的注目をあびた。三船千鶴子(一八八六~一九一一)、長尾郁子(一八七一~一九一一)は、その特殊能力ゆえにメディアでもとりあげられ、近世以前のシャーマニズムとは異なるが、女性の特殊能力という意味では、共通の要素を有している。特に長尾は、観音信仰への帰依により念写能力が高まったとされるので、仏教的要素が含まれているが、彼女たちの能力については、今村新吉、福来友吉、山川健次郎ら、男性科学者による「科学」的検証による批判がなされた。検証による二人の透視能力の結果にはぶれがあり、毀誉褒貶がかまびすしくなったために、スキャンダラスな視線を苦にした三船は自殺、長尾も病死した。彼女たちの能力は、神託や病気の治癒という社会的機能を有しなかったこともあり、教祖になることもない一過性の社会的流行現象に終わった。

宗教家ではないが、当時の女性と宗教の接近として雑誌『青鞜』を中心とした女性解放論者として知られる平塚らいてうの、大学時代におけるキリスト教への関心、その後の臨済宗の寺への参禅による「見性」体験がある。近代女性としてのらいてうも、宗教的活動に精神的支柱を求めたのであり、『青鞜』創刊号における、「原始、女性は太陽であった、真正の人であった」というらいてうの言も、日本神話上の天照大御神に触発された女性の霊性を意識するかのような言あげである。大正期には超常現象、交霊術への社会的関心も高まったため、らいてうの精神世界への傾倒はその文脈も背景にあるが、明治以降の女子教育の発展をうけて、日本女子大学等で近代教育をうけたらいてうは、宗教家としてたつことは選ばず、言論活動をもって社会的主張をする道に進んだ。女性の憑依や超常的能力を「迷信」とする「科学」の視線と、明治以降の近代女子教育は、明治初期の中山みき、出口なおのように、憑依の女性を教祖化する心性を失わせ、より近代科学によりそう形で女性の自己主張を可能にしたといえる。

五　既存宗教における女性の役割――近代仏教と女性

仏教界における女性組織の近代的展開

あわせて、近代的な女子教育の文脈のなかで、宗教との関わりを強化した女性たちもいた。仏教組織においては、聖職者は男性の僧侶中心ではあったが、信者組織を支える女性たちの活動が、明治以降に組織化され、活発化するのである。九条道孝の三女であり、西本願寺第二二代法主・大谷光瑞の妻となった大谷籌子（一八八二～一九一二）は、「裏方」として信者組織を支え、一九〇四（明治三十七）年、真宗婦人会を設立。その淵源は平安時代の宮中の法会に遡る尼講に求められ、浄土真宗の第二〇代光如が一八三二（天保三）年に最勝講として女性たちのネットワークを作り、その近代版としての真宗婦人会が、一九〇七（明治四〇）年に仏教婦人会となったとされる（「仏教婦人会総連盟」公式ＨＰ（二〇二〇年十月現在）による）。

明治新政府は国民国家の統合の象徴として近代天皇を位置づけ、神仏分離令（一八六八（慶応四）年）や廃仏毀釈により、仏教は一時、体制側から疎外されたかにみえたが、籌子は大正天皇の后となった貞明皇后の姉にあたり、そもそも仏教に鎮護国家という社会的、政治的役割を担わせたのは、歴史を遡れば聖武天皇であるため、皇族、公家と仏教の歴史的関わりは長い。特に、皇族、公家女性と仏教は、尼門跡としても歴史的に密接な関係を持っていたため、国家神道の強調によって抑圧されかけた仏教も、女性を通じてその社会的影響力を維持した面がある（なお、籌子の父・道孝は第一二五代天皇明仁の曽祖父にあたる）。

神仏分離令により皇女の出家は禁止されたものの、近代以降、皇族、華族の女性たちは、女性雑誌のグラビアを飾ったり、新聞写真で動向を報道されたりすることによって、社会的存在感を増した（佐伯前掲『明治〈美人〉論』）。真宗婦人会設立時、総裁代行となった九条武子は、「才色兼備」の女性として同時代のメディアの注目をあびたカリスマ的女性の一人であり、籌子没後も仏教婦人会の活動に貢献した。彼女たちのメディア露出が、仏教婦人会の活性化に寄与したことは、「宗教界だより」（『讀賣』大正一四年四月一三日付）において、「仏教婦人会幹部大会」の出席者に対して、本部長である「九条夫人の色紙その他いろ〳〵の記念品がわけられると云ふ」と報じられることからも明らかである。当該婦人会は、「既に出席申込者五百名を超へる盛況で本部員はその準備に多忙を極めてゐる」と活況が記されるのだが、「全国に三七万余の会員」（同前）がいるとされる仏教婦人会の女性会員たちに、〝サイン入り記念グッズ〟を配布するという方法で、武子が仏教婦人会の一種の〝広告塔〟となり得たのは、彼女が明治期のメディア的スターだったからである。

仏教婦人会の活動は、築地別院を拠点とする関東大震災後の全国的救護活動の展開、戦時下には慰問袋作成（『東京朝日』大正三年、九月一八日付）、「出征軍人後援及び老幼貧苦救護を兼ねた」新年会（『讀賣』大正一二年付）、と、写真つきで多様な社会的活動が報じられており、当時の女性たちが宗教組織を通じて、被災地支援や「銃後の守り」に関わった事実がニュース・バリューのあるものとして認められていたことがわかる。

女性仏教者の社会貢献

ひとくちに仏教といっても宗派も組織も多様であるが、特に近代初期の浄土真宗において女性の存在感が増したのは、「婦人会の祖：恵信尼さま」と、仏教婦人会が親鸞の妻・恵信尼をいただいているように、親鸞と恵信尼のパートナーシップが、近代的な男女平等思想との親和性を有していたからといえる。女人禁制（当時）の比叡山でのホモ–ソーシャルな男性集団とは対照的に、下山した親鸞の浄土真宗は、「女犯」を人間性のひとつとして認める六角夢想にも象徴されるように、女性ジェンダーとの交流を許容する要素を備えていた。恵心尼の手紙からも、彼女と親鸞のパートナーシップが、もっぱら観念的なものではなく、人間どうしの夫婦としての身体性を伴うものであったことがうかがえる（佐伯順子「日本中世の女性と宗教」（インタビュー）『真宗』二〇〇四年八月号）。

開祖の妻である恵信尼が、近代以降の浄土真宗における女性の活動の精神的支柱となっている事実は、教祖ではないながらも、既存宗教において女性の存在感が増したことを示している。住職の配偶者を「裏方」とする表現は、男性＝公的領域、女性＝私的領域という、近代化過程におけるジェンダー役割分業との共鳴もみせるが、男性が生計労働に多くの時間をとられ、宗教活動に奉仕する時間的余裕を無くしてゆくなか、相対的に信者組織における女性役割は上昇したともいえる。女性たちはいわば、宗教世界においても、近代の女子教育が模範とした「内助の功」を発揮したのである。

実際、大谷籌子と九条武子は女子教育推進にも貢献し、京都発祥の顕道女学院を源に、仏教婦人会傘下の京都高等女学校を一九一〇（明治四三）年に開設した。仏教界の女性による女子教育の推進は、後述する明治初期におけるキリスト教主義の女子教育の進展からの刺激もあると思われる。平安朝から近世以前の天皇の居所であり、歴史の古い寺院が多数存在する京都は、明治以降の仏教と女性の関わりにおいても重要な地域であり続けた。

仏教界の著名な女性リーダーではないが、市井の尼の仕事ぶりも、明治後半の様々な職種の女性を取材した連載記事「東京の女」（『東京朝日』）にうかがうことができる。青山の善光寺の尼僧・清光尼は、「許嫁との縁が絶えて無常を観じ」、二十一歳で信州の寺で出家した後、東京にうつったという。彼女はもと芳町芸者といい、花柳界の女性が世をはかなんで出家するという身の上話は、近世以前の遊女の出家譚に類似しており、どこまでが事実かは判断が難しい点もある。とはいえ、善光寺は創立当初は浄土宗の尼寺であり、そうした歴史を有する寺で地道に活動する尼僧もメディアにとりあげられたのである。

大正初期において、「●全国に居る尼さんの数」は、浄土宗三五〇名、曹洞宗二六一名、臨済宗一六六名、日蓮宗八十四、天台宗三三、真言宗二四、其の他四宗で三六の総計九六二名と報じられており（『讀賣』大正四年一月二二日付）、近年の報道では、尼寺の後継者不足も危惧されるなか、むしろ大正初期のほうが現在よりも尼僧の絶対数は多かった。仏教と女性の関わりは、明治初期の仏教への抑圧の危機があったからこそ逆に高まり、女学校設立等の社会的貢献により、メディアの注目をも促したといえよう。

六　キリスト教と女性——日本社会における「宗教」への関心の高まりのなかで

キリスト教と近代女子教育

日本近代の宗教世界と女性の関わりを考える上では、キリスト教に入信した女性たちの存在も重要である。近世以前の日本にも、隠れキリシタンや細川ガラシアのような有名、無名の女性キリスト者は存在したが、豊臣秀吉による宣教師追放令（一五八七（天正一五）年）、江戸幕府による禁教令（一六一二（慶長一七）年）、「五榜の掲示」（一八六八（明治元）年）による「邪宗門」の禁令で、キリスト教信仰は日本の歴史上抑圧されてきた。

しかし、明治前半に来日した女性宣教師たちがキリスト教主義の女子学校を相次いで設立し、若松賤子、北村ミナら、キリスト教の信仰をもつ女性言論人が育ち、若松の夫・巖本善治らが教鞭をとった明治女学校（一八八五（明治一八）年〜一九〇九（明治四二）年）に学んだ羽仁もと子、相馬国光ら、社会の多方面で活躍する人材育成に成功するに至り、キリスト教を背景とした女性の社会的役割は増大する。

「婦人教育会や婦人済生会の未だ出来なかつた明治一九年、基督教が非常な勢ひで以て、我国の津々浦々にまで布教された時、矢島楫子女史が独力で以て創設」した「日本基督教婦人矯風会」が、当時の注目を集めたように、キリスト教の信仰を通じた女性たちは廃娼運動の担い手ともなり、「家庭、教育、社会の各方面に捗つて、日々夜々活動して居るのは人道のため」に「御苦労」（『東京朝日』明治三三年一月一〇日付）と、女子学院初代院長でもある矢島楫子（一八三三〜一九二五）の活動は、しばしば新聞報道でも称賛されている。

〈女性性〉としてのケア役割と宗教との近接

明治から大正期にかけては、キリスト教に限らず、女性と宗教全般を関連づけて論じる新聞記事もあり、「信仰婦人の力」(『よみうり婦人附録』大正八年七月八日付)では、女性は「虚栄心の強い割りに、意志弱く、独立思想の乏しいものですから、誘惑にも男子よりは乗り易く、…失望、落胆、悲痛の境に陥つた場合には、男子以上に堕落するものが多いやうです、で、之れを防止するには、其の苦境に慰安と希望とを得せしむる宗教の力を籍るが最も良い方法と思ひます」と、宗教全般が女性の人生において重要であると説かれている。北条政子は「尼将軍」としての仏教への帰依、ジャンヌ・ダルクはキリスト教の「宗教心篤き」ことによって偉業を成し遂げたとも同記事は指摘しており、女性の社会貢献は宗教心の支えによるものとの見解がみられる。

「児童に宗教教育」(『讀賣婦人附録』)では、内ケ崎作三郎(当時早稲田大学教授、一八七七〜一九四七)が、「人間には宗教心は本能的にあるもの」(大正五年五月一一日付)として、「親たちなり教育者なりは児童に向つて出来るだけどんなかの宗教心を植つける事に心掛くべきである」と説き、「日曜毎に耶蘇なり仏教なりの△日曜学校へやるもよからうし」と述べている。内ケ崎自身はアメリカ出身のプロテスタントの宣教師であるアニー・ブゼルに影響されて牧師となっているが、キリスト教布教を意図するのではなく、仏教でも他の宗教でもよいので、「聖人君子の物語とか、殊に宗教的の上品な子供にも分る様な音楽とか、歌」をもって児童を教育することが望ましいと薦めている。当時の「良妻賢母」主義教育と連動し、子供の情操教育における宗教教育が、母親役割とともに重視されていることがわかる。

明治大正期の新聞記事をみると、女性関係の記事に限らず、宗教自体への社会的関心が高かったことがうかがえる。「三教会同論者に与ふる書」(『讀賣』)では、「泰西諸国に於いては宗教に対する識者の態度が甚だしく変化」しているので、日本においても宗教とは何ぞやを議論することが重要であるとの見解が示されている。明治維新という歴史上の大きな変革期を経た日本社会において、精神的拠り所を模索する世相が、「宗教」への関心を高め、多様な宗教活動が展開し、社会全体の宗教への注目も集まったのではないか。ただ、明治天皇の御大葬の際には、「各派管長夫人参列」(『東京朝日』大正元年八月二四日付)があったと報じられるとおり、国民国家の統合の象徴としての近代天皇の存在のもとに、宗教関係者は統合され、女性の宗教活動も戦時下には前述のように、銃後の支援に組み込まれていった。

七　結論

近代日本の宗教世界において、女性は、(1)シャーマニズムの歴史を継承する女性教祖、民間の女性巫女、(2)信者組織活動の担い手、(3)宗教を基盤とした教育活動、社会貢献の展開、(4)家庭教育、子供の情操教育における宗教の重視、という多面的な関わりを有した。

宗教界における女性の活躍は、近代的男女平等思想を背景としている一方、近代教育から疎外された市井の女性たちが関西地域を基盤として教祖となったことは、東京奠都に伴い近代化から取り残される危機感、喪失感におそわれた「畿内」地域が、新しい精神的支柱を求め、都市文明には残存しにくいシャーマニズムの機運を醸成したからであると考えられる。

明治近代以降の日本の女子教育は、明治後半には女性を私領域へと囲い込む「良妻賢母」主義に収斂してゆくものの、子供の養育、教育といったケア役割は、女性のジェンダー役割とみなされたため、信者の心のケア、家庭での情操教育という意味で女性と宗教との関係は強化されるに至った。これらの役割のなかに、キリスト教世界にみる女性の聖性としての、聖母マリア信仰、豊穣の女神像的な要素（石井美樹子『聖母マリアの謎』白水社、一九八八）が希薄であることも特徴である。明治近代の日本のキリスト教においては、マリア信仰や聖女崇拝が含まれるカソリックよりも、プロテスタントの宣教師の影響が強かったため、出産や養育という母性崇拝的な宗教性は普及しにくかったのであろう。

明治初期の男女平等論は、女性宗教家の活躍の気運を与えつつも、明治後半には女性の公的活動が制約されたこともあり、宗教的女子教育の担い手、社会運動の担い手、宗教組織を通した戦時下の活動という形に女性と宗教の関わりは限定されていった。しかし、逆に近代教育から疎外された女性たち、近代化、都市化から周縁化される危機に直面した地域社会の女性のなかから、近世以前の心性を残す女性教祖が誕生し、それが現代にまで継承されていることは、近代日本宗教史における女性の役割の、学歴主義や中央集権化を相対化する多様性と可能性を伝えているのである。

参考文献

池田士郎・島薗進・関一敏（一九九八）『中山みき・その生涯と思想　救いと解放の歩み』明石書店
池田士郎（二〇〇七）『中山みきの足跡と群像――被差別民衆と天理教』明石書店
井桁碧（一九八九）「性の位階――フェミニズム的視角からの宗教研究のための序」『宗教研究』63（1）日本宗教学会

市古貞次校注（一九九一）『源平盛衰記』三弥井書店
薄井篤子（一九九四）「女性の自立と新宗教　修養団捧聖会「東京ミセス」の場合」島薗進編著『何のための〈宗教〉か——現代宗教の抑圧と自由』青弓社
臼田甚五郎・新間進一・外村南戸都子校注・訳（二〇〇〇）『神楽歌・催馬楽・梁塵秘抄・閑吟集』新編小学館日本古典文学全集四二、小学館
碧海寿広・大谷栄一・近藤俊太郎・林淳（討議）（二〇一八）「いまなぜ近代仏教なのか」『現代思想』二〇一八年十月臨時増刊号、青土社
大越愛子・山下明子・源淳子（一九九〇）『性差別する仏教——フェミニズムからの告発』法藏館
奥田暁子・岡野治子編著（一九九三）『宗教のなかの女性史』青弓社
小平美香（二〇〇九）『女性神職の近代——神祇儀礼・行政における祭祀者の研究』ペリカン社
小田晋ほか編（二〇〇一）『『変態心理』と中村古峡——大正文化への新視覚』不二出版
川村邦光（一九九七）『憑依の視座——巫女の民俗学』青弓社
小松和彦編（一九九二）『憑霊信仰論』雄山閣出版
小山弘志・佐藤喜久雄校注・訳（一九九八）『謡曲集（二）』小学館日本古典文学全集第五十九巻
佐々木宏幹（一九八〇）『シャーマニズム——エクスタシーと憑依の文化』中央公論新社
田中雅一（一九九八）「女から女神へ——南アジアにおける神格化をめぐって」『女神——聖と性の人類学』平凡社
坪井洋文・網野善彦編著（一九九五）『日本民俗文化大系一〇　家と女性』平凡社
出口ナヲ、村上重良校注（一九七九）『大本神論　天の巻　民衆宗教の聖典・大本教』平凡社
星野靖二（二〇一二）『近代日本の宗教概念　宗教者の言葉と近代』有志社
細川涼一（二〇〇〇）『逸脱の日本中世　狂気・倒錯・魔の世界』筑摩書房
村上重良（一九五七）『近代日本民衆宗教史の研究』法藏館

コラム③「念じて植える」――寄進植え

岡本貴久子

一　吉野山の桜制復古

樹を植えるという人間文化に「記念」という冠をつけると、どこか厳かな行為になる。記念植樹、それは「何か特別なことを機縁として、思いを込めて、念じて樹を植える行為」といえる。本多静六の言葉を借りれば「生きたる記念碑」を植え育むことであり、枝葉を広げ種子を残して「いのち」をつないでゆくそれは、同時に「死にゆく記念碑」でもある。植栽された自然環境や人々の愛情、保護手入れの如何によっては枯死もすれば大樹にもなるのである。

「念じて植える」という人間の文化的行為は宗教施設でも見られる。記念の献木である。多くの国民の祈りと善意の樹木からなる明治神宮の森はよく知られるところであるし、高野山金剛峯寺では「いのちあるものが共に生き　共に生かしあう」の声のもと、「未来のために今できること」に念が込められ献木植樹祭が奉じられる。京都醍醐寺境内は寄進者の祈願のもとに植栽された桜の記念樹に彩られている。醍醐の桜は復興を祈念して宮古の地にも植えられている（京の杜プロジェクト）。謂わば「祈りと実践」、当山派修験道の本山でもある醍醐寺ではこれを「実修実証《じっしゅじっしょう》」という（醍醐寺仲田順英師）。

さて、時は大正末の吉野山。嘗て安原貞室《やすはらていしつ》が「これはこれは」と感嘆し、貝原益軒《かいばらえきけん》が「凡《およそ》此山は、六田の方の麓より奥の院まで、百余町の間、民家なき所は、左右皆並木の桜也」（『和州巡覧記《わしゅうじゅんらんき》』）と認《したた》めた花のみよしのは荒れていた。大日本山林会の林業視察で当地を訪れた東京帝国大学教授本多静六《ほんだせいろく》（林学博士・経済学博士、一八六六〜一九五二）が「古歌に、吉野山消えせぬ雪と見えつるは嶺つゞき咲く桜なりけり　と詠ぜられた山嶺の桜の如きは見る影もない」（「吉野山の桜制復古」一九二一）と嘆いたように、山の様相は杉林中に桜の根株が残るのみで凡そ田畑か禿山、雑木林と化していた。廃仏棄釈の傷痕が尾を引いていたのである。

「王政復古」の大号令のもとで展開したこの宗教政策はなかんづく、蔵王権現の信仰を揺るがし、山内の桜樹や古蹟名勝を危機に陥れた。益軒が「此山にて、桜を切事を甚禁ず。桜木を薪にせず。故に樵夫桜を売らず。若薪の内に桜あれば、里人是をえらびすつ。是里人の偏に桜を愛するにもあらず。蔵王権現の神木にて、惜み給ふと云ひつたへて、神の祟を畏るゝ故なり」と綴った吉野山はこれにて一変したのであった。価値観の急激な転換は山の植生にも影響し、無用となって伐採された桜はそれまで禁忌であった薪や燃料として使われた（大峯山護持院竹林院福井良盟師）。当時の山の荒廃は野火はもとより濫伐、盗伐といった不道徳も一因した。吉野に限らず、昭和戦後の燃料革命が起きる以前の山野といえば多くが不毛な景観を呈していたという（秋道智彌編『日本の環境思想の基層』岩波書店、二〇一二）。

一方で、破壊されてゆく風景を守らんと愛郷運動や保勝会の取り組みが躍進した。吉野山の保護・改善策はこの地域一帯を県立公園とすることによって具現化し、これを機に有志による桜を守る会が発足、一九一四（大正三）年に財団法人吉野山保勝会設立が申請され、一九一六年、内相後藤新平の名を以て許可となる。吉野山保勝会は総裁に徳川頼倫《とくがわよりみち》侯が就き、主に吉野朝祉に纏わる史蹟名勝の維持・保存を目的として桜樹の植栽・育成から寄附行為に係る事業を推進した。だが自然の環境というのはすぐに恢復するものではない。一〇〇年の計という森づくりでは復興の兆しが目に見えるようになるまでには歳月を要するものである。「見る影もない」と本多が慨嘆したように吉野山は荒れた状態を引きずっていた。

そこで山の状態を具に見て廻った本多が発企したのが「吉野山の桜制復古《おうせいふっこ》」であった。「王政復古」ならぬ「桜制復古」と洒落た、謂わば桜の寄進植え運動である（拙稿『神園』二三号、二〇二〇参照）。

修験道の根本道場・金峯山寺につながる吉野山には登拝者が蔵王権現に記念の桜樹を奉納する風習が伝わる。寄進植えを題材にした和歌をあげれば、三条西公条《さんじょうにしきんえだ》（称名院仍覚《しょうみょういんじょうかく》一四八七〜一五六三）は立願した参詣者が桜を献木する由来を聞いて、「ほとりを見れは立願にて花乃木とも植へてまいらせけるよし申せしに・・・咲散《さきちる》はけふ見つくしつ心なを若木にのこす花のみよしの」（「吉野詣記」『称名院道中記』国文研蔵）と詠み、後水尾院より古今伝授を受けた飛鳥井雅章《あすかいまさあき》（一六一一〜一六七九）は、「屋《や》う〳〵日もかたぶき侍れば麓のさとにたちかへるとて蔵王権現の前に桜を三十本うへさせ侍りて　いつか又十といひつゝみよし野にわがうへをきし花をきて見む」（「吉野一覧記」『飛鳥井雅章卿吉野一覧記』国文研蔵）と詠じ、いつかまた三十年後にでも再訪した春に花を愛でる楽しみを歌に込めた。

ところで苗木はどうしていたのか。見ると、謡春庵《ようしゅんあん》周可《しゅうか》編『吉野山独案内《よしのやまひとりあない》』（一六七一）の挿絵に、七曲坂で鍬と桜苗を手にした童子が旅人に寄進植えを勧める様子が描かれている。これらは土産物売りと並んで名所案内をする地元民の生業の一つだったのであろう。桜の献木は旅人に限らず、現地の人々も寄進帳を作成して身上に合わせて苗木を献納したという（『吉野町史』一九七二）。「祈りと実践」、「実修実証」がここにある。

この古例に倣って本多が呼びかけたのが「吉野山の桜制復古」であった。民衆的なわかりやすいスローガンを掲げて活動を興すのは本多の得意とするところである。具体的な方法論は、まず地元の農林学校から桜苗を一本五銭で買い入れ、植え付け費五銭に五年間の管理費一〇銭をプラスした金額、合計二〇銭を寄附するという簡易なものであったが、その根本には誰でも気軽に取り組めるやり方こそ活動を長く持続させ得るという本多の思想がある。経済学者本多静六ならではの発想である。蕃山のいう「易簡の善」とでもいえようか。加えて苗代のみならず五年間の管理費を含めたところは、植栽後は何より保護手入れが肝心であり、それが立派な花を咲かせる秘訣ということである。

二　祈りと実践

こうした宗教施設に係る森づくりについては、本多は先に「社寺風致林論」（一九一二）を著しているが、求められるのは何より信仰内容を理解した上で、最新の造林技術と科学的知識を用いながら、森林の神聖性を侵さないように最小限の保護手入れを施し、当該の自然環境に適した森づくりを行うことである。本多の生家折原家は代々富士山信仰「富士講」の厳粛な先達を務めた家であり、この点で山や桜の尊さは十分理解していたであろう。実際、本多は明治神宮の森を筆頭に、神宮宮域林における御遷宮御造営用材育成のための二〇〇年をかけた森づくり（一九二三年）等に従事している。

斯くして一九二一（大正一〇）年一〇月、まずは本多が率先して三〇本を奉献したところ、多くの視察団員の支持を得て一晩で一二〇〇本余りの寄進が相成ったのであった。本多の献木三〇本が飛鳥井に学んだものかは詳らかではないが、「桜制復古」は大阪朝日新聞が「桜樹を寄附　本多博士の発企で」（同月一五日付）とニュースにしたほどであった。

その後、「祈りと実践」という人々の奉仕の甲斐あってか、吉野山は一九二四（大正一三）年に国指定史蹟名勝天然記念物、一九三六（昭和一一）年には吉野熊野国立公園の指定を受けるに至った。こうして見ると、吉野の桜の美しさというのは、自然物の「いのち」を尊びその威力を畏れ敬う人々の「祈りと実践」によって保たれてきたといえるのではないだろうか。

ところで大日本山林会の林業視察で本多が呼びかけた蔵王権現の寄進植えから一〇〇年近くが経過した現代、同会発行の『山林』（一六一二号）巻頭に意味深い論考が掲載された。持続可能な人間社会に向けてひとりの林学者が語ったのは「宗教が人間の行動を抑制する力を持ちうるのではないか」（東京大学名誉教授山本博一氏、二〇一八年）という言葉であった。科学万能社会から一歩前に抜きん出た言葉である。

さて、「桜制復古」から幾星霜を重ねた今日、ことしの吉野の桜は如何ばかりであろうか。

第五章　地域社会と神社

畔上直樹

一　はじめに

大正期の地域社会と神社の関係は、明治期と比較すると格段に政策・行政の影響を常に組織的に大きくうけるものになった。二〇世紀にはいる明治後末期から大正初めにかけ、それまで政策の視野からはずれていた地域神社を含め、国家認定の「国家ノ宗祀《そうし》」神社として一体的に扱う制度が整備され、「非宗教」をおしだしつつ、神社を回路として総動員した国民教化が推進される体制が登場したのである。従来の研究では、この教化政策の上からの浸透圧力と、それが地域社会にもたらす破壊性ゆえの軋轢・抵抗（つまりは政策のおしつけとその表層性・無効性）がいささか一面的に強調される傾向にあった。しかし、近年の研究の進展をふまえると、そこに複雑な動態が展開していたことはもっと考慮されるべきであると考える。本章はそうした研究成果にもとづく試論である。

「大正デモクラシー」という言葉が象徴するように、大正期の日本は、明治時代とは根本的に異質な面を社会的にも多くはらんでいた。とりわけ明治末、日露戦争（一九〇四～一九〇五）の「勝利」による明治日本の課題「達成」は、しかし同時に、「その後」を生きる人々、特に（本格化した学歴社会に直面していた）次世代層に、近代の「仕切り直し」のなかでの人生の意味づけの再構築を要求し、人生論的な「煩悶」が社会問題化したとされる。その救済をめぐり、大衆的で多種多様な「修養」をキイ・ワードとした人格（至上）主義的な社会的動向が広く展開し、呼吸法といった修養の身体技法への注目もあつまった。こうしたことは、当時の下からの様々な諸運動の展開とも関連する一方、近代化のなかで失われゆく民俗的なものへの関心の強まりや、「宗教」というコトバの新しい理解のひろまりとも重なりながら、大正日本に濃厚な宗教性や神秘性を社会的に付与する面をもっていた。

本章では、このような大正日本の状況下での神社政策の地域社会への徹底が、社会的な拒絶・齟齬を惹起する以上の意味をもったことに注目していく。神社政策に対して積極的に評価し反応する事態が社会的に生じ、社会運動的な活性化もみられたが、それは政策の単なる受容ではなかった。当時の神社政策は明治以来の宗教理解を大前提に構築されていたが、それは、当時社会的にひろまりつつあった異質な新しい宗教理解の観点から読み替えられて受けとめられていった。大正期の神社政策推進は、「非宗教」をおしだしての国民教化という立場を社会的に徹底する意味をもっていたが、かえって、宗教的な国民統合の実現を神社政策に仮託する、肥大化した神社のイメージを社会通念レベルで広くよびおこすことになった。ここに、昭和戦時期にかけての神道国家的な宗教性の濃厚なナショナリズム運動の原型となる動向も形成された。

また本章では、このような大正日本での社会的反応が逆流し、その後の国家政策の基調に影響をあたえていく面をもったことにも注目したい。大正末年、神社行政の質的転換を示す改革が断行され、それが昭和戦時期にかけての神社行政の基本路線となったが、そのときの神社局長が、佐上《さがみ》信一（一八八二〜一九四三、神社局長一九二四年五月〜一九二五年九月）である。佐上は、一九〇九年、東京帝国大学法科大学法律学科（独法）を卒業、内務省地方局を経て、大正改元後の一九一二年一二月に鳥取県庁に入り、県神社行政と県神職組織の統括という大正期の神社行政の現場に立った大正新時代の内務官僚であった。本章は、この佐上着任時の鳥取県神社行政方針の内容を中心に、それを導きの糸として議論をすすめていくこととしたい。

＊　以下、鳥取県公文書館県史編さん室『新鳥取県史　資料編近代5　行政2・社会・宗教』（鳥取県、二〇一

八）からの史料引用については、特に本文中に宗教編通し番号で（史料〇〇）と略記した。読点を原文通りに戻し字句を訂正、新たに補注を加えたが、漢字は新字体とし、合字は開いた。また、本文中に引いた研究文献名の副題は省略した。

二　大正期の地域社会と神社制度・政策

佐上信一の県神職会会頭就任演説

一九一二年一二月、鳥取県庁に赴任した佐上は、翌一九一三年一月二五日、同県神職会会頭に就任、県下神職たちを前に「訓示演説」（史料七六―以下、「佐上演説」と略記）をおこない、今後の県神社行政の基本方針を明らかにした。

佐上は冒頭、「神社は行政法上、国家的設備、行政的設備なると共に、我が国民道徳の本源たる、祖先崇拝と最も密接なる関係を有する」として、近年の国家的神社への国庫支出制度や地域神社への公費（地方費）支出にかかわる制度整備に触れ、「神社及神職の地位」は近い将来「行政機関」化する、そのもとでの「神社に対する崇拝」は、「民族の結合上最も必要なる事項」であるとのべている。そのうえで、神社境内の森林環境である「鎮守の森」の造成や神社中心主義の発揮、神社合祀（神社合併）推進、神社の由緒重視のほか、神社に関係する史蹟や天然記念物の保存といったことを行政方針として提示した。

このうち、「神社中心主義の本領を発揮すべし」という神社の経営方法にかんする小項目では、「神社を中心とするの主義を発揮するは国家行政及地方行政の上より云ふも極めて大切なること」とのべ、「神社と一般人民との関係を密接ならしむる」「公明正大を、神明に誓約」する方法として次のようにいう。出生時には、土地の「産土《うぶすな》の神に宮参りを為さしめて、その将来の祝福を祈」り、成長した男子の入退営・出征等の際は「神前に祈念すると共に、その誠意と感謝とを捧げし」め、女子の「婣嫁」の際は「神前にその赤誠を至さし」め、自治奉告祭として「町村の有効なる決議は、之を神前に報告し、神明に誓ひてその実行を期せしむる」。他方「神社の整理」という項目では、「神社合併整理」について「本県の之れに関する方針は、従来と何等異る所無かるべきやもとより論なし」と、従来通り進めることを強調している。

神社政策の転換と佐上演説

佐上が演説した一九一三年は、内務省社寺局から一九〇〇年に神社専門行政部局として独立した神社局のもと、地域神社をふくめた全神社を「国家ノ宗祀」として一体的に制度整備する方向が確立した時期にあたっていた。明治政府が認定した「神社」は、明治初年来「国家ノ宗祀」と性格規定され、階統的な社格制度(ごく一握りの国家管理下の「官社」〔官国幣社〕と地方庁管理の膨大な数の「諸社」、その圧倒的多数が基底部の「村社」や「無格社」)で組織されたものの、立憲制を整備し国家デザインが確立する明治中期にかけて、地域社会に最も身近な諸社は逆に政策的視野からはずれていった。この政策方針が官社冷遇策〔民営化方針〕撤回とともに、明治末年から大正初年にかけて全体として大きく転換したのである。佐上演説にみた官社国庫支弁(一九〇五年)や、諸社の公費補助を可能とする措置(一九〇六年)といった、佐上が神社の「行政機関」化と表現するところのものが、この大転換を代表する政策である。佐上演説直後の四月には、「官国幣社以下神社神職奉務規則」が制定された。一八九一年以来、神職奉務規則は官社と諸社で別建てであり、「国家ノ宗祀」従事者規定は官社のみに限定されていたが、それが一転、神社神職はすべて「国家ノ宗祀」従事者と明記する単一の奉務規則となったのである。こうした一体的整備の動向のもと、大正期には地域社会の津々浦々の小さなお宮に、官社同様の「国家の宗祀」の「神社」としての相応しさが求められていくのである（畔上、二〇〇九等）。

他方、日露戦後の日本では、帝国主義国家として強力な社会体制構築をめざす国民教化政策である地方改良運動が展開した（宮地正人『日露戦後政治史の研究』東京大学出版会、一九七三）。行政町村の強化を焦点に、国内官庁は総力をあげて地域社会の深部にまで介入、摩擦を引きおこしながらも政策を推進した。以後、地方改良運動を原型とした国民教化政策が戦前期を通じて繰り返され、大正期の場合は、第一次大戦後の情勢に対応した一九一九年開始の民力涵養運動などが展開した（赤澤、一九八五等）。

この動向と関連しつつ、佐上演説で先に見た神社についての二つの政策方針が登場してくる。行政町村での旧来の小さな地域コミュニティの内部割拠の拠点化の原因として、地域社会の津々浦々に存在していた無数の無格社・村社といった地域神社が問題視され、これらをターゲットに整理統合を政策的にはかる動きである。県や郡で一行政町村（以上）一社が目標に設定される場合もあった。これが日露戦後、各地で問題化した神社合祀政策である。他方、行政町村等の精神的拠点として神社を動員・機能させようとする「神社中心主義」が開始された。これが戦前期を通じての神社行政の基本方針となった（森岡清美『近代の集落神社と国家統制』吉川弘文館、一九八七／赤澤、一九八五／畔上、二〇〇九）。

このように、佐上演説の示す方針は、明治後末期以来の神社をめぐる新しい政策動向を地域社会で徹底的に展開しようとする面を明確にもっていた。佐上自身は一九一五年に熊本県庁に転ずるが、鳥取県の大正期神社行政の方向性はこうして固められたのである。

三　神社合祀政策と地域社会

鳥取県にみる実施過程と神社復祀

神社合祀政策は府県ごと方針・基準が異なり、取組みに極端な差があった。森岡清美は鳥取県を神社数の統計分析からみて「無視県」だとする（森岡前掲書）。ただし、同県も県令五一号「県社以下神社ニ関スル規定」（一九一一年）という政策推進の具体的基準をもち、「一町村一社」というかなり明確な合祀方針があった（喜多村理子『神社合祀とムラ社会』岩田書院、一九九九）。佐上が撤回しないとする県の神社合祀方針がこれである。

数がほとんど減少しなかった村社の事例に即してみてみよう。西伯《さいはく》郡大山村《だいせんそん》（現・同郡大山町）内には複数の村社が存在し、いずれも合祀されずに残った。しかし、同村の大字鈫戸村《たたらどむら》の村社鈫戸神社からだされた「基本財産造成方法」報告書に対し、一九一二年九月、郡役所は「該神社ハ氏子戸数少数境内狭隘且ツ由緒正確ナラス神社整理上曽《かつ》テ訓示ノ要旨ニ適セス」として、「此際断然合祀事ニ勧奨」を村長に求めている（史料五九）。地元は結局、この郡役所の要求に従わなかったことになるが、鳥取県下の地域社会では、統計上変化がないようにみえても、一村一社方針のもと、相当な合祀勧奨の圧力を経験していたと考えていくべきだろう。

大正期の鳥取県では、こうした合祀推進の方針が佐上演説でいう如く、実際に堅持された。民力涵養運動期の一九一九年段階でも、県は「未整理神社ニ対シテハ本年十二月末日迄ニ維持方法ヲ確定セシメ若シ将来維持ノ見込ナキ分ハ此際他ニ合併」と、かなり強い調子で合祀推進の意向を示している（史料一〇二、町村長宛西伯郡役所依命通牒）。

一方の地元側は、たとえ合祀されても実に多様なやりかたで神社を維持しようとする。研究上「神社復祀」とよばれる神社復興は、その顕著なものである（櫻井治男『蘇るムラの神々』大明堂、一九九二）。鳥取県の現米子市域では、一九一八年頃からこの復祀が確認される（米子市史編さん協議会編『新修米子市史第五巻民俗編』米子市、二〇〇〇）。また、神社局の「神社復旧ニ関スル件」調査（一九三五年、櫻井前掲書）で、同県八頭《やず》郡佐治村《さじそん》役場は、同村の無格社津野神社が「地域的ニ独立セル部落ニシテ部落民一般ノ敬神ノ中心ヲナス氏神ノ鎮座ヲ望ム」として合祀未決行であり、他方、一九一六年に村社古市神社に合祀決行済の村社森神社について、地元の「敬神崇敬ノ念ヲ深カ、ラシムル故」に「遠地ナレバ参拝ニ不便ヲ感」じ、地元の「社殿ヲ部内ヨリ拝ゼサルコト最モ苦痛ヲ感スル故」に復旧の機運あり（史料一四六）、と報告している。

非公認神祠の統制強化と神社非宗教論

佐上演説は、「淫祠」、県行政上「非公認神祠《じんし》」等と包括的によばれていた（史料六二他）公認「神社」の類似施設（河村忠伸『近現代神道の法制的研究』弘文堂、二〇一七）の統制策も、神社合祀に関連させて同時に語っている。佐上が継承するとした同県の神社合祀政策は、非公認神祠取締の厳格化と対をなし、佐上演説も、公認「神社」の根本条件「国家ノ宗祀」を基準に、両者の取り扱いを対比的に位置づけて論じる面があった。ここには、佐上が地域社会に徹底しようとする、当時の神社政策の根本的性格があらわれている。

当時の神社政策は、先にみた村社そして無格社といった、神社組織の基底部をなす多様な存在形態をもつ地域神社にも、「国家ノ宗祀」としての要件整備を強く要求したが、同時に、地域神社と連続性を強くもってその広大な裾野を形成、地域社会に大きな役割をはたしてきた公認「神社」類似施設（実態については櫻井治男『地域神社の宗教学』弘文堂、二〇一〇等参照）を問題として明確に浮かび上がらせる面があった。

これは、当時の神社政策が、公式的な神社観として明治前半期に形成された「神社非宗教」の立場を前面におしだしていたこと（赤澤、一九八五）も関係があると考えられる。明治国家は、「宗教」を個人の私的な「信教の自由」領域としてまがりなりにも憲法条文化、かつ国教を制度設定せず、公的な国民教化領域を「非宗教」の教育勅語―学校教育を軸とすることを国家原則化した（山口輝臣「明治前期の国家と神社・宗教」小林和幸編『明治史講義【テーマ編】』ちくま新書、二〇一八等）。これと抵触することなく、しかし公的な教化回路として神社を動員するには、明治前期に形成されていた「神社非宗教」規定が必要だった。

この非宗教規定は、地域神社については当初、当分のあいだ従前どおりという制度上のグレーゾーンとされていたが、政策の枠外にあった従来の政策段階では問題化しなかった。だが、「国家ノ宗祀」たる公認「神社」としての一体的制度整備と、その国民教化への動員が問題となった大正期の神社政策の段階では、地域神社へも非宗教規定の明確な適用が避けられなくなったのである。

こうしたことが、地域社会における神社と神社類似施設のこれまで以上の峻別を必然化したと考えられる。そのポイントは公衆参拝の可否である。大正期の神社政策上、公認「神社」とその類似施設との境目が地域社会であいまいなままなのは、「国家ノ宗祀」たる公認「神社」による「非宗教」国民教化をすすめる当時の神社行政上、とりわけ厄介な問題とならざるをえないのである。佐上来県の直前、一九一二年五月（明治最末期）の鳥取県内では、西伯郡長が「神職ニシテ往々……非公認神祠（個人ノ鎮守ニシテ公衆ニ於テ参拝セシメサルモノヲ除ク）ノ祭典ニ関与スル者有之《これある》哉ニ相聞へ候」（引用中（ ）内は原文二行割）ことを問題視している。「国家ノ宗祀」の公認「神社」神職が、地域社会で連続性のある、しかし行政上は私的宗教施設である地域共同的な性格の祭祀に関与することは、「神職ノ職務上……心得違ヒ」以外のなにものでもなかったのである（史料六五）。神社類似施設の統制強化は、大正期にかけて、神社合祀といった地域神社の公認「神社」としての整備と対をなす鳥取県神社行政の一環となっていった（一九一四年、西伯郡役所の町村長への神社事務訓示、史料七九）。

四　神社「森厳」の強調と合祀反対運動

佐上演説のなかの合祀反対運動

以上のように、大正期鳥取県での佐上演説と地方神社行政には、当時の新しい神社政策とその論理が地域社会に徹底化していく過程をみることができる。だが、それだけでは十分説明できないような部分もまた、両者に確認することができる。

まず、佐上演説が神社合祀政策の継承を論ずるなかで、「本問題〔神社合併整理〕に就《つい》ては、嘗《かつ》て帝国議会等に於ても、種々反対の声ありしも、要するに神社の設備は、最も森厳なるを要すべく、所謂《いわゆる》何事のおはしますかは知らねども忝《かたじけ》なさに涙こぼるゝ底の意義は、我邦、神社の精髄なるべし」と語っていることに注目したい。

佐上演説の重要な特徴の一つに、ここにみられる神社境内の「森厳」保持の強調という点がある。大正末の佐上神社局長期の神社行政の特徴につながっていく立場である（赤澤、一九八五／畔上「大正期神社行政と神社「森厳」問題」國學院大學研究開発推進センター編（阪本是丸責任編集）『近代の神道と社会』弘文堂、二〇二〇）。同演説の「神社の経営方法」という項目では、「神社の周囲を保安林とするの要なきか」「鎮守の森又は神苑に紀念樹を補植すべし」といったテーマがまずでてくる。それは「其の境内か、木立ものふりて、幽邃閑雅、これに参拝する人をして、森厳自から襟を正さしむる」ことが「所謂日本特有の大和魂を養成する上に、多大の影響を及ぼす」という国民教化上の観点から、神社経営上、森林環境整備に特別の重要性が与えられているためである。先の引用でも、西行の有名な歌を念頭においてこれが語られていることがわかるが、この地域神社の「森厳」確保なる行政課題が、神社合祀反対論という、大正期の新しい神社政策への社会的反応をふまえ、それとの関連で論じられているのである。

佐上演説にいう、この「嘗て帝国議会等に於ても種々反対の声」とは何であろうか。和歌山県南部の地方都市田辺で生物学や民俗学的な領域に研究を深めていた在野知識人、博物学者の南方熊楠《みなかたくまぐす》（一八七一〜一九四一）や、それに官界から関与した柳田国男（一八七五〜一九六二）などの行動（飯倉照平『南方熊楠』ミネルヴァ書房、二〇〇六他）が念頭にあると考えられる。南方は一九一〇年から一九一二年にかけ、全国レベルで反対運動の機運をつくりあげていった。地元和歌山県選出の代議士中村啓二郎が、この期間に四回、合祀政策を帝国議会で取り上げて質問や申し入れ、演説をしているが、そのバックにあったのが南方熊楠とその主張であった。また、南方自身による合祀反対論説は、一九一一年三月から文通がはじまっていた柳田により小冊子『南方二書』として印刷され、有識者に配付された（九月下旬）。南方の「神社合併反対意見」が『日本及日本人』に連載されたのは、佐上が鳥取にやってくる直前の一九一二年四月～六月であった。

合祀反対運動による森中心の神社像の提起

合祀反対論が佐上演説で神社の森林環境整備の強調に帰結するのは、南方らの合祀反対もしくは批判論が神社の森林環境を重視し、合祀を推進する当時の政府の施設（人工物）中心に神社の尊厳を考える立場を日本文化論的に強く批判する意味があった（藤本頼生『神道と社会事業の近代史』弘文堂、二〇〇九／武内善信「南方熊楠及び柳田国男と『鎮守の森』」『熊楠研究』一二、二〇一八）ためと考えられる。

合祀反対で南方と柳田を結び付けていくうえで重要な役割を果たした柳田『石神《しやくじん》問答』（聚精堂、一九一〇）は、水田の「所謂田中の森」、「平原地方に所々の小樹林」「森ありて社なし」といったことが多く見られると指摘、「森あれば必ず神あるは日本風景の一特色」とした。先の『南方二書』は、この柳田の議論をふまえたと思われる主張を展開した（武内前掲論文）。ここで重要なのは、先述の公認「神社」類似施設での聖地空間のありよう（柏木亨介「山野路傍の神々の行方」藤田大誠・青井哲人・畔上直樹・今泉宜子編『明治神宮以前・以後』鹿島出版会、二〇一五等参照）が、両者の反対運動論には広く視野に入っており、そこから、「国家ノ宗祀」たる公認「神社」も日本文化特有の森林環境中心に考えるべきとする立場が、合祀反対論を媒介に提起されていることである。

背景には、日本の急激な近代化・都市化が既存の社会の文化的精神的基盤を解体していくとする危機意識があると考えられる。柳田「塚と森の話」（一九一二年、『斯民《しみん》』連載―『斯民』は地方改良運動の推進団体・中央報徳会機関誌）は、合祀政策への当時の柳田のあからさまな違和感の表明であり、それが官界で強い反発を惹起した可能性が研究上指摘されているものだが、その連載第四回（同誌七―一）で、「政府が神社に対する近頃の政治振」について「一言いはずして止むことの出来ない」と、「近年一種都会の気風といふやうなものが全国に瀰漫《びまん》して居る結果、神社と樹木といふことの関係を極めて薄く考へる様な傾向」を批判している（武内前掲論文／由谷裕哉「井上友一と柳田國男の神社合祀を巡る交錯」『加能民俗研究』四九、二〇一八）。

神社「森厳」行政と鎮守の森をめぐる議論

佐上転出後の鳥取県神社行政は、実際に「森厳」な環境を強調する姿勢を示した。民力涵養運動期の一九二一年一月、鳥取県知事の「敬神ノ道」振興の訓示により、県内の官社と地域神社（諸社）の筆頭である県社には県内神社のモデルたることが求められ、「此ノ際神社設備計画ヲ確立」することになった（史料八六）。県社加知弥《かちみ》神社（気高《けたか》郡鹿野町）神職飯田秀穂による「気高郡勝谷村《かつたにそん》県社加知弥神社設備計画書」（史料九二）をみると、計画書は境内の森林環境整備をまずとりあげ、「建物及工作物」整備を次とする森中心の整備計画の体裁をとっている。同計画書は「イ、神社背面林ノ拡張」「ロ、境内ト通路トノ区別確立」「ハ、内域林周囲ノ整理」をあげ、とりわけ、「背面林」について、同社「現境内社殿背後ノ地域ハ甚タ狭隘ニシテ林相疎ナルカ為メ幽邃森厳ノ美ナク、当神社内域林ノ大欠陥」として、接続する民有地を編入、「適当ナル常緑樹ヲ植栽シテ完全ナル背面林ヲ造成」するとしている。

ここにみられる「背面林」「内域林」といった用語の使用は、当時の神社行政における神社境内論が、従来の施設中心のそれから、鎮守の森を軸としたものに一新されつつあったことを示している。この神社林苑行政のよりどころとして新たに登場してきた専門知は、ドイツのロマン主義的森林思想の影響をうけた、これまでと全く異質な森林（自然）中心のものだった。官幣大社（官社最上位）・明治神宮建設という国家プロジェクトでの鎮守の森造営（この部分は一九二〇年竣工）をモデルに、一九二〇年前後に造園学者が新たに理論化したものである（今泉宜子『明治神宮』新潮社、二〇一三／畔上「戦前日本における『鎮守の森』論」前掲『明治神宮以前・以後』、二〇一五）。これが大正期から戦時期にかけて、伊勢神宮から地域神社に至る神社を「森厳」化する林苑管理行政に大きな役割を果たしたと考えられている（畔上同前／櫻井治男「地域神社の近代を再考する」『宗教研究』三九二、二〇一八）。この新しい議論は、「内域林」「背面林」といった用語で、特に背面林の森林環境の神聖さを突出して重視するのが大きな特徴だった（畔上同前）。

五　神社政策と「下からの」主体的契機

「特殊神事」をめぐる地方行政とその背景

大正期鳥取県の神社行政における、当該期神社政策のストレートな徹底と異質とみられる要素としては、「特殊神事」への注目もあげることができる。当時の神社政策の全体動向は、神社祭祀の種別や祭式作法について、むしろ諸社・官社一体に統一的に整備、徹底しようとしていた。しかし、鳥取県という地方レベルの大正期神社行政の具体的方策に一方で確認できるのは、それと相反するような、国家的に定められた規定にもとづかない形態の各地各社独自の由緒をもつ「私祭」の祭事、「特殊神事」の重視なのである。

一九二〇年に同県の県属手嶋道雄は、先述の県社・加知弥神社に同社の祭事について詳細な質問項目による問い合わせをおこない、そのなかで「特殊ノ祭事」について問うている（史料八五）。同社の神職飯田秀穂は一一月二日付での回答で、同社例祭のための斎戒にかかわり七日前に執り行われる、「御忌祭《おいみまつり》」という「一社ノ古例トシテ毎年執行シ来レル一私祭」を報告している。これは、神社から八、九町離れた田の中の小森林「イミノ木」の下で「久那戸《くなど》ノ神」を祀るもので、厳重な禁忌を伴う。飯田は「形式上ヨリ云ハ、甚《はなは》タ幼稚ノモノナレトモ往古ヨリ神職ノ家ニ言ヒ継ギ語リツギテ現今ニ至レルモノ」「方法頗ル原始的、体好ク云ハヾ神秘的ノモノ」と説明し、これを古代の「神奈備《かんなび》ノ森」祭祀の「残存」と考えていた。この小森林は公認「神社」ではないが、神社が合祀反対論にでてくるような地域独特の聖地空間の裾野をもって存立していることを、在地の神職がノスタルジックな「原始的」「神秘的」「残存」といったまなざしで評価し、語っているのである。

ここにみた「特殊神事」調査は、おそらくこの直後一九二一年一月に出された、県内の官社や県社にその取り組みモデルたれと要請する、先述の同県知事「敬神ノ道」訓示（史料八六）にかかわるものと考えられる。同訓示は「其ノ社古来慣行ノ行事祭礼ノ典儀ニシテ地方ノ良風美俗ヲ助クルモノハ之ヲ復興シ、其ノ今日ノ風俗ニ合ハサルモノハ之ヲ淳化シテ、一層祭祀ヲ民衆的ニ盛ナラシムヘク」努力せよ、とするのである。

この背景として考えられるのが、一九一〇年代後半以降、神社局内部の「特殊神事」に関心を強める動きである（遠藤潤「内務省神社局と神社調査」『宗教研究』八三－四、二〇一〇）。重要なのはこの動きの重要な契機となったのが、柳田国男「神道私見」（『丁酉倫理会倫理講演集』一八五・一八六、一九一八）での、当時の神社政策がかえって神社と民衆の距離を広げてしまっているとする、民俗的なものを重視する立場からの批判であったとみられる点である（遠藤同前）。鳥取県という大正期神社行政の現場での「特殊神事」重視も、新たな神社政策の展開がはらむ困難に対して、地域社会の側の「下からの」主体的契機をいかに神社政策に組み込むかという問題意識が広まりつつある状況の一端を示していると考えられる。

佐上演説と「下からの」主体的契機

神社局の「特殊神事」調査がもっとも大規模に実施されたのは大正末、当の佐上が神社局長時代の一九二四年度調査であった（遠藤前掲論文）。佐上は当時の問題意識について、神社行政が「官の方が力を入るれば入るゝ程、民衆が神社から離れて来ると云ふ傾向」があり、「今日謂《い》ふ所の民衆から盛り上がる崇敬、信仰にもとづかなければ「真の神社の興隆」は実現できない、「神社と氏子崇敬者との関係を緊密ならしめて行く」には、「特殊神事は出来るだけ之を保存し、私祭と雖《いえど》も相当之を厳重に行」うことが「最も効果がある」のではないかと、一九四一年時点での回想ではあるが、のべている（神祇院教務局調査課編・発行『神社局時代を語る』、一九四二）。一九一〇年代後半に神社局内部に生まれた問題意識に重なるが、この点で佐上演説中、先にみた自治奉告祭を「神社と一般人民との関係を密接ならしむる」ものとすることの含意に十分な注意を払う必要がある。もちろん、時期的に佐上演説の段階では「特殊神事」は言及されていないが、鳥取県の大正期神社行政での「特殊神事」重視路線の基盤形成に、佐上が何らかの意味でかかわっていた可能性は十分考えられる。合祀反対運動から影響がみてとれる佐上演説の「森厳」重視の方針とあわせ、鳥取県時代の佐上の神社行政方針には、少なくとも当時の神社政策の徹底のみならず、その実施過程での反応をふまえた、地域社会の「下からの」主体的契機の重視もすでに含まれていたと考えていくべきだろう。

神社中心主義政策と地域神社神職の活性化

大正期の神社政策の地域社会への徹底と、それに対する「下からの」社会的反応の相互規定的な動態が形成される過程を、大正末・佐上神社局長期の神社行政改革（赤澤、一九八五他）との関連でみることができるのが、神社中心主義政策の主要担い手である地域神社の神職たちの動向である（畔上、二〇〇九）。

一九二〇年代、この部分は神社中心主義の積極的担い手としての活性化が明確化した。地域神社神職にとり、神社中心主義の担い手としての動員はきわめて大きな意味を持った。「国家ノ宗祀」としての神社の一体的整備は、それまで「国家ノ宗祀」から排除されていた地域神社神職にとりわけ強烈な国家的自覚を芽生えさせた。さらに、「国家ノ宗祀」たる神社を国民教化回路として動員する神社中心主義政策は、地域社会の隅々まで密着する諸社部分こそ官社よりも実は国家的に重要なのだとする階層的優位の認識を、地域神社神職に形成した。

こうした活性化のメカニズムを極めて明瞭に示し、かつ全国の神社界の動向をリードしていくのが、岡山県の地域神社神職たちである。一九一〇年代半ばころから、岡山県内の地域神職たちのなかに、地域社会で活躍した歴史上の偉人を顕彰する祭典や講演会実施などの取り組みを通じて、神社中心主義の現場担い手として地域社会に積極的に関与していこうとする動向がうまれ、一九二〇年代には県神社界あげての積極的な取り組みへと展開した。他方、この神社中心主義の担い手としての活性化は、先に見たような階層的な自己主張をつよめつつ、それを制約する県神社界や神社行政に対する、地域神職層の格差是正の異議申し立ての動きの強まりを伴った。県神社界での神社中心主義への取り組みが拡大する一方、その内部では地域神社の神職が発言力を強め、その運営をめぐり、官僚統制と県内ごく少数の官社神職が主導権を握る県神社界組織である岡山県神職会の状況に対する、「下からの」自主化・民主化運動が展開したのである。結果、県神職会の主導権を地域神社の神職たちが奪取、同組織は地域神社の階層的利害主張のための拠点化がすすんだ。神社中心主義政策の展開による地方神社界の活性化は、組織内部の改革運動を招いたわけだが、その結果、さらに強力に、神社中心主義政策は「下から」主体的積極的に推進されるのである。

このことはさらに、官社中心に派閥を形成し停滞していた当時の全国神社界の組織（全国神職会）に対する、全国の地域神社神職層の階層的結集につながっていった。改革後の岡山県神職会は、停滞する全国神職会に批判を強め、岡山同様各地方神職会の主要ポストに進出しつつあった各地の地域神社神職たちの動向と連動し、諸社独自の階層組織への全国横断的な結集を「全国社司社掌会」結成という形で一九二五年に実現させていく。さらに、こうした階層的動向を組織的にも前提にしながら、全国神職会改革も一九二六年に実現し、その中枢には全国社司社掌会の中心メンバーが多くおくりこまれることになる。

神社局長となった佐上による大正末の神社行政改革は、こうした神社界の「下からの」階層的動向に積極的に対応するものであった（畔上、二〇〇九）。例えば、従来神職と当局の談合の場は基本的に官社層限定であったが、佐上は局長になるやいなや、諸社層との談合の場も別に設置する対応をとった。佐上局長の神社行政改革が、神社界の当時の「下からの」動向の取り込みを重要視していたことは明白であった。

六　肥大化する社会のなかの神社観

佐上演説と「古神道」論

佐上演説はその冒頭の項目「神社及神職の地位」において、先述の神社「行政機関」化を論ずる中で、当時刊行されたばかりの東京帝国大学法科大学教授筧《かけい》克彦（一八七二～一九六一）の『古神道大義』に、以下のように言及している――「法学博士筧克彦氏……建国の根本義を闡明《せんめい》し、古神道の宇宙に卓絶せる天下の大道なること、及忠孝の道を知るには、吾が邦、神々の訓《おしえ》を研究するの必要あることを論じて、現代思想界に大なる影響を与へたり」。佐上が法科大学を卒業した一九〇九年から翌年頃にかけて、東京帝大卒業生には筧の影響をうけた内務官僚が多いとされ、佐上もその一人とみられる（西田彰一『躍動する「国体」筧克彦の思想と活動』ミネルヴァ書房、二〇二〇）。

筧の「古神道」論は、記紀神話を民衆レベルから各自が内面的信仰として共有することで国家に宗教的熱情をもってむすびつくという、公的かつ宗教としての国教の確立を論ずるものである。これは先にみた、明治国家の国民教化体制の大原則のもとでの大正期の中央神社行政の立場とはまったく異質な議論であり、筧はこの観点から神社行政も批判していた（西田同前書）。このような議論に佐上演説が神社「行政機関」化の文脈で触れていることは、大正期の神社政策を地域社会に徹底化しようとする佐上が、しかしその神社政策とは根本的に異質な立場から、これをすすめようとする面があるということを意味する。これまでみてきたように、佐上演説は神社政策の単なる「上からの」徹底ではない、それに対する社会的反応をふまえ、新たな「下からの」社会的契機をとりこむというズレを含んでいるが、そこでの「民衆から盛り上がる崇敬、信仰」という点は、個々人の宗教的熱情を基盤に国民教化をはかる公的な宗教をめぐる問題を帯びているのである。

以下、本節では、当時の神社政策が大前提とする明治国家の公式的神社観と根本的に異質な、肥大化した神社イメージが大正日本に社会的に広がっており、そのズレた神社観からかえって当時の神社政策に期待していくというねじれた構造が、大正日本において決して珍しいものではないことを示そうと思う。政府が「非宗教」国民教化回路として神社を諸社もふくめ一体的に整備し稼働させたことが、かえって公式的なそれとは異質な、社会にひろまっていた肥大化した神社観によって読み替えられ、政策への「下からの」主体的契機をひきだしていく局面のいくつかを、その社会的背景となる問題とともにみていきたい。それはまた、佐上演説の「古神道」学説称揚が、この肥大化した神社観の広まりの、神社政策への社会思想史的影響のいち早いあらわれである可能性もまた、浮かび上がらせるだろう（本節の内容については、（畔上、二〇二〇）も参照）。

「宗教」というコトバと大正日本

ところで、本節の議論の上で、大正期の神社政策で公式神社観として徹底されようとした神社非宗教論における、「宗教」というコトバの理解が、実は現代の私たちのそれとは異なる面があることにあらかじめ注意しておきたい。これは「宗教」なる漢語使用それ自体の来歴にかかわる。幕末期に西洋との接触、交渉のなかでレリジョン諸語と日本との文化的ズレが問題となり、異文化理解の必要から、一般に使用されなかった漢語「宗教」が最終的に翻訳語に選択されていった。明治期の近代日本の「宗教」にかかわる制度設計や政策の原則は、この西洋のレリジョンに限定された意味であったことをふまえずしては理解できない。当初、ズレの大きいプラクティス中心の神祇信仰は、非レリジョンの意味で非「宗教」であっても必ずしもおかしくなかったのである（山口輝臣『明治国家と宗教』東京大学出版会、一九九九／磯前順一『近代日本の宗教言説とその系譜』岩波書店、二〇〇三等）。神社政策において神社は「宗教」ではないので公的に動員されうるとする、公と「宗教」をあいいれないものとする前提においての正当化論法が「可能」だとされたことを理解するには、この点をふまえなくてはならない。ただし、正当化が可能でも、この場合、神社神道側には個の内面への関与の禁止が前提となるジレンマを抱えることも意味した（畔上前掲論文、二〇一一／畔上直樹「帰一協会と二〇世紀初頭の神社界」『渋沢研究』二四、二〇一二）。

他方、社会的には明治末期、二十世紀にはいると、「宗教」というコトバが日本社会に定着・自明化するなかで、自己理解にかかわる普遍的属性を示す現代につながる用法へと、意味合いが変化・拡大していく（山口・磯前前掲書）。近代日本のこの新しい「宗教」理解は、後述するように国家原則的な意味での「非宗教」はあくまで狭い意味での「宗教」にのみ適用されるとして、宗教それ自体を公的世界にもちこめるとする論法を生んだ。それは国家原則上の公／私と非宗教／宗教を対応させた枠組みを表向き否定せずとも、その相対化と流動化を「可能」にする論法であった（畔上前掲論文、二〇一二）。そして、「宗教」というコトバの従来の理解を前提とした制度的枠組にもとづく「非宗教」という公式的神社観が、新しい神社政策のもと、圧倒的多数の地域社会の神社も含め、一体として社会的に機能する体系に整備されたなかで徹底化されたことは、これから見ていくように、かえって当時社会的にひろまりつつあった、新しい「宗教」理解をベースにした異質な神社観を社会共通の理解として形成する起爆剤となり、その具体化のための「素材」とよりどころを提供したのである。

小学校長永迫藤一郎の神社革新論と宗教教育導入運動

以上をふまえた上で、まずとりあげたいのは、生粋の教育実践家で、草創期教育ジャーナリズム確立に貢献したのち公立小学校長になった永迫《ながさこ》藤一郎（一八七一〜?）という人物の神社観である（以下、詳しくは畔上、二〇二〇）。永迫は、明治最末期の一九一二年二月、神社界・神社行政の業界誌『神社協会雑誌』一一巻二号に、「神社は果たして宗教の外に立つべきものなるか」という神社革新論を寄せている。そこでは、神社非宗教論があからさまに批判されるが、神社中心主義政策自体はかえって積極的に評価される。永迫は、宗教的熱情のもとに神社中心主義の担い手として活性化し、神社神道とその祭祀の宗教的革新をすすめてほしい、と神社界にその業界誌上で熱烈によびかけるのである。この神社界の宗教的革新を、永迫は「一般宗教以上の最も神聖なる大宗教」たる「神社及び神事」の「国民精神を維持」するための「完全なる大宗教にまで発達」させることと表現する。ここには「一般宗教」の上位におかれる公的宗教としての「大宗教」という、公式とは異質な肥大化した神社観があらわれている。

永迫の主張の起点にあるのは、明治国家が構築した、宗教を厳格に排除しながら教育勅語を軸に公教育をすすめるというありかたの機能不全に対する、その現場を支える小学校校長としての危機意識である。当時永迫は、教育界の有力誌で教育関係の論考を複数発表し、教育勅語を宗教的に扱うことを軸に、宗教を教育に積極的に導入せよと主張していた。彼は先にみた新しい「宗教」理解の立場にたつことを明言し、明治憲法体制が公教育から排除する「宗教」とは従来の狭い理解のもので、その制約に該当しない公的宗教、ここでは教育勅語に絶対の権威を付与する「今日の進歩せる人心を維持」する「完全なる理想的宗教」を導入せよと論じたのである（永迫藤一郎「我国の創世記と世界教（二）」『教育学術界』二四-四、一九一一年一二月）。永迫の神社革新論は、この「理想的宗教」の現実化のよりどころを、当時の「国家ノ宗祀」神社の国民教化回路としての一体的整備とその動員政策にみいだし、その「理想的宗教」の担い手たらんことを神社界によびかけたものだった。

永迫の神社革新論のベースにある、この教育勅語宗教化という形での「理想的宗教」追求それ自体の背景には、新しい「宗教」理解を武器に確立してきた新進学知・宗教学を中心とした、宗教の教育への導入をめざす運動の本格化があった。この運動こそは、明治憲法体制下の国家原則化された「非宗教」国民教育体制とその機能不全を問題視し、今後の日本は、国民レベルでの個人の内面からの宗教的熱情のもとまとめあげられなくてはならないという、体制変革性を帯びたビジョンをもっていたのである（畔上前掲論文、二〇一一・二〇一二／前川理子『近代日本の宗教論と国家』東京大学出版会、二〇一五）。

また永迫の「理想的宗教」論としての教育勅語宗教化論が、当時の神社政策にいきつく背景には、宗教教育導入運動に対する理想論的・非現実的性格の問題視があったと考えられる。当時の文部省は宗教教育導入運動に対し、個別宗派を横断しての「理想宗教」なぞ非現実的だとして一蹴する態度をとっていた。永迫は諸宗教を比較検討しつつ、当時姿を現してきた神社神道「国家ノ宗祀」としての一体的制度整備とその動員政策に、「理想的宗教」現実化の担保を最終的に見いだしていった。そしてそれゆえに「非宗教」という政策の公式神社観は強く否定されなければならなかった。

大正日本の神社政策の登場は、宗教概念の定着のもと、かえって個人の宗教的熱情による「理想的宗教」が支える神道国家の構想をはらむ、肥大化した宗教性の濃厚な神社観を社会的に産みだしていくきっかけとなる面があったのである。

活性化する神社界の肥大化する神社観と「煩悶の時代」

大正期の神社界自身にも、公式的神社観とまったく異質で肥大化した神社観による、この神社界革新の社会的要求と対応する動向が確認できる。当時の神社界は、すでにみてきたように、「下から」突き上げるような民主化・自主化運動のなかで地域神職主導の構造をつくりあげつつ、神社中心主義による国民教化回路の担い手として活性化していたわけだが、この動向を支えせりだしてくる神社観が、政策が前提とする神社非宗教論とまったく異質な、永迫同様の新しい宗教理解を前提とした肥大化した神社観であった。それは先に見た一九二六年の全国神職会改革を経て、神社界の公式共通見解「国家公ノ宗教」論（一九二七年）として明確に内外に提示されていくのである（以上、詳しくは畔上、二〇〇九等）。

さて、このような神社観が大正期神社界で形成される過程を検討すると、「煩悶の時代」とか「煩悶青年」とよばれる問題が、たいへん大きな社会的背景になっていることがわかる（畔上、二〇〇九）。神社界の活性化を主導した地域神職たちは、世代交代進行のなかで日露戦後から第一次大戦期に青年期をむかえた部分がとりわけ中心であったが、この世代の大きな特徴が、明治期のようには人生と国家の方向性の一致を自明化できず、そのすりあわせに苦慮する方向感覚喪失の状態が顕著だった「煩悶青年」であったことはよく知られるところである（筒井清忠『日本型「教養」の運命』岩波現代文庫、二〇〇九／有馬学『「国際化」の中の帝国日本』中公文庫、二〇一三）。この煩悶こそが、当時の地域神職青年層の活性化を深部で支えた動機なのである。岡山県神社界で活性化の中心にいた、県社上河内神社の伝統社家の青年神職だった須田福徳（一八九六年生）は、一九二三年、『岡山県神職会々報』一九号において、「国家ノ宗祀」神社の「我れ自らの霊に根ざした」「社会の浄化」のための宗教への自己変革を勇ましく論じるが、そこにぴったりはりついていたのは、人間味を喪失したかのような自分、あるいは社会に取り残され栄達から離れてしまった力のない自分がいるとするような、極度に内省的な煩悶の吐露であった（須田樂史「自省録（二）」）。

先にみた永迫藤一郎はこの世代には属さないが、それでも彼が抱く危機感をもたらす社会状況も、やはりこの「煩悶の時代」のそれにほかならなかった（畔上、二〇二〇等）。

テロリスト朝日平吾にみる肥大化した神社観と超国家主義

「煩悶の時代」の問題意識が大正維新論を日本社会に生み出し、昭和超国家主義運動が社会的に準備されることが大正時代の特徴として以前から指摘される（橋川文三『昭和維新試論』ちくま学芸文庫、二〇〇七／中島岳志『朝日平吾の鬱屈』筑摩書房、二〇〇九等）。そのさきがけが、安田財閥の安田善次郎（一八三八〜一九二一）の刺殺事件（一九二一年）と遺書「死ノ叫声《さけびごえ》」で知られる朝日平吾（一八九〇〜一九二一）である。朝日の大正維新論をてがかりに、肥大化した神社観の社会的拡散と、それが大正社会に大きな意味をもつと考えていく必要について最後に考えたい（以下、詳しくは畔上「大正維新における「国家ノ宗祀」神社観」『國學院雑誌』一二〇‐一一、二〇一九）。なお、この事例は第一次大戦期の都市社会と労働運動の激化ともかかわっている。詳細は略すが、日露戦後内務省は社会政策の一環として、無料宿泊所設置・職業紹介など感化救済事業（一九〇八年九月〜）といった都市貧民対策をすすめた。ここに「非宗教」神社と神職は諸「宗教」とともに動員され、政策の重要な担い手と位置付けられていた（藤本前掲書）。

当時三一歳の青年運動家だった朝日平吾は、一九二一年九月二八日、都市下層労働者のための宿泊施設計画への寄附の求めに応じなかった実業家安田善次郎を刺殺、その場で自刃した。その際朝日が手にしていた斬奸状の自身の肩書が「神州義団団長」である。これに注目して遺書「死ノ叫声」の国家改造プログラムを読むと、「予等ガ渇望セル社会ヲ実現」（傍点筆者）するため、「予ハ最初ノ皮切リトシテ模範トシテ一奸物ヲ誅シ自ラモ自刃ス」「奸富ノ代表的人物一二ヲ誅シ併モ尚ホ反省シ悔悟セザルニ於テハ予ノ残党ヲシテ決行セシムル」とある（今井清一・高橋正衛編『現代史資料四　国家主義運動Ⅰ』みすず書房、一九六三）。この意志を共有しプログラムをすすめる「予ノ残党」、別の箇所でも「年少者」たる「予ノ配下」等といった言及が何度も出てくる。「神州義団」が組織として実体をどれだけ伴うものであったかどうかはともかく、朝日はこの組織の立場で、自身の大正維新論を語っているのである。

朝日の手になるとされる「神州義団」の「主義書」（設立趣意書、奥野貫編著『嗚呼　朝日平吾』神田出版社、一九二二）によると、この「神州義団」も「日本開国以来の国教たる神祇道」による宗教的救済とそれに基づく宗教的な国民教化をはかる構想をもち、そのために都市「無産有識者」からの「宣伝家」養成をはかることが結成目的とされていた。朝日自身の煩悶青年としての「体験」が語られ、失意のあまり、昨今の思想悪化のもとで「危険分子」となりかけたが、「神祇道を研究し信仰」していたおかげで「精神的光明界」を得て救済され、同時に強い「愛国心」を獲得したとする。このように、「神祇道」普及により「失意者」として思想的に「悪化しかけた者を救済」し、「心機一転」「宗教的信仰に入らし」むることこそは、今日必要な「危険思想防遏策」である。しかし、「斯る無二の教があり之を宣伝することは目下の急務であるにも拘はらず斯道に通ぜる神官は宣伝を許されて居ない」ことが「何よりも遺憾」だと朝日はいう。朝日は、「煩悶青年」の救済問題をベースに、個々人が「神祇道」にめざめ共有、公的かつ宗教的熱情に支えられる愛国心が形成されることの必要を語り、先述の永迫の場合と同様、その手段として神社を回路とする国民教化政策自体を評価しながら、その機能不全の焦点を神社非宗教論にみて批判しているのである。ただ、永迫は神職の自己革新に期待したが、朝日はさらに積極的に新たな担い手の創出を構想したのだった。

この「宣伝家」について、より具体的なところを前掲『嗚呼朝日平吾』の編著者である奥野貫《かん》の記述部分にみよう。それによれば、「相当の学識と人格のある青年」にもかかわらず活躍できず失意にある人物を、まず「腹式呼吸を励行せしめて信仰を確立」、次に「神祇道を鼓吹し人格の自覚」をはかり、以上により「神祇道を鼓吹して敬神尊王《ママ》及び愛国心を自発」させ、「宣伝家」にする。「煩悶青年」救済問題という人格（至上）主義のテーマとその身体技法（赤澤史朗「大正・昭和前期の社会思想」宮地正人編『政治社会思想史』山川出版社、二〇一〇等）による、宗教的な救済プロセスに基づき「愛国的犠牲心」に覚醒し「大勇猛心」を獲得した、「国教たる神祇道」の担い手の養成である。この「宣伝家」たちの神祇道普及による労働者教化は、都市での演説と「各地の神官」による後援によるとされ、都市を拠点に神社神道の国民教化回路で補完するものとされた。その経営は金銭的援助を「理解あり同情ある名士や富豪」に依存するもので、朝日の「国教たる神祇道」確立にとって、名士・富豪の資金的援助は死活問題であった（この点「死ノ叫声」にも記述がある）。

こうしたことをふまえるなら、まだ検討は必要だが、「神州義団」団長の名において金銭援助を拒否した富豪・安田善次郎殺害、団長の名においての朝日自刃、それを「神州義団」団員を実行部隊とする維新プログラムのきっかけと位置付ける、超国家主義の出発をつげる朝日の大正維新構想のなかには、「国教たる神祇道」への宗教的熱情に支えられた神道国家実現というイメージが存在していたことが考えられる。もちろん、朝日が本気でそのような思想信条をもっていたかどうかは、ここではあまり重要ではないだろう。「国家ノ宗祀」とされた「非宗教」神社による国民教化体制が登場し、それが実際に稼働していることを、「煩悶の時代」の人格主義的救済と結びつけて根本から読み替え、むしろ個々人の宗教的熱情にささえられた宗教性あふれる神道国家実現という肥大化した神社のイメージを語ること、それが自己の行為を正当化するものとして社会的にアピールするはずと、朝日が思っていると考えられる点こそが重要である。朝日のケースでいうなら、腹式呼吸ではじめる国家神道（！）とでも名づけたくなるような、こうした公式神社観と根本的にズレた肥大化した神社観は、従来考えられている以上に、「煩悶」の問題をかかえた大正日本で、社会通念的なイメージ共有がすすんでいたと考えていく必要があるだろう。

なお、紙幅の都合で省略するが、とりわけ都市部と神社観の肥大化の関連性について歴史具体的にとらえていくには、神社とツーリズムの社会的な結びつきといった、都市大衆社会／文化状況の形成にかかわる問題をふまえる必要もあるだろう（平山、二〇一五／島薗進『明治大帝の誕生』春秋社、二〇一九）。

七　おわりに

全体の見取り図は「はじめに」をあらためて参照されたい。ここでは、大正末の佐上信一局長による神社政策上の構造改革断行に至る過程が、佐上自身の大正初年来の内務官僚としてのキャリアスタートも含め、新たに登場した神社政策の地域社会への徹底に対して、神社制度をはるかに越えて広がる面を持つ大正日本の社会的な反応と、それが生み出す動態のただなかにあったとみていく必要があることを確認しておきたい。その動態をかかえこんで大正期の新進内務官僚・佐上信一は、大正末年、神社局長として自らこの動態を中央神社行政改革で総括していった。そして、この改革が昭和戦時期にかけての神道国家的状況下の神社行政の基本線を用意したのである。

参考文献

畔上直樹（二〇〇九）『「村の鎮守」と戦前日本　「国家神道」の地域社会史』有志舎
――――（二〇二〇）「国教問題と近代日本―神社―ネオ国教論の形成と展開」伊藤聡・吉田一彦編『日本宗教史3　宗教の融合と分離・衝突』吉川弘文館
赤澤史朗（一九八五）『近代日本の思想動員と宗教統制』校倉書房
平山昇（二〇一五）『初詣の社会史　鉄道が生んだ娯楽とナショナリズム』東京大学出版会

コラム④　御真影

小野雅章

一　服装の変遷

御真影は、明治以降の天皇・皇后、および皇太子以下の皇族の肖像写真の通称である。宮内省（庁）は、公式文書で一貫して御写真《おしゃしん》を用いており、これが正式名称である。その他、御影、御尊影などと称されることもある。

一八七二（明治五）年に最初の天皇の御真影の撮影が行われ、和装の御真影二種類（束帯姿・直垂姿）が作成された。政府機関への御真影「下賜」の嚆矢は、一八七三（明治六）年六月の奈良県庁とされるが、それは、上述の二種類のうちのひとつであった。明治政府の方針により、天皇の全国巡幸が開始された直後の一八七三（明治六）年六月三日に天皇の正服が定められ、これが軍装とされた。これ以降の全国を巡幸する明治天皇は、勇ましい軍装の指導者として民衆の前に登場した。これに合わせ、御真影も軍装によるものに替えるため、同年一〇月八日に一般に知られる明治天皇の御真影の作成が行われた。

二　見られる御真影

明治維新の変革に一区切りがつき、太政官制から内閣制へと転換し、憲法起草が本格化する一八八五（明治一八）年に天皇の全国巡行は終了した。その後、一八八九（明治二二）年二月三日の大日本帝国憲法発布により、日本は、万世一系・神聖不可侵の天皇が統治権を持つ天皇主権の国家となり、天皇は統治者となりその地位が安定し、民衆に直接「見られる」必要が無くなった。この頃より天皇に代わるものとして御真影が注目されるようになった。当初、政府機関に「下賜」された御真影は、民衆に「見られる」存在であった。奈良県庁に「下賜」された御真影は、県官や県民の「拝礼」を前提としたものであったし、一八七四（明治七）年一月に筑摩県庁に「下賜」の御真影も県庁玄関口に掲げられ、「衆庶」が拝謁することになっていた。御真影は、近代日本の新たな権威となった天皇を可視的空間に引き出し、それを民衆に認知させる重要な「装置」であった。学校を対象とする御真影「下賜」は、一八七四年の開成学校を嚆矢とし、一八八二（明治一五）年に官立大坂中学校・東京師範学校・東京女子師範学校に行われた。この三校からの「下賜願」には、常に講堂に「奉掲」して、「敬拝」する旨の記述がある。この時期、学校への御真影「下賜」は、官立学校に限定されていた。これは、政府機関への御真影「下賜」と同じ意味合いのものであった。その保管方法も後に一般化するような厳重なものではなく、講堂などに常時「奉掲」していた。

三　公教育と御真影

御真影に教育上の特別の意義を付与して、公教育と近代天皇制との間に密接な関係を創り出したのは、初代文部大臣森有礼であった。森は、それまで官立学校に限定していた御真影「下賜」の範囲を、府県立の尋常師範学校・尋常中学校へと拡大し、国家の祝日にそれへの拝礼を行う学校儀式の挙行を「内命」により推奨した。これは、一八八八（明治二一）年二月の紀元節より開始された。これは、学校儀式を通じて「君臣接近」を図り、その延長線上で民衆が国家を意識し、近代化推進の原動力となることを期待しての施策であった。森による祝日学校儀式は、「国体」への忠誠を求めることよりも、明治国家体制への民心帰一に天皇を利用しようとする意図が大きかった。森による学校儀式は国家の祝日に限定されており、その挙行も法令による強制ではなく、「内命」による勧奨であった。

御真影が国体論と密接に結びつくのは、教育勅語の発布（一八九〇年一〇月三〇日）以降であった。教育勅語は日本の教育理念を国体主義にもとづく天皇・天皇制に求めていた。学校儀式は天皇を中心とする民心帰一から、国体主義にもとづく教育勅語の理念を普及するためのものへと変質した。文部省は、教育勅語発布直前に発布された第二次小学校令（一八九〇年一〇月七日勅令第二一五号）第一五条にもとづき、一八九一（明治二四）年六月一七日に「小学校祝日大祭日儀式規程」（文部省令第四号）を制定した。これにより、御真影拝礼、天皇皇后への万歳奉祝、教育勅語「奉読」、校長訓話、式歌斉唱を基本型とする学校儀式を祝日のみならず、国家神道の祭日（大祭日）にも挙行することを法令で規定した。これ以降、国家神道の公教育への介入を決定づけた。

教育勅語発布前年の一八八九（明治二二）年一二月、御真影の「下賜」は、公立高等小学校にも及んでいたが、上述の「小学校祝日大祭日儀式規程」制定により、尋常小学校を含めて御真影への拝礼を含む儀式挙行が法令で定められたため、御真影は小学校にとって必要不可欠な「モノ」になった。一方で、当時総数で二万校を超える全ての尋常小学校に御真影を「下賜」することは、技術的にも不可能であった。そこで、一八九二（明治二五）年五月、文部省は次官通牒により、市町村立尋常小学校に限り、公立高等小学校などに「下賜」された御真影を校費などで複写し、それを儀式に「奉掲」することを認めた。明治期の一般の小学校で普及したこの「御真影」は、正規の手続きを経たものと区別され、「複写御真影」と称された。正規な御真影の「下賜」範囲は拡大し、一九二八（昭和三）年の天皇代替わりによる昭和天皇・皇后御真影「下賜」に際して、「下賜」先の筆頭に、軍施設や官庁を抜き、尋常小学校（公立・私立）を含めたすべての学校と明記された。これは、学校を媒介として天皇制教化の機能が重視されたことを物語っている。

四　御真影の奉置

御真影は教育勅語謄本とともに、天皇制公教育のシンボルとなり、各学校での取り扱いは厳重を極めるように求められた。文部省は、一八九一（明治二四）年一一月に訓令第四号を発し、御真影・教育勅語謄本は校内一定の場所で「最モ尊重ニ奉置」することを求めた。この訓令はその後改正されることはなく、「校内一定」と「最モ尊重ニ奉置」は、その時々の状況に応じた解釈が行われた。当初は、校長室の一画で「奉置」することが一般的であったが、学校火災・地震・津波などの災害や盗難への対応で、校舎外に土蔵や石造りの独立した建物（奉安殿）による「奉置」が普及した。一九三五（昭和一〇）年の天皇機関説事件を契機とする国体明徴運動のなかで、神社様式（多くが神明造）による鉄筋コンクリート造りの奉安殿による「奉置」が一般化し、子ども達には、登下校時にこれに最敬礼することを求めた。学校長の職務の筆頭に御真影・教育勅語謄本の「奉護」とされ、戦時下の学校防空では、御真影・教育勅語謄本の「奉護」が、子ども達よりも重視され、「現人神」である天皇の「分身」として扱われた。

戦後改革の過程で、従前の御真影が軍装であることが問題視されたことを受け、宮内省は、新たに「天皇御服」を制定し、その姿の御真影を「平和日本」に相応しいものとした。一九四五（昭和二〇）年末から翌一九四六（昭和二一）年初頭にかけて従前の御真影の一斉回収が行われ、同年一一月に装いを新たにした御真影が希望する機関・個人に「下賜」された。ただし、学校については、一九四六年当時の文部省は「下賜」申請を行わなかった。そのため、被占領下では学校への御真影「下賜」は行われなかった。学校への御真影「下賜」は、講和独立後に秋田県の私立敬愛学園高等学校（現国学館高等学校）への御真影「下賜」が行われことが確認できるのみであるが、現在も、制度的には学校への御真影「下賜」が可能な状況にある。

第六章　社会事業と宗教的共同体

永岡崇

一　はじめに

ロシアで二月革命が進行していた一九一七（大正六）年、京都府綾部に拠点を置く新興教団・大本《おおもと》の機関誌『神霊界』が、開祖・出口なお（一八三七〜一九一八）による「神諭」の連載を開始した。

艮《うしとら》の金神、出口直《なお》の手を借りて、世界の事を知らせるぞよ。明治の人民は、昔の剣より今の菜刀と申して、金さえ有りたら何も要らぬと申して、欲ばかりに迷うて、人に憐みということをチットも知らずに、田地を求め、家倉を立派に建て、我物と思うて居れども、（中略）艮の金神が表面《おもて》に現れて、世を構うようになると、今迄の様に我善しの世の持方はいたさせんから、思いの違う人民が多数に出来てくるぞよ。金銀を用いでも、結構に地上《おつち》から上りたもので、国々の人民が生活《いけ》るように、気楽な世になるぞよ。（『神霊界』一九一七（大正六）年六月号、三頁）

「金さえ有りたら何も要らぬ」とばかり、「人に憐みということをチットも知らずに」我が物顔で生きる人びと。極貧のなかで神がかりしたなお＝艮の金神は、急速に近代化する一九世紀末の日本をするどく告発する。そうした「我善しの世」が終わりを迎え、「金銀を用いでも、地上《おつち》から上りたもので、国々の人民が生活《いけ》る」世の中が到来すること、彼女がいう「立替え立直し」の時節が近づいていることを告知したのである。なおの一連の「神諭」が発表されると、知識人・軍人をふくめてかなりの反響を呼び、綾部の大本には多くの人びとが集まることになる。

大正期の日本で「神諭」が幅広い共感を得たのは、資本主義的な生活様式や価値観が社会の新たな標準《スタンダード》になりつつあることにたいする人びとの不安や憤りの感覚を、それが的確にいいあてていると感じられたからにほかならないだろう。日清・日露戦争や第一次世界大戦をへて台湾と朝鮮半島を併合し、中国大陸や南洋群島などへも権益を拡大する日本は、極東の新興帝国として国際政治での存在感を高めたものの、その軍事行動を支える経済的基盤は脆弱で、しわ寄せは増税というかたちで国民におよんでいた。他方、日露戦争後には重工業が成長し、大都市は農村から流れこんだ人びとをとりこんで膨張していくが、下層労働者は劣悪な労働条件に苦しみ、労働争議や都市暴動が頻発した。第一次大戦以降、日本帝国主義にたいしては朝鮮の三・一独立運動や中国の五・四運動に代表される抵抗運動が展開され、内地でも米騒動が全国に広まり、民衆の不満が膨大なエネルギーとなって爆発する。

こうして噴出する社会の諸矛盾、いわゆる〝社会問題〟に、宗教はどう向きあったのか。出口なおによる根底的な現状否定、そして「立替え立直し」の予言はそのひとつの解答だったが、これ以外にもいくつかの選択肢があった。まず、資本主義的な社会のしくみ自体に不正義をみて、これを変革しようとする方向性であり、それは信仰に立脚した社会主義運動というかたちで現れた。つぎに、社会のもたらす不平等や分断によって苦しむ諸個人にアプローチして、資本主義の軌道に戻そうとする方向性であり、宗教教団・宗教者による教育・医療・授産・経済的支援などの社会事業が数多く展開されていく。そして、逆に資本主義社会から引き退いて、志を同じくする仲間と小規模な理想社会を建設する方向性もあった。一燈園や新しき村のような宗教的共同体運動である。

これらはいずれも、近代社会との緊張関係のなかで新たな宗教の可能性を模索する試みだったということができ、ときに接近、ときに反発しあいながら、近代における〝救い〟の意味を探求していった。社会主義運動については本巻の総論に譲り、本章では社会事業と宗教的共同体運動を取り上げて、その宗教史的位置づけを行いたい。

もちろん、宗教者による教育や医療といった活動は古代にまで遡るし、宗教が共通の理念のもとで生活をともにする集団を形成することも——初期仏教のサンガ組織やキリスト教の原始教会の例をみれば明らかであるように——それ自体として目新しい現象とはいえない。だが、本章であつかう大正期の事業・運動は、近代に固有の問題群に向きあいながら生まれ、さらに変態していったのであり、その意味ですぐれてモダンな性格を帯びている。その近代性を浮き彫りにし、対照的にみえる二種類の運動に通底する時代精神を探ることによって、宗教にとっての近代とはいかなる経験だったのかを考えるひとつの手がかりをつかめるのではないだろうか。

二　近代日本の宗教的社会事業

感化救済事業講習会

一九〇八（明治四一）年の九月から一〇月にかけて、内務省は民間の慈善家・慈善団体を集めて「感化救済事業講習会」を開催した。貧困問題・労働問題が深刻化するなか、貧しさや病気・障がいに苦しむ人びと、元受刑者、身寄りのない子どもなどを「教え導き、業を与え、志を改めしめ」て「公共の安寧」を保ち、「国家の繁栄」を期することをめざすもので、日本における近代的社会事業の起点と評価される（今日では一般に「社会福祉」と呼ばれるが、戦前においては「慈善」「慈恵」「感化救済」「社会事業」などといった呼称が用いられ、その内実も変遷するので、本章でも歴史的文脈に応じてこれらの用語を使いわけることとする）。また、この機に慈恵救済についての調査研究や慈善家・団体間の連絡、関連する行政への協力などを目的とした中央慈善協会（会長・渋沢栄一）も発足している。

この講習会で講師を務めた渋沢栄一によると、それまでに行われてきた慈善活動は長続きせず、流行的事業に終わる傾向があった。さらに仏教者による喜捨や施与を例にあげ、それが自己満足的な行為にすぎないように見えるとし、適切な方法的配慮がなければ「其結果は必ず人をして怠惰な心を惹起さしむることになる」と批判する。したがって、今後の感化救済事業では、効果や持続性に意をもちいて合理的な経営をめざさなければならないというのである（内務省地方局編集・発行『感化救済事業講演集 上』一九〇九、七二～七三頁）。

渋沢の講演では仏教者の慈善活動がこき下ろされているが、政府側は宗教家の貢献をおおいに期待してもいた。内務省地方局長の床次《とこなみ》竹二郎は、「一体民風の改善は、多くは宗教家が中心となりまして活動致します方が、最も成功するようであります」とし、「宗教家諸君が十分奮励せられて、宗教に関係なき諸君と共に、将来は相互に提携せられ、斯業の発達を図られんことを切望」するとのべている（前掲書、一二～一三頁）。また、複数の講師が、前年に来日した救世軍のウィリアム・ブース大将に言及し、日本の宗教家の進むべき方向を示す模範として称揚した。

感化救済事業が開始された明治末を画期に、施与主義的・救貧中心的な慈善活動が恣意的・感情的なものとして否定的に評価され、合理的・計画的な授産主義的・防貧中心的社会事業への転換がはかられることになる（ただし、「社会事業」という用語が一般化するのは大正期なかばのことである）。そしてその合理性・計画性は、〝感化〟や〝救済〟の対象となる人びとを、近代天皇制およびそれと結びついた資本主義社会を下支えする従順な主体へと規律化することへと水路づけられていた。こうした流れのなかで、宗教は前近代の慈善活動と結びつけて語られると同時に、新たな社会事業の有力な担い手としても存在感を示していった。

慈善活動から社会事業へ

近代日本における慈善活動に先鞭をつけたのは、カトリックの宣教師たちである。明治初期、パリ外国宣教会から派遣されたマルク・マリー・ド・ロが長崎の女性信徒とともに孤児救済や医療救護、授産などの活動を展開し、来日した各修道会による活動がこれにつづいた。プロテスタントの慈善活動はやや遅れるが、やがて岡山孤児院（一八八七年創立）の石井十次や救世軍（一八九五年日本進出）の山室軍平に代表されるように、日本人信徒の事業が活発に行われるようになる。

仏教や神道ではどうだったか。明治維新期の神仏分離や廃仏毀釈、上知令などといった一連の出来事で大きなダメージを受け、キリスト教の台頭に脅威を感じていた仏教にとって、慈善事業への参入には失地回復の意味合いがあった。一八九〇（明治二三）年の資本主義恐慌、その翌年の濃尾地震による困窮者や被災者を対象として、各地の仏教者が寄付を募り、施薬院を設立している。さらに日清戦争後には常設の近代的医療施設の必要性が認識され、東京の十善病院や大日本救療院などが開業した。一九〇〇（明治三三）年ごろになると、各宗派に慈善団体が結成され、組織的な事業展開が目指された。教派神道関係では、明治初期の監獄教誨活動のほか、一八八五（明治一八）年に神道大成教の教師が感化院を設立するなどの動きがみられる。また二〇世紀に入ると、金光教信徒の佐藤重助による日本恤救院（一九〇五年）や勝山夜学校（一九〇九年）、天理教の孤児院である天理教養徳院（一九一〇年）などの施設も事業を開始していった。

明治期、公的扶助にかんする法令としては貧困の社会性や国家責任を否定した「恤救規則」（一八七四年）があっただけで、政府は主体的な貧困対策をなんら打ち出していなかった。そのことをふまえるなら――計画性や持続性に欠けるものが少なくなかったとはいえ――当時の宗教者による慈善活動にも一定の意義を認めることができるだろう。

一九世紀末の時点で、キリスト者の留岡幸助（一八六四～一九三四）が「宗教より出づる熱愛」と「学術の与うる光明」が融合した「学術的慈善事業」の必要を訴えていたように（留岡幸助『慈善問題』警醒社、一八九八、二一頁）、すでに科学的合理性にもとづく社会福祉への意識は存在していた。感化救済事業の決定的な新しさは、個々の現場で行われる事業が、国家とのかかわりのなかでとらえなおされることにこそある。中央慈善協会に幹事として入った留岡や仏教社会事業をリードした浄土宗の渡辺海旭《かいぎょく》をはじめ、宗教教団・宗教者による感化救済／社会事業の主流は、貧民が社会主義運動へと合流するのを防ぎ、労働市場に繋ぎとめようとする政府の意図を汲みながら事業を展開することとなった。近代日本を生きた人びとの大部分は文明化をめざす国家の方針を支持し、積極的に協力しようとする意思を共有していたから、当時の社会事業が政府の意向に沿うかたちに編成されていったのは必然だったといえるかもしれない。

また、宗教教団による社会事業は台湾や朝鮮など植民地でも推進されたが、それは「文明」や「日本的なもの」を植民地に移植し、同時にみずからの「近代」性を確認・強化しようとする日本宗教側の意図を内包したものであり、帝国主義政策への追従・便乗の姿勢が貫徹されていた。

もちろん、明治末以降の社会事業の担い手や実践は多様であり、賀川豊彦（一八八八〜一九六〇）のように、キリスト教信仰を基礎とした個人的慈善活動から出発して、労働運動や農民運動へと進んでいく者も現れた。さらに社会主義運動に身を投じる宗教者も少なくなかったことを考えあわせれば、社会問題への宗教者の関与が必然的に国策への追随をもたらすものではなかったことがわかる。

これらの諸事業を宗教史の問題として考える場合には、その営為が内包する政治性をふまえたうえで、近代社会政策上の世俗的価値として再構築された「慈善」や「救済」といった概念が、宗教者によってあらためて信仰的にとらえ返される契機に眼を向ける必要があるだろう。

三　〝社会問題〟を語る（1）

賀川豊彦、貧民の宗教を語る

浄土宗の渡辺海旭（一八七二〜一九三三）は、社会事業の方針について語った講演のなかで、従来の慈善事業では救済者と被救済者が「主人と奴隷」のような関係で、後者は「殆ど人間の取扱を受けられぬ様」だったと指摘する（「現代感化救済事業の五大方針」一九一六、『壺月全集　下巻』壺月全集刊行会、一九三三、二〇頁）。これにたいして今後の社会事業では、相手の人権を認め、相互に助け合う共済主義の方針をとることが重要だと主張している。渡辺は、一一年におよぶドイツ留学のなかでヨーロッパの社会事業思想にふれ、日本に導入しようとしたのである。

渡辺のいう共済主義は、ひとり仏教にかぎらず近代的社会事業の基本理念といってよいが、それは宗教的社会事業のなかでどの程度実現されていたのだろうか。ここでは、社会問題の現場に深くかかわりながら被救済者をめぐる調査・研究を行った宗教者の事例を二つ挙げて検討してみよう。内務省社会局の設置（一九二〇年）にみられるように、大正期は矛盾や不公正に満ちた「社会」が問うべき課題として発見された時代であり、統計的手法を導入した本格的社会調査がつぎつぎに行われた。ここでとりあげる賀川豊彦や救世軍も――不充分なものだとしても――科学的に社会問題を把握しようとする意識を共有していたといえる。

一九〇九（明治四二）年から神戸葺合新川の貧民街に暮らし、救療事業を行っていたキリスト者の賀川豊彦は、「四年八ヶ月の貧民生活」で得た材料をもとに『貧民心理の研究』（一九一五）を出版した。「日本における貧民研究の古典」（隅谷三喜男『賀川豊彦』岩波現代文庫、二〇一一、二六頁）という評価がある一方で、人種主義的な偏見に満ちた記述が多くの批判を浴びてきた書物でもある。その意味で、本書は貧民についての実証的研究として読むよりも、貧民とされる人びとに向けられた宗教者・賀川のまなざし――その差別的性格をふくめて――を体現したテクストとしてとらえなおすほうが有益だろう。

賀川は貧困問題を考察するにあたって、マルクス的な唯物史観がもつ真理性を一定程度認めつつも、問題を経済的側面だけでなく、心理的側面からも理解する必要があると主張した。人間の心理に重要な影響を及ぼすものとして、「貧民の宗教」も分析の俎上にのぼせられる（『貧民心理の研究』警醒社書店、一九一五、六〇五～六二〇頁）。賀川は「私が貧民窟で観察した所によれば彼等は皆宗教を持って居る」としながらも、「その信仰心は如何と見ると、殆ど無信仰と云っても善い」とのべる。ここで賀川が「宗教を持って居る」というのは、住居に神棚や仏壇を置いているというほどの意味で、内面的な「信仰」とは峻別されている。

彼らにとって「信仰」は面倒くさくて窮屈で、そもそも必要性が感じられないのである。

代わりに彼らは不動尊や稲荷大明神のような「祈禱宗」に現世利益を求め、物忌みや占いなどの「迷信」にとらわれているという。そして「偶像の世界」に住む貧民たちは、「運命」にとらわれてみずから道を切りひらくことをしないと賀川は断じている。キリスト教中心主義的、あるいは啓蒙主義的な立場から、「信仰」と「迷信」を序列化し、現世利益信仰や偶像崇拝を「貧民の意志の退化」に対応させるのだ。

賀川は、貧民救済の方法として、定住地のある貧民には健康の保証・資本の融通・職業の紹介に加えて「宗教を説き道徳を教え、猶人種改良を施」すこと、定住していない貧民には「先づ宗教を説き懲戒を加え、或者には労働を強い」ることを提案している。貧民心理の変革に宗教が有効であるとみているようだ。しかし、「貧民はこんな暗黒の世界に住んで居るのだから、高等なる宗教も彼等に取っては全く下等化されてしまう」といい、真宗の阿弥陀信仰も偶像化されてしまっているとする。当時非常な勢いで信徒を増やしていた天理教も都会の最下層民には浸透しておらず、キリスト教も「貧民を忘れて居る」状況であるという。

そのなかで、賀川が「十九世紀末より二十世紀初頭に現れた偉大なものの一つ」として高く評価するのが救世軍である。彼が念頭に置いているのは英国やインドの救世軍であるようだが、とくに「救世軍が貧民の弱点をよく利用して居ることは驚く可きで、その礼拝から説教法、行軍から讃美歌まで全く貧民的に出来て居る」という。救世軍の伝道をもってしても、貧民たちの改心が長続きすることは少ないが、賀川によればそれは救世軍の落ち度ではない。「利欲に眼がくらみ、誘惑にまり勝」な貧民の心理に原因があるというのだ。

救世軍、「不幸女」を語る

賀川が称賛した救世軍（The Salvation Army）は、一九世紀後半に英国のウィリアム・ブースが創設した福音主義キリスト教の一派で、軍隊的規律を採用した組織を形成し、各国で伝道と慈善活動を行った。日本では一八九五（明治二八）年に活動を始め、同年に入隊して頭角を現した山室軍平（一八七二〜一九四〇）を中心に、精力的な活動を展開していく。とくに慈善鍋（街頭に鍋を吊るして立ち、寄附をつのって慈善活動に用いる）や娼妓自由廃業運動、釈放者保護事業などで知られ、宗教的社会事業のモデルともみなされていた。

ここでは娼妓自由廃業運動に注目しておこう。一八七二（明治五）年に「芸娼妓解放令」が出されてから、形式上は遊郭への身売りが禁止されたが、実際には警察の管理のもと、娼妓の〝自由意志〟による稼業として売春は公認されていた（公娼制度）。〝自由意志〟とはいっても、貸座敷営業者（楼主）が前借金によって娼妓を縛っているのが実態で、山室は「現存の奴隷制度」とも表現している。救世軍は公娼制度の全廃を強く主張していたが、自由廃業運動はそれが実現するまでの応急措置として、娼妓自身が〝自由意志〟によって廃業するよう働きかけるものだった。この運動は楼主の激しい反発を受けながらも、少なからぬ娼妓を廃業させることに成功する。そして廃業した娼妓や私娼、犯罪者、不良少女、家出人などを「婦人ホーム」に引き取り、宗教・道徳を説くとともに、労働訓練を施したのである。大正のはじめごろまでに、東京婦人ホームでは二〇〇〇名近い女性を受け入れたという。

山室は救世軍が支援した自由廃業娼妓をはじめとする「不幸女」に聞き取りを行い、『社会廓清論』（一九一四）や『不幸女の救護』（一九一七）にその結果を記している。それによれば、元娼妓の大部分が満足な教育を受けられぬまま、貧困などの原因で家族に売られて遊郭に入り、外部との接触を遮断され、「此醜怪極まる肉欲の天地を、我が身の置所として諦めねばならぬ様に、仕向けられて」いた。山室は娼妓を搾取する楼主、娘を売り渡す家族、そして彼らの行為を可能にする公娼制度を強く非難し、娼妓を「世にも憐れな婦人達」として描き出すのである（『社会廓清論』警醒社書店、七五頁）。

救世軍は「世にも憐れな婦人達」である娼妓がみずから廃業の意志を固め、「意義ある労働」の習慣を身につけること、いわば強い主体への転換を求めた。廃業だけにとどまらず、目標を労働市場への定着に設定したところに、社会事業としての近代的性格があるだろう。

彼らは楼主を「親」、娼妓を「子」とする擬制的な親子関係が娼妓を苦境に追いこんでいることを鋭く見抜き、告発したのだが、廓の外の工場や農村にも厳しい労働環境が広がっており、擬制的家族の論理によって労働者や小作人の権利が否定されていることには批判的な眼を向けることができなかった。山室は現代の労働者の生活が「決して楽なものでな」く、「其の職業の上に、何等の興味も楽みも見出し兼ぬる場合が少くない」といいながらも、神やキリストを信じ、親切な振る舞いをし、「己が職分を忠実に行う」ことで「真の安心満足」が得られるという（『罪より救う力』救世軍出版及供給部、一九一六、九一～九三頁）。精神主義的な労働賛美によって、労働問題が糊塗されるのである。こうした救世軍の活動は政府の社会事業政策と合致するものとして歓迎され、天皇・皇后の内帑金を下賜されるなど積極的な支援を受けることになる。

賀川は貧民窟を「暗黒の世界」として描きだし、山室は遊郭を「醜怪極まる肉欲の天地」と呼ぶ。いわば文明の光が届かない領域である。そこに暮らす貧民や娼妓は、意志の「退化」や無知によって特徴づけられる弱者とみなされ、救済主体としての宗教者の啓蒙・感化によって自己変革し、労働者として更生すべき存在となる。共済主義を掲げる近代的社会事業も、救済者／被救済者の非対称な関係を抱えながら推進されていったのである。

四　大正期における教団社会事業の展開

宗教社会事業のひろがり

ここで、キリスト教と仏教の社会事業がどのような広がりをもっていたのかを概観しておこう。組合基督教会が一九一九（大正八）年に社会部を設置したのを皮切りに、各教派で社会問題に対応する部署が設けられ、キリスト教全体で組織的な社会事業が本格化していった。一九二七（昭和二）年の『基督教年鑑』には、前年の調査にもとづいて「全国基督教社会事業一覧」が掲載されている。事業の種別と事業所数を示すと、救貧事業が一三ヶ所、防貧事業が二〇ヶ所、医療保護事業が四五ヶ所、教化事業が三〇ヶ所、児童保護事業が一〇六ヶ所、あわせて二一四ヶ所である。

仏教では、一九二一（大正一〇）年に真宗大谷派と浄土宗で社会課が設置され、他宗派もこれに続いた。仏教の社会事業施設は圧倒的に数が多く、一九二九（昭和四）年の文部省宗教局調査で四八四九ヶ所が数えられている（『日本佛教社会事業の概況』第二回汎太平洋佛青大会準備会調査部社会班、参照）。たとえば仏教宗派のなかでもっとも社会事業に積極的で、「社会事業宗」の異名をとった浄土宗が一九三九（昭和一四）年に刊行した『浄土宗社会事業一覧』をみると、一七六五ヶ所にのぼる事業施設の大部分が、各地の浄土宗寺院に置かれていたことがわかる。大正期までは教団単位や超宗派で設立された社会事業施設が主流だったが、昭和期に入って地方の末寺院にまで広がりをみせるようになったといわれている。

マハヤナ学園の試み

キリスト教の社会事業についてはすでに救世軍をとりあげたので、ここでは浄土宗に即して仏教社会事業の思想と実践をもう少しみておこう。鈴木積善編『寺院中心の社会事業』（一九二三）は、浄土宗における社会事業の基本理念を示したものである。本書によると、「仏教は社会生活の健全な進みの中に本義を見るため、「社会或は個人の疾患欠陥をして健全な生活にまで引き上げて行く、仏教の所謂社会事業が出て来る」。「楽にノラクラと遊ばして置くのが親切なのではなくて、健全な労作に出でしむるのが真の親切であり成就衆生である」とし、それを支援するのが仏教社会事業の本領であるという（鈴木積善編『寺院中心の社会事業』浄土宗務所、一九二三、一一～一二頁）。中西直樹が指摘するように、本書では仏教の公益性・公共性が強調される一方で、個人の内面的信仰の領域を確保して社会を相対化する姿勢が弱く、行政主導の社会事業を無批判に受けいれ、国家の体制に埋没してしまう危険性がはらまれていた。

浄土宗の社会事業施設の代表的なものとして、長谷川良信（一八九〇～一九六六）のマハヤナ学園をあげておこう。渡辺海旭に師事して社会事業思想を学んだ長谷川は、一九一八（大正七）年秋に西巣鴨の貧民街に移住し、セツルメント（隣保事業）を開始する。セツルメントとは、有識者が貧困地域に定住し、その住民と日常的にふれあいながら生活上の困難を除去しようとする社会事業の一形態である。この活動を組織的に発展させて、翌年に誕生したのがマハヤナ学園だった。創立の趣旨では「正義に由る仁愛（正道大慈悲）

と社会的奉仕（衆生恩報答）とを本領となし、国本的建設主義と科学的進歩主義とに立脚して綜合的組織的済貧計画」を試みるとしている（マハヤナ学園編集・発行『社会福祉法人マハヤナ学園六十五年史 資料編』一九八四、八頁）。

大正期のマハヤナ学園は、保育・教育事業、保健・医療事業、相談事業、出版・経理事業を展開していた。とくに教育事業は長谷川がセツルメント開始期から重視したもので、無料の夜間教育や昼間保育、教育衛生思想の啓蒙、図書の開放などを行った。夜学部では児童に教育を受けさせるだけでなく、通学の都度一銭を持参させ、それを本人の郵便貯金に回すようにするなど、貯金習慣をつけさせるための工夫が注目される。長谷川は、現代資本主義の不公正さを認識しつつ、下層労働者の苦境を救う方策は革命主義化した労働運動や施与主義的救貧事業ではなく、彼らの「自助的手段」でなければならないと考えていた。知識や技能、習慣をふくめた「無産大衆の実力養成」（『労働組合に就て』日本能率技師協会、一九二七、一三頁）、それがマハヤナ学園の目標だったのだ。救世軍同様、皇室の内帑金を受けるなど国家・政府との繋がりも強かったが、当時はかならずしも社会事業の国家主義的性格を強調していたわけではなかった。

また、夜学部の規定をみるかぎり、宗教教育はあまりなされていなかったようだが、恒例の仏教行事として、盆の魂まつり大法要を営んでいる。学園の近隣家庭はほとんど菩提寺をもっていなかったため、各家の先祖や万霊にたいする供養を手向けたのである。

マハヤナ学園のように多角的な事業を行った大規模施設からより小規模なものまでさまざまだったが、仏教社会事業は全国を網羅してはりめぐらされた寺院を地域の福祉拠点として活用していく方向性を示すものとなっていった。

五　宗教的共同体の誕生

西田天香の一燈園

一方、近代化をめざす社会から距離をとり、小規模な理想社会を建設しようとする試みが、明治末から大正、昭和初期にかけて複数現れている。著名なものとして、一燈園や新しき村、兄弟村・愛郷塾などをあげることができるが、冒頭でふれた綾部の大本のような新興教団も、〝神都〟に集う人びとによって構成された共同体運動と呼ぶことができるかもしれない。

こうした運動の背景に資本主義社会がもたらす社会的矛盾があったことは、西田天香（一八七二～一九六八）を中心とする一燈園の事例をみれば明らかである。近江長浜の料理商の家に生まれた天香は、北海道への入植事業に現場責任者として参加するが、経営不振と資本家‐小作人間の利害対立に悩んだ末、事業を放棄してしまう。その後、砂金採取・鉱山業に従事しつつ、仏教系の新宗教や禅に傾倒したり、「資本とは何ぞや」「利子とは何ぞや」という問いを抱えて社会主義に関心を寄せたりする、懐疑と苦悩の数年間を送った。

一九〇三（明治三六）年、三一歳のとき、天香はトルストイの『我宗教』を読んで衝撃を受ける。そして翌年、郷里長浜の愛染堂に三日間籠り、生存競争を離れて与え／与えられる生き方、彼のいわゆる「新生涯」を見出したのである。やがて天香に共鳴する人びとが集まり、「一燈園生活」が始まった。

大正期の天香は京都・鹿ケ谷などにいくつかの活動拠点をもっていたが、「一燈園」は特定の土地や建物を指すわけではなく、「生の要求に関する種々なる執着より離れて、眞に生くるの道を相共に学ぶ所」だとされる。そのために、一燈園の同人は「おのが所有と思える一切を神仏に返し、仏に委ね神に養われ、有縁の需要に応じて奉仕し、以て潜める自他一体感（愛、菩提心）を祈り出し、拝み出さんとつとむる」生活を送る（中桐確太郎『光明祈願にそへて』春秋社、一九二三、三四頁）。

この一燈園生活において重要な位置を占めるのが、「托鉢」である。同人は路頭に出て、懺悔の心をもって他人のために奉仕をさせてもらう。報酬や賃金をあてにしない決心が徹底するとき、相手側は「菩提心」を起こし、よい心持ちで同人を供養してくれるという。なかでも一般家庭や施設を訪問して便所掃除を行う奉仕行（「六万行願」）は、一燈園の代名詞といえるほどよく知られるようになった。天香らは、こうした暮らしの立て方を「おひかり」に養われる、と表現している。「おひかり」は神や仏と呼んでも差し支えなく、大自然のことを指しているのだという。天香によれば「一燈園生活は、理論でなく、哲学でなく、また所謂宗教でも」なく、礼拝対象ももたないが（『白日に語る　増訂版』回光社、一九三四、六頁）、他方では「諸宗の真髄を礼拝して帰一の大願に参ぜん」ことを謳っている（前掲書、四頁）。万教帰一主義的な宗教観が濃厚だといえる。

真宗大谷派の僧侶だった伊藤証信（一八七六～一九六三）が一九〇五（明治三八）年に始めた無我愛運動も、短期間ながら「無我苑」と呼ばれる宗教的共同体を形成したが、伊藤は宗門を離脱して仏教の「無我」とキリスト教の「愛」の融合を試みていた。個別の宗派・教団を超える新たな宗教性の探求は当時の知識人青年をひきつけ、一燈園には『出家とその弟子』（一九一七）で大正教養主義文化の旗手となる倉田百三、無我苑にはのちにマルクス経済学者として名を馳せる河上肇など、多彩な人びとが出入りした。

武者小路実篤の新しき村

一燈園と並んで、大正期の共同体運動を代表するのが武者小路実篤（一八八五～一九七六）の新しき村である。一九一八（大正七）年、白樺派の中心人物として活躍していた実篤は、宮崎県児湯郡に「皆が協力して共産的に生活し、そして各自天職を全う」することをめざす共同体を、同志とともに建設する。新しき村の誕生に先立って、作家の徳冨蘆花や思想家の江渡狄嶺《えとてきれい》といった作家・思想家が農耕生活をはじめており、実篤にも影響を与えていた。

パンフレット『新しき村の説明及び会則』（一九一九）を中心に、村の問題意識を確認してみよう。まず「今の世の中は貧富の差で存在して」おり、「不徳と傲慢と人間を人間と見ない根性と、他人の幸福にたいする妬みと恨みと憎みの上に今の世は築かれてい」る。そして多くの人は「衣食住の不安から逃れる許りに一生を苦しむ生活」を送っているのであり、それは「人間らしい生活」であるとはいえない。そこで、新しき村では「他人が幸福でないと幸福になれない、他人が得しないと自分も得が出来ない」ような、「お互に助けあう生活」を実践し、「人間はこの世でもこう云う幸福な生活に入ろうと思えば入れるものだと云うことを事実で証明」するのだという。こうした生活は「人類の思召に叶う」生活とも表現されている（新しき村東京支部『新しき村の説明及び会則』一九一九、二～五・一三頁）。

村の構成員は、村のなかで会の精神に則った生活をする第一種会員と、精神には賛同してもまだその生活には入れない第二種会員にわかれた。第一種会員は、入村時に自分の金をすべて村に納め、衣食住や病気治療の支出は全員で保障しあう。彼らは「人類の生存の維持に必要な一定の労働」をし、その他の時間は「自由な個性の発達と、充分な使命の遂行のために」使うことができる（木村壮太『愛と力』新しき村出版部、一九二四、三四～三五頁）。そして第二種会員は、月々の喜捨によって村の経済を支え、第一種会員のために便宜をはかることになる。

実篤は学生時代からトルストイの自己犠牲的隣人愛思想に影響を受け、理想郷建設という発想もトルストイ主義に多くを負っている。だがトルストイ主義とは違い、新しき村の標榜する「人間らしい生活」は自己犠牲的・禁欲的な生き方ではない。むしろ自己を生かすことを主眼とした生活なのであり、物質文明の恩恵も受け入れていた。その意味では、トルストイから「生きようとするには死ね」というメッセージを読みとり、「捨身」を貫こうとした西田天香ともかなり異なっている（西田天香『懺悔の生活』春秋社、一九二一、参照）。

新しき村には宗教的性格が目立たないようにもみえるが、実篤が村の精神的態度を語る際、「宗教」や「信仰」をモデルにしていることは明らかだ。彼は「改良家」や「革命家」と呼ばれることを嫌い、「むしろ思想家とか宗教家とか云われる方が嬉しい」といい、「新しき村は始めは一種の宗教団体のようなものだ」とのべる（武者小路実篤『新しき村の生活』新潮社、一九一八、一〇三～一〇四頁）。ときに「神」の語も用いられるが、祈りを捧げる対象として自覚的に選ばれているのは「人類」である。超越的な存在ではなく、みずからがその一員である「人類」にたいして敬虔であるべきなのであり、その「思召」に沿っているかどうかが生活の基準になる。そうした理念の共有の仕方に、実篤は「宗教団体のような」性格を見出していたのだろう。

同じく大正前期にトルストイ主義の影響を受けて農耕生活を始めた人物として、橘孝三郎（一八九三～一九七四）にも言及しておこう。学者としての立身出世をめざして第一高等学校で学んでいた橘は、神経衰弱に悩んだ末、世俗的な欲望を捨てて神の下僕として生きることを決意し、郷里の水戸に戻って農業を始めた。やがて兄弟やその家族らが集まり、兄弟村と呼ばれる共同耕作の生活が形成されていく。一九三一（昭和六）年、橘は兄弟村のなかに愛郷塾という私塾を立ち上げ、若者を集めて自身の農本主義思想を実践しようとした。橘は「土」をふみにじり、「農」を破壊するものとして資本主義社会を批判し、社会の基礎を農業に置くべきことを説いたのである。だが、まもなく橘の思想は急進化していき、翌年塾生たちは「農民決死隊」として五・一五事件に参加、変電所爆破の実行犯をつとめることになる。愛郷塾の結末は特異なものとなったが、彼らも大正期の宗教的共同体運動に通底する資本主義批判の精神を分有していたし、初期の兄弟村は「キリスト教を中心としたひとつの理想部落」だったともいわれている（松沢哲成『橘孝三郎──日本ファシズム原始回帰論派』三一書房、一九七二、六六頁）。

六　〝社会問題〟を語る（2）

宗教的共同体からみる現代社会

これらの宗教的共同体は、資本の論理に覆いつくされつつあった二〇世紀の日本社会に打ち込まれた楔であり、その実践や著作をつうじて、オルタナティヴな生活スタイルへの想像力を喚起しようとする試みだった。では、彼らは同時代の具体的な社会問題をどのように観察し、みずからの思想や実践に繰りこんでいったのか、もう少し詳しくみてみたい。

実篤は、近代の物質文明が労働者の犠牲の上に成り立っており、富裕層がその労働に依存して暮らしていることを問題視し、そこに「この世の不合理」をみる。彼によれば労働は本来「美感であるべきもの」なのに、労働や労働者が「賤しめられ」る現状がある。そしてその背後には、「賤しめられ」た労働に就くこともできない失業者があふれている。こうした状況が、彼のいう「不合理」である。「今の世では不合理でないかも知れないが、本当の時が来れば不合理になる」のだ。これにたいして、労働の神聖さが認知され、尊重されるのが「合理的な世」である（『新しき村の生活』、二五七・二六五頁）。新しき村での実験が、その雛形ということになるだろう。

それにしても、「本当の時が来れば」とは、終末論的な言い回しである。実篤は「遅かれ早かれ、革命は世界的におこるにちがいない」といい、（彼がいうところの）社会の合理化が進められることを予測する。だが、実篤や新しき村がその革命の主体になるとは考えられていない。また、「労働者に味方することは、中流以上の階級を敵にすることを意味しなければならないとは思わない」と、階級闘争にも否定的であった。「私有と公有の関係、労働の義務と人口の関係、土地と労働の関係、その他実際の問題は自分は他人にゆずる」とのべ、精神主義的な立場にこだわったのである（前掲書、三四・三六・二九一）。

再接続の仕掛け

こうした共同体運動を現実社会から遊離し、内閉したものととらえる人は多い。だがここで注意しておきたいのは、新しき村にせよ、一燈園にせよ、外部の社会との交通を遮断して完全に引きこもってしまったわけではないということである。むしろ、それぞれの共同体は外部の人びとに再接続する仕掛けをもっていて、そこから広い意味での社会変革をもたらそうとする志向性を有していた。

新しき村と外部とのつながりは、第二種会員の制度によって象徴される。彼らは、村を経済的に支えるだけの存在ではない。実篤によれば、「今の時代の誰も」が「正しき生活」への憧れを感じているが、多くの人はその具体的なモデルを見出せずにいる。そのなかで、新しき村という憧れの対象を得た第二種会員は、現代社会と村を接続し、人びとを「正しき生活」へと誘うダイナミズムを生みだすというのだ。実篤自身、村の創設から約七年で離村し、以後は外部から新しき村の運営にかかわりつづけた。彼が村を自閉させるのではなく、世界に開かれたものとして構想していたことを確認しておきたい。

一燈園のばあい、さきにのべたように街頭での托鉢や行願をつうじて他者の「菩提心」を引きだそうとする社会教化の側面がある（ただし、天香自身は「教化運動」であることを否定している）。さらに注目すべきなのは、宣光社の活動と天香の田乃沢鉱山へのかかわりである。一燈園が無所有の生活を標榜していたのにたいして、宣光社は私利私欲を捨てた経営のあり方を提示することをめざし、土地・建物の運営や印刷・出版などの事業を行った（中桐確太郎『光明祈願にそへて』、三六頁）。また、天香は親族が携わっていた秋田県田乃沢鉱山の経営にも関与し、彼にとって長年の懸案であった労使問題の解決をめざした。天香はこの事業を「現代資本主義の余弊矯正策に対する一の参考」としたかったようである（宮田昌明『西田天香』ミネルヴァ書房、二〇〇八、一一四頁）。

西田天香と小作人たち

『白日に語る——一灯園から見た社会問題』（一九三〇）において、天香は同時代の社会問題への態度を明らかにしている。執着を離れること、そして「懺悔の心」を重んじる一燈園の立場からは、「他を責めるような言動は絶対に出来ない」と天香はいう。労働問題・失業問題では労働者・失業者と資本家の間の、小作問題では小作人と地主の間の対立が焦点になるが、天香は互いを責めることではなく、「真面目な労働者たり理想の資本家たりする様な事が必要」だと説くのである（『白日に語る 増訂版』、一〇三・一〇五頁）。

一九二四（大正一三）年、天香は京都府久世郡寺田村の小作争議の調停に出向いた。同村の小学校長が一燈園を訪れ、相談を持ちかけたのがきっかけだった。後日天香は寺田村におもむいて、地元の郵便局長の家で農民組合の青年たちとの話し合いを行っている。そこでのやりとりを、大正期の社会問題における一燈園の立場を示す事例としてみてみよう。

小作人の青年たちは、地主側への不満として、小作人を対等の人間として扱わないこと、村の相談事項を小作人抜きで決めてしまうこと、収穫物を搾取していることを訴えた。これに天香は、「同情はいつわりなくいたしますが、反抗態度を是認はしたくないのです」と答え、「〔一燈園は〕地主とか小作とか云う、あなた方の世界から飛びぬけた別の世界ですから。自分丈よかれと思う考では、私の話は聞けないでしょう」と、青年たちをはぐらかすようにいう。そして「地主側も、小作側も、此の世界では皆己れの利のみを主張することに於て一つ」だと指摘する。さらに、小作人たちが地主との平等を主張する一方で、自分の家族の人格を尊重していないのは自己矛盾ではないかと追及していく。青年たちはしだいに黙りがちになり、「どうやら一燈園には負けらしい」「私等の運動は今中止するわけには参りませぬが、「正しいとは云えない」ことだけよく判ります」と白旗を揚げてしまう。天香は「小作さん側の青年方の研究会は、親しく無事に済んだのである」と稿を結んでいる（前掲書、一二六〜一四一頁）。

無所有の生活という天香＝一燈園の立場からすれば、小作争議や労働争議は利己主義同士のぶつかり合いでしかない。ひとつの透徹した見識といえるだろうが、その論理が「別の世界」から現実の社会問題へと応用されるときには、協調というかたちで労使の不平等な関係が温存されることになる。天香自身の意図したことではなかっただろうが、これは労働関係の根本的な改革を避けながら争議を鎮静化させたい資本家・地主や支配者層に好都合な体制順応的思想ともなる。実際、天香は台湾総督府や南満州鉄道の関係者、実業家などに招かれて、たびたび台湾や満洲へも講演旅行に出かけることになった。一燈園の思想は、帝国日本の版図拡大とともに広がっていったのである。

七　社会事業と社会奉仕

社会事業と天理教

失業問題にふれて、西田天香は「失業者がお気の毒であることは無論のこと」としながらも、「一燈園では手にかなうだけの托鉢をさせてもろうて、己れの罪を懺悔し、反省する」ことを勧めるしかないとのべ、それが「若し真剣ならば、それが縁となって只に其日の食を得るのみでなく、根本的に救われなさることになる」という。「そんな手ぬるいことではという人もある」が、「懺悔と云う門をくぐらさないで扱う仕事」については「政府・地方庁・社会局及社会事業をなさる方々など」があり、一燈園が担う役割ではない（前掲『白日に語る 増訂版』、一〇三頁）。たとえば失業者対策として、社会事業者なら宿を提供し、職業訓練を施して、適当な仕事を斡旋することになるだろう。だが、一燈園が勧める奉仕行のばあい、資本主義社会の労働市場に彼を送り出そうとするものではない。それはむしろ、所有への欲望を煽り立てるその世界から身を引いて生きる姿を示すものである。ここで天香のいう「懺悔という門」は、より一般化すれば精神的な自己変容、あるいは回心／改心の体験ということもできるだろう。宗教者の社会事業の場合も、教化や訓練による労働主体への自己変容をめざしていたと思われるが、天香にとっては不充分なものだったようである。

宗教的実践としての社会事業に懐疑的な態度を示したのは、天香だけではない。さきにふれたように、天理教は一九一〇（明治四三）年に養徳院を設立して感化救済事業に参入したものの、教団内には慈善事業への反発を表明する者もいた。養徳院設立の前年、奥谷文智は「天理教の根本義から考えて見るときは、今日隆盛を極めて居る慈善事業と云うものは極めて浅薄な、無価値なものである」とのべている。奥谷によれば、近年キリスト教や仏教が慈善事業に力を入れているが、これは貧困者の「乞食根性」を増長させ、「貧民、乞食」が増加する原因となっている。これに対して、「我天理教は慈善と云うものを必ずしも否認しないけれども、更に進んで慈善事業の必要のない社会を造り出さんとするものである」とのべ、「吾人は天理教の一特徴として今日の慈善事業なるものに与しない事を喜びとするものである」と断言するのである（奥谷文智『つちもち』木下真進堂、一九一二、四六〜五二頁）。

大正期に入ってもこうした意見は根づよかった。天理教布教師と救世軍士官の対話という形式をとった高岡青原『天理教と基督教の打明話』（文陽堂書店、一九二二、二〇五〜二〇六頁）では、天理教布教師が救世軍の社会事業の充実ぶりを認めつつも、「貴兄の方へ近寄る人の多くは、救世軍の社会事業、即ち慈善とか救済とか云うあの事業に賛成の意味の人で、真の救霊の事業に力を入れた人は少い」のではないかと指摘する。そして奥谷と同じように、「元来天理教の社会的使命の中心生命は、国民の自覚的運動でなくてはならぬので、そして慈善も救済も必要ない社会を建設する事である」という。

彼らの社会事業理解の妥当性についてはここでは問わない。注目したいのは、社会事業（慈善事業）との差別化によって、天理教の宗教的救済の理念が輪郭づけられている点である。霊肉二元論的な人間観――これ自体はキリスト教的だが――にもとづいて、宗教は肉的救済に偏った社会事業ではなく、霊的教化をつうじて「慈善も救済も必要ない社会を建設する」ことに専心すべきだというのだ。

奉仕の精神と動員の論理

それでは、天理教による「国民の自覚的運動」とはいかなるものであるのかが問われるが、そのひとつの解答といえるのが「ひのきしん」の運動だった。神の恩にたいする感謝の心をもってする奉仕行為とされ、一燈園の便所掃除（六万行願）と並んで戦前期の宗教的社会奉仕を代表するものである。大正期までは教団内での活動が多かったが、昭和期に入ると信者が街頭に進出して、無償で公園や神社境内などの清掃や道路修繕といった活動を展開した。

無償の奉仕は、たしかに「乞食根性」の対極にあるものだろう。そこに表現されているのは、利己主義を超克し、公共の利益のために自発的に労力を提供する主体である。一燈園の懺悔奉仕と同様、「ひのきしん」

においても、労働問題の存在は否認される。人びとが社会事業による救済を期待することをやめ、奉仕としての労働の担い手となること、それが奥谷のいう「慈善事業の必要のない社会」だったのかもしれない。日中戦争期以降になると、「ひのきしん」の領域は農村や工場、鉱山などでの増産活動へと拡大され、総動員体制下の国民的勤労奉仕のモデルともなっていく。

天理教ほど積極的でなかったとはいえ、一燈園の懺悔奉仕も戦時体制の論理と適合的だった。たとえば、近衛内閣が提唱した新体制運動と一燈園の関係についての意見を求められた天香は、この運動が旧い体制を解消して国家への奉仕や自己犠牲を旨として生活を入れかえるものだとすれば、自分たちはすでにそれをより奥深いところで実践しており、一燈園は新体制の「味の素のような役目」を果たすことができるだろうとのべた（西田天香「新体制と一燈園」『公民講座』一九〇号、一九四〇、四六～四九頁）。

社会事業の側も、昭和期に入ると国家主義的性格を強めていく。マハヤナ学園を事例としてみたように、大正期の仏教社会事業は貧困者の生活向上ないし防貧事業を中心として運営されていたが、しだいに社会教化事業を中心としたものに変化していった。浄土宗が一九四〇（昭和一五）年に刊行した『寺院と社会事業』によると、社会事業の「究極の目的」は社会教化であり（知恩院社会課編集・発行『寺院と社会事業』四八頁）、宗教・教育・道徳にかんする精神修養講演会、軍事・経済・政治にかんする時局講演会、生活改善・育児・衛生にかんする講演会、不良少年や釈放者の保護観察、被差別部落の改善・指導を行う融和事業、禁酒・節米・廃品回収といった矯風事業などがそれにあたる。これらは、貧困問題への現実的対策というよりも、総力戦に向かって協調・団結する忠良な臣民へと人びとを鋳なおす活動という性格が濃厚である。キリスト教社会事業においても、ハンセン病者救済や農村社会事業などもふくめて精力的な実践がつづけられたものの、国家統制下の戦時厚生事業に組みこまれていった。

八　おわりに

本章では、大正期の社会事業と宗教的共同体運動を軸に、社会問題に向きあう宗教の思想や実践について考えてきた。どちらも、資本主義が過熱する社会に利己主義の病理をみて、そこから生まれる不幸の解決をめざしたものだったが、その構想はどの程度まで実現したのだろうか。

社会事業は、資本主義社会で疎外された社会的弱者に直接的に働きかけ、その生活を合理的・計画的に改善させて社会の軌道に位置づけなおそうとするものであり、そのかぎりで体制内的な実践である。他方、宗教的共同体の運動は、資本主義社会の論理から〝降りる〟ことを選択した者たちによって営まれるものであることからすると、体制外的な実践だといえそうだ。

こうしてみると、両者は対照的な性格をもつものにみえるのだが、その一方でこれらが重要な共通性をもっていることに注意しなければならない。彼らは資本主義の病理に対決するもうひとつの重要な手段、社会主義運動や労働争議・小作争議にたいする否定的な態度を共有していた。その背景には、対立や抗争を忌避する宗教的平和主義の抽象的理念と、調停者としての国家にたいするナイーヴな信頼・依存の感覚があるだろう。

たとえば西田天香のように、小作争議が利己主義どうしのぶつかり合いにすぎないといってしまうことは可能である。だが、そこでは資本の不均衡な配分の問題は置き去りになり、結果として資本家・地主への富の偏在が追認されてしまう。また同時に、救世軍が娼妓を廃業させることに重要な意義があるとしても、彼女たちが向かうべきだとされる労働市場に存在する不平等や不公正を見過ごしてしまうのであれば、彼らの〝救世〟は不充分なものとなってしまうだろう。

さらに、宗教者・宗教団体による社会事業と宗教的共同体運動の双方で、利他主義的なエートスが重要な位置を占めているということにも注意が必要である。自分自身よりも（あるいは自分自身とともに）他者の幸福を重要視する観念は、奉仕の理念を生み出す。このことが他者への愛や慈悲の実践として立ち現われることはたしかだが、そのエートスが個人に向かう奉仕ではなく、国家のような対象に向かうとき、容易に滅私奉公という動員の論理へとつながってしまうのであり、両者が総力戦体制へと自発的に組み込まれていく素地は、そこにあったといえるのではないだろうか。

近代の社会問題をみつめるなかから生み出されたこれらの宗教的思想・実践は、資本主義社会を生きる私たちにとっての〝救い〟とは何であるのか、困難な問いを突きつけているのである。

参考文献

赤澤史朗（一九八五）『近代日本の思想動員と思想統制』校倉書房
阿部志郎・岡本榮一監修・日本キリスト教社会福祉学会編（二〇一四）『日本キリスト教社会福祉の歴史』ミネルヴァ書房
奥脇賢三（一九九八）『検証「新しき村」』農山漁村文化協会
金子昭＋天理教社会福祉研究プロジェクト編（二〇〇四）『天理教社会福祉の理論と展開』白馬社
姜克實（二〇一一）『近代日本の社会事業思想―国家の「公益」と宗教の「愛」』ミネルヴァ書房

諸点淑（二〇一八）『植民地近代という経験―植民地朝鮮と日本近代仏教』法藏館
中西直樹・高石史人・菊池正治（二〇一三）『戦前期仏教社会事業の研究』不二出版
永岡崇（二〇一五）『新宗教と総力戦―教祖以後を生きる』名古屋大学出版会
林葉子（二〇一七）『性を管理する帝国―公娼制度下の「衛生」問題と廃娼運動』大阪大学出版会
藤本頼生（二〇〇九）『神道と社会事業の近代史』弘文堂
吉田久一・長谷川匡俊（二〇〇一）『日本仏教福祉思想史』法藏館

コラム⑤　南島とキリスト教

一色哲

一　南島のクリスチャン

キリスト教にとって「異教」的色彩が濃く、過去に強制的に日本国家に併合された南島（ここでは、主に奄美・沖縄・宮古・八重山の各群島を含み、鹿児島県と沖縄県をまたぐ地域を指すものとする）にとって本来「外来」のものである「元号」による「大正期」という時期区分は有効ではない。そのことを前提に、以下では、一九一〇年頃から二〇年代後半の「南島とキリスト教」について論じたい。

筆者は、これまで、以下の著作などで、南島キリスト教史について論じてきた。拙著『南島キリスト教史入門―奄美・沖縄・宮古・八重山の近代と福音主義信仰の交流と越境―』（新教出版社、二〇一八）、および、拙稿「南島とキリスト教」（大谷栄一他編『日本宗教史のキーワード―近代主義を超えて―』（慶應義塾大学出版会、二〇一八）。

さて、日本におけるクリスチャンの比率は、近代以降、一貫して一％前後だが、「南島」のそれは三～四％弱である（いずれも『キリスト教年鑑』（キリスト新聞社）等の統計による）。ことに、人口約八万人の奄美大島（以下、大島）にはその約八％にあたる六、〇〇〇人余りのカトリック教徒がいる。

このように、南島地域に多くのクリスチャンがいるのは、戦後、奄美群島が一九五三年まで、沖縄群島以南は一九七二年まで、米国に軍事占領されていたことに関連するともいわれる。確かに、米軍はキリスト教を占領地の宣撫工作の手段として積極的に利用してきた。しかし、戦前期の南島でも相当数のクリスチャンいたことが推察される。また、南島では多彩な教派がそれぞれ特徴のある伝道を行い、福音信仰が、広く、深く浸潤していた。こうした南島キリスト教信仰の特徴は、まさに一九一〇年頃から二〇年代後半に形づくられたといえる。

二　人びとの往来とキリスト者の交流

さて、「琉球処分」以降、沖縄県では、支配層の懐柔政策として温存されてきた「旧慣（琉球王国時代の土地・租税・地方等の諸制度のことを指す。明治政府は、琉球併合以後も、旧王国の諸制度を温存する政策をとった）」が、一九〇〇年前後に次々と廃止された。それにともなって、沖縄県でも地租が適用され、本土との経済格差はいっそう広がった。こうして、経済的貧困に陥った南島では国内外への出稼ぎ・移民がはじまった。南島からの出郷者たちは、本土ばかりでなく、朝鮮半島や台湾、旧満州、南洋群島など帝国日本の植民地・勢力圏をめざした。また、ハワイや米国西海岸などでも独自のコミュニティやサークルで活動した者もいた。

実は、この二〇世紀初頭人びとの往来は信徒や伝道者の移動・交流と重なっていて、それが南島キリスト教にとって量的・質的変化をもたらし、多様で豊かな福音信仰を島々に伝えた。

三　近代化とキリスト教

さて、南島へキリスト教は三度にわたって伝えられた。一度目は七世紀、二度目は一九世紀半ばの琉球王国末期、そして、近代以降は、一八九〇年代に大島と沖縄島にキリスト教が伝えられた。この南島史上三度目のキリスト教伝道により、大島ではカトリックが、沖縄島ではプロテスタント各派が布教をはじめた。

このころ、南島地域では本土からの「寄留者」が、教育や政治・行政、経済などの分野で実権を握っていたが、それらの多くは仏教を信仰していた。この時期の『琉球新報』などによると、仏教寺院を会場に、仏教婦人会や青年会を中心にさまざまな集会が開催されていたことがわかる。そこでは、仏教講話のみならず、近代医学や科学技術の紹介など啓蒙的な活動が行われていた。つまり、当時の沖縄社会では、寄留者たちの仏教が、「文明の宗教」としての役割を果たしていたのである。このような「文明の宗教」としての役割は、近代日本では、もっぱらキリスト教が担ってきたとされてきたが、沖縄では事情が違った。そのため、キリスト教は、それとは別の方法で新たに布教することを余儀なくされる。

もちろん、南島に伝道したキリスト教にも、近代的な側面はあった。江戸時代から「黒糖搾取」に喘いできた大島では、維新後もその苦闘がつづいた。そのため、岡《おか》程良《ていりょう》（当時、大島地区裁判所検事）や大島の指導者たちは、世界に布教しているキリスト教を導入することで大島住民の近代化をうながし、鹿児島県による支配を克服しようとした。

四　底辺への志とまなざし

また、沖縄島では、この時期のキリスト教会には知的好奇心に満ちた若い男女が集まっていた。特に、一九一六年、沖縄学の父・伊波普猷《いはふゆう》・普成《ふせい》（月城《げつじょう》）兄弟により設立された「独立教会沖縄組合教会」はその好例である。この教会は、京都・同志社を中心とする日本組合基督教会と直接の関係はない。また、この教会の活動はわずか一〇年弱に過ぎなかったが、伊波兄弟のもとで、次の時代の沖縄を担う人材が育った。

この伊波の組合教会は、エリート主義的であり、遊郭反対や禁酒などでは禁欲的でもあった。また、伊波の思想のなかには、エリート同士の結婚を奨励するなど「優生思想」が疑われる側面もあった。しかし、地域の実権を寄留者たちに握られ、その抑圧下にあった沖縄の若きエリートたちは、キリスト教信仰を起点として、社会主義・共産主義へとその活動の裾野を広げ、沖縄のキリスト教をめぐる「深化」と「越流」の震源となった。

一九一二年、「良心的兵役拒否」を実践してハワイを経由してロスアンジェルスに渡った屋部憲伝《やぶけんでん》は、同郷の青年同胞と県人を組織し、やがて、米国共産党に入党する。また、一九二五年、ハワイで「独立黎明教会」を創設した牧師・比嘉静観《ひがせいかん》はハワイの日系人労働運動の先頭に立った。そして、伊波普成は、ジャーナリストとして、アギナルドによるフィリピン革命を称揚し、南アフリカのボーア人（南アフリカの最初の入植者であるオランダ系の住民で、英国系住民から抑圧されていた）など、欧米列強に抑圧されてきた諸民族に共感し、日本の朝鮮半島侵略を批判した。また、女性たちのなかには、辻遊郭《ちーじ》の実態を小説で告発した新垣《あらがき》登美子や、社会主義思想に基づいて沖縄の女性差別に抵抗し、ブラジルに移民した玉城《たましろ》オトなどがいる。これら、若きクリスチャンたちは、近代化を受容しつつも、その志《こころざし》とまなざしは常に「底辺」に暮らす人びとに向けられていた。

そして、福音信仰の受容による南島社会の変化は、そのより深層部に変動をもたらす可能性を秘めたものでもあった。それを象徴する出来事が、一九〇七年、沖縄島の農村部・読谷山《ゆたんざ》（現読谷村《よみたんそん》）でおこったリバイバルであった。その詳細は前記拙著にまかせることにするが、伝道開始間もない数か月の間に村の人口の約一％に当たる受洗者を出した。そして、それらの多くは貧しい農民たちであった。このリバイバルの激しい祈りのなかで求道者と向きあったのが、当時那覇のメソジスト教会の牧師であった村井競《きそう》であった。

この村井の息子は村井峕《じゅん》といい、一〇代の前半に読谷のリバイバルに遭遇している。彼は、後に、台湾の福音主義的な真耶蘇教会と関係を結び、南島地域に多く分布するイエス之御霊《のみたま》教会の創始者となる。

これら帝国日本の支配に呻吟する南島の人びとの間に伝わったのは、理不尽な抑圧からの解放と救済を強烈に希求する福音信仰であった。この土着と外来のものが綯い交ぜになり、南島地域から植民地台湾に至る地域に浸潤したキリスト教信仰は、池上良正や藤野陽平がいうところの「民衆キリスト教」とも呼べるものであり、こうして、これらの地域に「民衆キリスト教の弧」が形成された。

この時期の南島地域では、このほかに、喜界島や石垣島でも、台湾の教会とのつながりで、特徴的なキリスト教伝道はじまっていた。それらの多くは、旧植民地など、帝国日本の周縁部を行き来する信徒・伝道者によってはじまり、維持されていった。

第七章　天皇信仰の展開

藤本頼生

一　はじめに――「明治」の終焉

……是の日天皇階段を昇降したまふに、玉歩鈍重にして疲労倦怠の状あるを拝す（『明治天皇紀』第一二）

この一文は、一九一二（明治四五）年七月一〇日、東京帝国大学の卒業式へと行幸された明治天皇のご様子の一部であり、天皇の最晩年に身体の不調が見られるようになったことを明確に示す記述である。五日後の七月一五日の樞密院会議の臨御の折には、同じく『明治天皇紀』によれば、「一たび其の席に就くや、久しきに彌りて殆ど微動だもしたまはず、然るに是の日姿勢を亂したまふこと甚しく、剩へ時々仮睡したまふ」と記され、従前になかった疲労困憊のご様子が見受けられたことから、大臣・顧問官らが心配する様子も記されている。一九日夕刻には四〇度の発熱。以後、急速に容態が悪化し、昏睡の状態となったため、同二〇日には、『官報』号外にて天皇の「御容態書」が公表されるに至った。『東京朝日新聞』をはじめとする当時の新聞報道等によれば、「御容態書」の公表以後、日々報告される天皇の容態に市民は愕然とする者が多く、近郊から二重橋前には平癒を願う人々が後を絶えず、終日皇居を遥拝する姿や全国各地で人々が社寺へと快癒祈願をする姿や、歌舞音曲・鳴物の遠慮、出雲大社や金刀比羅宮など各地の大社にて平癒祈願を行った旨が報じられている。同二六日には天皇の容態は重体となり、七月三〇日午前零時四三分、国民の願いもむなしく、近代日本の発展の中心かつ象徴ともいうべき天皇の崩御が発表された。一四歳で即位あそばされ、在位は四五年六か月の長きにわたり、宝算六一（満年齢で五九）歳であった。崩御後、直ちに三三歳の皇太子嘉仁親王が践祚。改元の詔書が発せられ、明治四五年から大正元年へと元号が改められることとなった。すなわち与謝野晶子が説いた「大君の御代」、夏目漱石が『こゝろ』の文章に仮託した「明治の精神」、徳富蘆花が「永久につゞくものであるかの様に感じ」ていたという「明治」という時代の終焉と、新たな「大正」の御代の幕明けである。

本章では、明治天皇の崩御とともに訪れた「大正」という時代のなかで、大喪儀から御大礼に至る過程と明治神宮の創建、全国の各神社で行われた大典奉祝事業とを通じて、天皇と当時の人々との信仰的な関係性、宗教との関わりを幾許かでも窺おうとするものである。

二　明治天皇の崩御と大喪儀

明治天皇の大喪儀

明治天皇の崩御後、政府は大喪使官制（大正元年勅令第一号）を定め、大喪儀の儀式斎行を掌る臨時の官庁である大喪使を設置。大喪使総裁に伏見宮貞愛親王、副総裁に渡辺千秋宮内大臣が就任し、憲政史上初となる天皇の葬儀の斎行次第、陵墓への埋葬儀式等が新たに定められることとなった。

八月一日の第一回大喪使会議において陵所は京都と決定、その旨も天皇に上奏されていたが、崩御直後から東京に陵墓の造営を望む声も多く、崩御当日から阪谷芳郎東京市長が急遽参内。河村金五郎宮内次官のもとへ駆けつけて陵所選定の陳情運動をなしていたことも知られている。この懇請は翌日も続き、阪谷市長は市参事会と全区長の招集を指示したほか、原敬内務大臣のもとには阪谷をはじめ板垣退助、渋沢栄一らによる陳情があったことが知られている（『阪谷芳郎東京市長日記』、『原敬日記』、佐藤、二〇一〇など）。

しかしながら、八月一日には河村金五郎宮内次官から大喪儀は青山練兵場、陵所を京都に内定した旨が公表される。同六日には、大喪儀（尊骸の埋葬を行う斂葬の儀）の期日が九月一三日・一四日・一五日とされ、あわせて御陵は、京都府下紀伊郡堀内村大字堀内字古城山（現在の京都市伏見区桃山町古城山、豊臣秀吉が建てた伏見城本丸址にあたる地）と治定された。

京都に御陵を治定した根拠としては、宮内省は一九〇三（明治三六）年四月に明治天皇が京都御所に駐《ちゅう》蹕《ひっ》され、皇后と夕食を共にしていた際に「朕が百年の後は必ず陵を桃山に営むべし」との御意向を示されたことによるものであると公表した（『明治天皇紀』第十二）。これにより、天皇陵が天皇所在の宮城のある近郊に建てられることが多く、これまでの前例とも相俟っていた阪谷らの「天皇陵は東京へ」という請願運動は、天皇のご遺志という玉条を突き付けられたことによって一旦は頓挫するかに見えたが、その代替案として逸早く天皇奉祀の神社創建の請願という形へと変化することとなった。

八月二三日から二五日にかけて第二九回帝国議会が臨時召集され、総額一五四万五三八九円の大喪費予算が可決する。明治天皇の大喪儀はわが国において憲政史上、最初の大葬でもあり、近代以降初のものであったが、一九二六（大正一五）年に宮務法たる皇室令にて葬送に関する皇室喪儀令、皇室陵墓令が制定される以前の大喪儀でもあった。ゆえにこの折の大喪儀、陵墓の治定、造営は一九〇七（明治四一）年頃から公式令に準じて順次制定されつつあった皇室令によらぬ措置として施行されたものでもあった。

八月二七日には、追号奉告の儀が斎行され、「明治天皇」という追号が発表された。この「明治」という先帝（大行天皇）の追号は幕末までの三代の天皇（光格・仁孝・孝明）とは異なる形であり、在所や陵地から採用する古例とは異なり、在世中の元号をそのまま用いたものでもあった。九月一一日には、御陵の工事が竣功。同一三日に大喪儀が東京青山練兵場内の葬場殿で斎行され、天皇・皇后、御名代となった貞愛親王以下の皇族、英国皇帝御名代をはじめとする各国元首の御名代、特派大使、特派使節らが参列した。同一四日の午前一時四〇分、大喪儀の斎行後、霊柩は葬場殿後方へしつらえた青山仮停車場の列車へ移御、東海道線を経由して午後五時過ぎに霊柩列車は桃山仮停車場へと到着。六時三〇分、葱華輦《そうかれん》に遷された霊柩は陵所へと向かい、七時三〇分過ぎに到着、直ちに陵所の儀が斎行され、同一五日午前七時に埋柩の儀、九時に陵前祭が斎行されて大喪儀が滞りなく終了、御陵は宮内庁告示により「伏見桃山陵」と公示された。その後、一一月まで青山葬場殿の一般拝観と御陵の一般参拝が許可されることとなり、青山の臨時停車場には霊柩御料車が展示されるとともに伏見桃山陵の傾斜軌道も一般拝観のため残存せられたが、東京の皇居内にて斎行された一八七一（明治四）年の大嘗祭の斎行後も大嘗宮の一般参観がなされたという点では同様の措置がとられている。

一一月六日には宮中「桐の間」を権殿として明治天皇百日祭が斎行。京都の伏見桃山陵では陵所百日祭が斎行されたが、御陵における祭祀は大正天皇の行幸を得てのものであった。また、同日には明治天皇の大葬にかかる公式写真集ともいうべき性格を持つ陸軍測量部撮影『明治天皇大喪儀写真』が刊行され、翌々日の八日には、大喪使が廃止され一連の大葬儀斎行にかかる政府としての任を終えることとなった。

神社奉祀調査会官制の公布

崩御から一年となった一九一三（大正二）年七月三〇日には、明治天皇一年祭が山陵と権殿で斎行。翌日には大祓が斎行された。いよいよ諒闇（服喪）が明けたことを機として、政府は新帝の御大礼の準備と先帝奉祀の神宮創建に向けた準備に着手することとなった。早速、八月一五日には内務省が「明治天皇奉祀の神宮創設に関する件」を閣議提出し、一〇月二八日に同件が閣議決定。一二月二〇日には神社奉祀調査会官制が公布（勅令第三〇八号）、明治天皇の奉祀とその施設設備等に関する調査機関たる「神社奉祀調査会」が発足し、同二二日に当時内務大臣を務めていた原敬が同調査会長に就任して、二五日には第一回調査会が開会された。

後述する通り、神社奉祀調査会を中心にして、いよいよ先帝奉祀の神社の創建への準備が進められていくこととなったが、年が明けた一九一四（大正三）年四月一一日に明治天皇奉祀の神社社地として明治天皇の后であった皇太后（一条美子）にも所縁のある代々木（南豊島）御料地が当てられることとなったものの、四月一一日にその皇太后が六五歳で崩御あそばされた。五月九日には追号が「昭憲皇太后」と決定、追号奉告の儀が行われた。同二四日には、神宮鎮座地に内定している代々木御料地に隣接した代々木練兵場（現在の東京都立代々木公園にあたる地）において、大喪儀において重要な儀式の一つである斂葬の儀が斎行された。ついで五月二六日には、明治天皇の伏見桃山陵に隣接して建設された御陵が、宮内省告示第一二号にて「伏見桃山東陵」と治定されることとなった（『昭憲皇太后実録』下巻）。大喪儀のために建立された葬場殿や幄《あく》舎《しゃ》は六月八日に清祓《きよはらい》の後、取り壊され、東京府へ譲与後、府下の養老院や慈善団体、救世軍、府立学校などへと下賜された（藤本、二〇一四）。昭憲皇太后の崩御に伴って、天皇が諒闇の期間に入ったため、既に旧三河国（愛知県）と讃岐国（香川県）へと大嘗祭の斎田の卜定等も終え、秋の大嘗祭斎行に向けて着々と準備が進められていた大正の御大礼は翌年に延期となり、先帝奉祀の神宮創建に向けた準備にも少なからず影響を及ぼすこととなった。

三　明治神宮の創建をめぐって

陵墓誘致から神社奉祀へ

明治神宮の創建過程については、近年、山口輝臣をはじめとして今泉宜子、佐藤一伯、藤田大誠、畔上直樹、青井哲人ら歴史学・神道学・建築学の先学による緻密かつ詳細な分析に基づく研究書が発刊されており、本章における筆者の明治神宮関連の著述もこれらの研究の負うところが大半であり、それらの先行研究の域を超えるものでないことはいうまでもない。

前述の通り、明治天皇の崩御直後から、阪谷東京市長自ら陵所の誘致運動を進めていたが、東京市当局のみならず、市の各区会においても同様であり、日本橋区会、麹町区会など各区会においても誘致の陳情運動がなされ、さらには、阪谷の義父でもある実業家の渋沢栄一からも陳情運動があったことが知られる（『明治天皇御大喪儀録』、山口、二〇〇五、四四〜四六頁など）。しかしながら、こうした誘致の動きを制するかのごとく、八月一日に河村宮内次官から、東京での大喪儀斎行と京都への陵所内定を告げられたことを受け、翌日から東京市、区会、実業家らを中心とした官民双方からの天皇陵誘致の運動は、天皇奉祀の神社創建運動へと大きく舵を切ることとなる。

八月二日に東京商業会議所にて中野武営会頭、渋沢、近藤廉平日本郵船社長ら財界有志と阪谷東京市長らが会合し、陵墓から神社奉祀へと運動を転換するため、当局者への請願運動が確認される。これにより、西園寺公望首相、渡邊宮内大臣、井上馨、山縣有朋ら有力政治家へと日参しての陳情が開始されることとなった。八月九日には、東京商業会議所に実業家、東京市当局者、各区会代表、代議士ら一一四名が参加して、有志による天皇奉祀の神社を東京へと建設するための委員会が設置され、渋沢が委員長に就任する。同二十日には代々木御料地と青山練兵場を内外苑とする明治神宮の最初期の創建構想ともいうべき「明治神宮建設ニ関スル覚書」が参加の委員の満場一致で可決されている（今泉、二〇一三、三四～三五頁）。

こうした請願の声は帝国議会をも動かすこととなり、一九一三（大正二）年二月二七日には、貴族院にて「先帝奉祀の神宮建設に関する件」の請願が可決され、翌三月二六日には、衆議院でも「明治神宮建設に関する件」「明治天皇聖徳記念計画」の建議が可決された。当時社団法人帝国教育会の会長であった辻新次男爵が貴族院に提出した請願が請願委員会の会議にかけられた折の意見書案には、

意見書案

先帝奉祀ノ神宮建設ニ関スル件

東京市神田區一橋通町社団法人帝国教育会代表者会長男爵辻新次呈出

右ノ請願ハ東京ハ先帝ノ相シテ都ヲ遷シ給ヒシ地ニシテ、其ノ遺業鴻業ヲ発揚シ給ヒシ所ナリ。加之今上天皇陛下亦茲ニ都シテ先帝ノ遺業ヲ継カセ給フヲ以テ、此ノ地ニ荘厳ナル神宮ヲ建設シ、先帝ノ霊ヲ奉祀シ、国民ヲシテ崇敬追慕ノ誠ヲ捧クルヲ得シメラレタシトノ趣ニシテ貴族院ハ願意ノ大體ハ採択スヘキモノト議決致候因テ議院法第六十五条ニ依リ別冊及送付候也（大正二年二月二七日　第三〇回帝国

議会貴族院議事速記録第三號　請願委員長報告　議事日程第四「先帝奉祀の神宮建設に関する請願会議」五〇頁）

とあり、東京への先帝奉祀の神社建設への熱誠が伝わる請願文である。その一方で御巡幸に連関して天皇の聖蹟とされる地も多かったこともあって先帝奉祀の神社をわれらが郷土の地域にという誘致の動きは東京以外にもあり、各地から内閣総理大臣や内務大臣宛に神社候補地の請願がなされていた。その数は主なもので東京府下および埼玉、茨城など関東圏から静岡県にわたって一三候補地三九件あり、箱根や筑波山、宝登山など風光明媚な地も多かったが、阪谷や渋沢らをはじめとする民間有志による先帝奉祀神社の東京鎮座への粘り強い請願活動は、結果として政府をも動かすこととなった。前述の通り、八月一五日には「明治天皇奉祀の神宮創設に関する件」が閣議提出、一〇二八日に同件が閣議決定。一一月二二日に明治天皇奉祀の神社創設に関する上奏が裁可され、一二月二〇日に神社奉祀調査会官制が公布されることとなった。神社奉祀調査会では、各地からの誘致運動、天皇奉祀の神社鎮座候補地をいかに判断するかという点で山口輝臣が説くように、結果的には「風致」より「由緒」を選択することとなり、東京府下への鎮座地案へと決する流れとなった（山口、二〇〇五、一二二～一五九頁）。

神宮鎮座地の決定

一九一四（大正三）年一月一五日に第二回神社奉祀調査会にて鎮座地を東京府下へと決定する。二月一五日の第四回神社奉祀調査会においては、社殿の鎮座地を東京府下の「代々木」と決定、三月一七日に鎮座地を代々木豊多摩御料地へ定める件を宮内大臣が許可、四月二日に鎮座地として内定した。前述したように、九日後の四月一一日には皇太后の崩御の報を受けて、準備が進められていた先帝奉祀の神社へ昭憲皇太后を奉祀するか否かが問題となり、調査会では、祭神、社名・社格、鎮座地などについて、さらに綿密な調査を重ねることとなった。その結果、八月一五日に明治天皇奉祀の神宮に昭憲皇太后を合祀する件が裁可されることとなり、同二一日に明治天皇・昭憲皇太后奉祀の神宮の社名の件が上奏され、一一月三〇日に明治天皇・昭憲皇太后奉祀神宮社名の件が裁可された。この神宮の社名についても天皇の追号同様、神社の社名としては異例であり、地名を冠する形が多かった従来の社名からすれば、東京神宮でも代々木神宮でもない、「明治」という天皇との由緒の中で決定された名称が用いられることとなった。翌一九一五（大正四）年三月四日に大浦内務大臣が明治神宮の創建について奏請。四月二〇日に御裁可あそばされ、五月一日に官幣大社明治神宮創建の件（大正四年内務省告示第三〇号『官報』所収）が次の通り発表された。

一　明治神宮　祭神　明治天皇　昭憲皇太后

右、東京府下豊多摩郡代々幡村大字代々木ニ社殿創立、社格ヲ官幣大社ニ列セラルル旨仰出サル

大正四年五月一日

内務大臣　子爵大浦兼武

この告示に伴って、神社奉祀調査会はその役目を終えることとなり、調査会に代わって明治神宮造営局官制が公布、内務省に明治神宮造営局が設置された。神宮の造営については、社殿等のある内苑を内務省神社局

の書記官らが兼務する造営局が国費にて造営事業を行い、青山練兵場址地にあたる外苑については土地のみを国が確保する形で、残りの外苑の造営事業については、大喪使総裁を務めた伏見宮貞愛親王を総裁とする明治神宮奉賛会を結成し、全国からの有志献納にて造営費用を賄うという形式が採用された。外苑の造営は全国からの篤志の浄財にて事業費が賄われることとなったが、一九一七（大正六）年二月には奉賛会の策定した外苑計画綱領に基づいて明治神宮造営局（外苑課）にその設計と施工を委託。当初より境内に植樹する樹木については予算化されず、施工にあたっても内外苑併せて一一万人の全国の青年団の奉仕により献木や造営事業への奉仕がなされた。この境内の樹木の植栽については「明治神宮境内樹木進献取扱方ニ関スル注意事項」および「林苑計画」に基づき植栽された一二万二五七二本のうち、献木が九万五五五九本であったが、そのうち東京市内の小学校児童から松、柏、樫、椎、欅など五二七〇本の献木がなされたことは特筆すべき点であろう。

神宮造営工事と青年団の活躍

神宮の御造営工事は大正四年度からの継続事業であったが、この造営期間はちょうど第一次世界大戦などの影響もあって、物価の高騰により工事の進捗に著しく影響した。神宮の御鎮座時期とされた一九二〇（大正九）年にも間に合いかねない懸念があり、明治神宮造営局としては、この難局を切り抜ける方法の一つとして全国の青年団からの労役奉仕を計画したのである。この青年団の労役奉仕を提案したのは、明治神宮造営局書記官兼内務書記官で同局総務課長でもあり、後に「青年団の父」とも仰がれる田澤義鋪であったとされるが（藤本、二〇一五）、本章では、僅かではあるが、神宮創建にかかる青年団の活躍を『明治神宮に関する美談集』（明治神宮社務所編、一九二四）の中から抜き出して述べておきたい。

青年団の活躍の端緒となったのは、一九一九（大正八）年一〇月、静岡県安倍郡有度村（現静岡市清水区南西部・旧清水市）の青年団員五〇名を選抜して試験的に一〇日間、土木工事に従事させたことである。造営工事に従事した青年団の団員らの熱誠によって頗る仕事が進捗、以後の造営工事に良好な結果をもたらした。この従事作業が契機となり、造営局から何ら勧誘することなく全国各地から青年団の労役奉仕が企図されることとなり、各青年団から申し込みが殺到した。そのため、造営局では指針として郡単位、一団体六〇名程度とし、一八歳以上二五歳以下の青年を参加資格として、その選抜を地方官憲に委ねることとなった。一九二〇（大正九）年春には地方官会議にて奉仕青年団のことを神社局が紹介したところ、さらに地方から申し込みが殺到。工事に過剰をきすことから、同年九月をもって申込みを締め切ることとなった。この青年団の神宮造営の奉仕中は、造営局より手当が出たものの、バラックの宿舎にて、自治的な共同生活を営むような環境の中、団員らは宿舎に大釜を設けて自炊。職業労働者一に対して青年団は一・二程度の仕事の能率・スピードであったとされ、最も優れた団が一・五か一・六であり、いずれも元々土木工事を職業としているものではなかっただけに一意専心、明治大帝への御奉公の精神の賜物と賛賞された。一九二二（大正一一）年一二月までの三年間余で奉仕団体は、北海道から沖縄まで四七道府県、一九〇団体に及び、のべ人数は一一、二八〇人であったとされている（数字などは『明治神宮に関する美談集』一二二頁による）。

加えて社殿をはじめとする境内の内外苑の造営については、林学・建築学・造園学・園芸学・都市計画学などさまざまな分野の最先端の理論や技術が投入された。とくに現在では東京のオアシスともいうべき緑地を形成している内苑の林木の植樹が象徴的であるが、この神宮の森は当時の林学の最先端の技術、知識が投入され、その造営林の技術、理論はのちに全国の神社の境内林整備の基本となった。また、明治聖徳記念絵画館や、明治神宮野球場・競技場、水泳場、相撲場なども外苑に建設されたが、外苑の諸事業の一つ一つが、以後の神社の社会教育事業、社会活動の基本となったことで、近代における神社の社会事業や公益的な事業のモデルケースとなったのが明治神宮の神事以外の事業でもあった。まさに内外苑の一つ一つの事象が明治神宮の社会的意義として挙げられることとなるが、その一方で明治神宮の創建は、近代における神社制度の基礎を築く上でのスローガン的な言葉ともなった「国家ノ宗祀」としての「神社」観や「神社」概念というものの意義を決定的にしたという点で画期的なものであった。のちに神社局長や厚生大臣を務め、創建当時は造営局外苑課長や総務課長にて造営の最前線にいた吉田茂は一九四一（昭和一六）年に行われた内務省の座談会で「明治神宮が御鎮座になつて、果して国民が十分明治神宮に崇敬の誠を捧げ、多くの参拝客があるだらうかどうかと云ふことは、當事者一同も當時に在つては、確とした見當が付かなかった」とも指摘している一方、「明治神宮御造営と云ふことが機縁となりまして、先程からも御話のありますやうな、国民の間に神社崇敬の本當の熱意と云ふものが、全国的に発揚せられて来たと私は考へるのであります。今日から回顧致しますると、洵に相済まないやうなことでありますが、それ迄は各神社とも申さばほんの形骸だけを止めて居つて、國民崇敬の魂と云ふものの上に於いては、大いに缺くる所のあるやうな點もあつたではないか、それが明治神宮の御造営と云ふことを契機としまして、民心が明治天皇の御聖徳に依つて、敬神尊皇の至誠を現実に現すやうな機運が、力強く開けて参つたのであります（『神社局時代を語る』八八頁）」と明治神宮創建以前・以後の国民の神社崇敬に対する変化を回顧しているが、同神宮の創建以後、近代的な制度としても国民の神社に対する崇敬、信仰のありようを決定づけたという点で、大正期における明治神宮の創建が国民と天皇・神社との関係性や、神社行政の展開を窺い知る上でも重要な転機であったと考えられよう。

四　大正の御大礼と神社界――登極令と神社の奉祝事業から

大正天皇の即位礼と大嘗祭

次に一九一五（大正四）年に斎行された大正の御大礼とその奉祝について神社との関係性から述べてみたい。

大正の御大礼は一九〇九（明治四二）年に皇室令第一号として制定された「登極令」に基づいて初めて行われた御大礼であり、その点では、近代に初めて行われた明治の即位礼・大嘗祭の轍を踏まえて即位儀式の近代化・国際化を果たしたという点で意義ある儀式であった。

践祚後の一九一三（大正二）年一月一四日、渡辺千秋宮内大臣を委員長とする大礼準備委員会が省内に設けられ、同年一一月二一日、政府に大礼使が設置されて伏見宮貞愛親王が総裁、原敬内務大臣が長官に就任し、登極令の附式及び皇室典範に基づき、御大礼の斎行に向けた準備が進められることとなった。その後、大礼使は大正三年一月一七日に、同年一一月一〇日に即位礼、一三日に大嘗祭が京都で斎行されることを決定し、天皇の勅定も得、「亀卜」による悠紀・主基地方の点定も済ませていたが、前述した通り、一九一四（大正三）年四月に昭憲皇太后が崩御したこともあり、祭儀自体の延引が決定するとともに大礼使も廃止されることとなった。同年九月二一日に再び大礼準備委員会が設置されたが、皇太后の喪が明けた翌年四月一二日に大礼使も再設置され、総裁には再び貞愛親王が、長官には原内務大臣から鷹司熙通侍従長へと交代、即位礼が一一月一〇日、大嘗祭が一四日と勅定された（『大正天皇実録』）。即位礼は京都御所紫宸殿にて、大嘗祭は仙洞御所跡の大嘗宮で斎行され、一六・一七日と二条離宮にて大饗が催された。即位礼では天皇が登壇される高御座については明治の折は幕末の一八五五（安政元）年に焼失していたことから、御帳台を代用したが、大正の御大礼では新たに建造され、皇后も即位礼に出御あそばされることが登極令では規定されたことから、皇后が登壇される御帳台も新たに建造されるなど（実際には大正度の即位礼では貞明皇后は妊娠中につき出御あそばされず）、随所に新たな要素が盛り込まれることとなった。

一八八九（明治二二）年二月に定められた皇室典範（旧皇室典範）では、第一〇条で「天皇崩スルトキハ皇嗣即チ踐祚シ祖宗ノ神器ヲ承ク」とあり、天皇が崩御した瞬間に新たな天皇が践祚し、皇位につくことが規定されたが、皇位継承にかかる儀式を規定した登極令には附式が定められており、践祚から改元、即位礼、大嘗祭など諸儀式の斎行について細かく規定されていた。登極令第四条では、「即位ノ礼及大嘗祭ハ秋冬ノ間ニ於テ之ヲ行フ」ともあり、第十一条で「即位ノ礼ヲ行フ期日ニ先立チ（中略）皇居ニ皇宮ヲ移御ス」とあって、秋冬に即位礼と大嘗祭が斎行と規定されており、「践祚」と「即位」とを明確に分割している。大正の御大礼は、即位礼が京都、大嘗祭が東京で行われた先例によらず京都で行われた。加えて、東京と京都との往復もあるため、それまでの斎行と比べ、経済的な合理性を重んじた形での斎行となり、登極令にて「秋冬の間」と定められた即位礼と大嘗祭を同時期に行うこととし、二つの儀式が一連の行事として実施されることとなったが、これにより、即位礼の位置が践祚との関係から大嘗祭との関係へと重点が移ることとなった。さらに即位礼当日に賢所大前の儀が新定され、三種の神器は即位儀礼に必ずなくてはならないことから、神器を奉安する賢所が京都御所の春興殿に移御することとなった点も挙げられる。また、従前はなかった人的な儀制面では皇后が、即位礼・大嘗祭に参列することが新儀として加えられた点や、天皇が臣下である国民の前に登場するようになった点が挙げられよう。さらに、改元についても明治の一世一元の制に準じて、従前の改元の主要形式であった踰年改元や踰月改元をとらず、践祚と改元が同時に行われる一世一元かつ即日改元の制を採用し、天皇の在位期間と年月の経過がより深く国民に関連付けられて認識されるようになったことも挙げられる。

こうした即位儀式を近代化かつ法制化した登極令の特徴の一方で、当時、貴族院書記官長を務めていた柳田國男の「大嘗祭ニ対スル所感」(『柳田國男全集』一三、所収)に見られるように、同令に対する批判もあった。この所感における柳田の批判は、当初秘せられていたものの、のちに公表されることとなり、柳田はこの「大嘗祭ニ対スル所感」で「国威顕揚ノ国際的儀式ナル」即位礼は、「華々シキ」ものであり、「即位礼ノ儀式ヲ挙ゲ民心ノ興奮未ダ去ラザル期節」に「国民全体ノ信仰ニ深キ根柢ヲ有スルモノ」で「幽玄ナル儀式」である大嘗祭とを時期的な間隔をほぼ空けずに一週間のうちに連続して行うことに対する不満を示していたことが明らかとなっている。併せて柳田の「所感」では、京都で行う点は先帝の思召しであると拝察するが、経費的な面の節約を以てして即位礼と大嘗祭を京都で連続して行うことも批判している。

その一方で大正度の大嘗祭では、明治大嘗祭に引き続いて大嘗祭へ悠紀主基地方以外に国民奉賛の趣旨を持つものとして全国各道府県から「庭積机代物」の奉献も採用されており、完全なものではなかったとはいえ、即位礼・大嘗祭にかかる詳細な規定が制度化された登極令ならびに同附式によって古儀と新儀が調和された厳粛な儀式が斎行されたことも事実であり、大嘗祭後の大嘗宮の一般拝観なども明治大嘗祭に引き続き実施されていた。

民間の御大典奉祝事業と神職会

こうした登極令に基づく皇位継承儀式が斎行されるなかで、京都市内の奉祝門の装飾やイルミネーション、提灯行列、東京市の花電車などに代表されるように、自治体や民間諸団体による大礼の各種奉祝事業が行われていたことも知られるが、いわゆる御大典の奉祝行事と神職会とのかかわりについても大正の御大典時には、神社における大典記念の奉祝事業推進について神社局から次のような指針が通牒として出されていたことが知られる。神社界の大典記念事業は、あくまで全国各地、各公共団体や各種団体で行われた奉祝事業の一端に過ぎないが、天皇と当時の人々との信仰的な関係性を窺う上での一つのモデルとして掲げておこう。

三発局第一一七号

大正三年十二月七日

内務省神社局長　井上友一

御大典に付神社の紀念施設に関する件通牒

明年秋期を以て曠古の御大典挙行被為在候に付ては之を機として各神社に於ても之が記念たるべき諸種の施設計畫可有之こと、存候處其施設の選擇に付ては最も考慮を要すべきこと、被存候即ち社殿の修造其他神社に必要なる建物及工作物の建設、境内地の整善記念神林の経営或は防火設備の完成等の如きは最も神社に適應したる擧と被存候然るに従來各地に行はれしが如く或は唯単に記念碑の建設する等の如きに在りては神社の施設として直接必要と認めざるのみならず却而之が為め神社の尊厳境内の風致等を損傷するの結果と可相成被存候御大典迄には猶日子も有之候事に候へば其邊の事につき豫め篤と御注意相煩度

（神社協会編『神社協会雑誌』一四―一、二八頁、同『神社事務提要』一九一五、八〇頁）

この通牒は神社界に対してのものであるが、この通牒とは別に文部省からは、大礼記念として大礼誌の編纂、全国各学校の児童から奉祝唱歌を募集するとともに御即位当日は国家的至大無上の盛典であることから全国各学校では職員生徒を講堂に集めて祝意を表することが示されている。ここからやや時系列的に御大典と神社界の動きを追っていこう。

神社局からの通牒を受けた一か月後の大正四年一月一七日には、和歌山県神職会では、神職大会で神社局提案の諮問事項に対して答申があり、御大典記念事業について次のように提示している。

二、御大典紀念事業トシテ最モ適切ト認ムルモノ左ノ如シ
　一、境内植林
　二、神饌田ノ設置
　三、氏子中家督相續アルトキハ其奉告祭ヲ行フ事
　　第三項ハ御即位式ノ御精神ニモ愜フニヨリ可成實行ヲ期シタシ
右實行方法トシテハ内務省又ハ地方廳ヨリ一般ニ周知セシメ且奨励方法ニ付き適當ノ途ヲ講セラ

レンコトヲ望ム

とあり、植林、神饌田、奉告祭という三本柱で記念事業を実施する旨が提示されている。関東では、同年一月二三日の一府七県連合神職大会にて、茨城県神職督務所から大嘗祭について、府県社以下の神社にも官国幣社と同様に相當の待遇をなされんことを其の筋へ建議することが提出されたほか、御大礼を記念せんため、無格社の通称社格を廃止して、これを整理することを其の筋に建議することが、官国幣社宮司会から提出されている。さらに即位禮大嘗祭の當日町村及家庭に於て奉祝の敬意を表すべき方法に就いて、調査を皇典講究所に依嘱して発表せられたいという建議や昭憲皇太后の諒闇明けに於ては、神職は氏子を便宜の所に集めて、臨時の大祓を行うことを全国神職会長より通牒せられんことを申し入れるべきといった建議が神奈川県神職会から提出され、建議されているが、実際には、内務省神社局からは、建議として氏子総代崇敬者総代選挙に関する現行の規則の不備に関して規定案の修正の当否と、神社社務および経営に関する整備改善等を総会に提出しており、神社局側と各県神職会側との温度差があったことが知られる（『神社協会雑誌』一四―二）。

また、青森県神職会では、前年の一九一四（大正三）年から県神職会の事業として巡回講話を実施していたが、一九一五（大正四）年に入り、大礼に関する巡回講話会を神職会の主要事業として据え、県内各所を巡講したほか、県神職会の御大礼記念事業としては、『青森県神社誌』を編纂し、各神社においては、それぞれ神社の修理修造や祭祀調度品の新調を行ったほか、植林などを記念事業として実施している。

ついで福井県神職会では、御大典記念事業として大野郡内の神社では神社基本財産の増加、敦賀町では気比神宮、金崎宮にて千本単位の植樹を実施、町内他の神社にも奉献の植樹を実施し、毎年三反・一〇か年間にわたる杉・檜の記念林の造成（三方郡・郷社彌美神社）を実施する社や基本財産増加のための神社林の造成（大飯郡）、神田の設置（三方郡）、神社拝殿の建設（大飯郡）がなされるなど植樹を中心とした事業がなされている。

なお、神職のうちでも御大典事業に意見を表明するものが登場し、のちに国幣中社中山神社宮司を務める大阪の仁木大次は「大典記念事業を起すに就いて」（『神社協会雑誌』一四―三）で、①神社財産増成、②社格昇進、③御神田設置、④神殿その他建造物の造営、⑤境内樹木の植え付け、⑥神苑の設置または高大なる石鳥居石灯篭の新設などを神社の発展と神社の森厳さを加える事業として起業に努力すべしと述べているが、先に記した通り、各地の神職会ではまさに仁木の述べたような事業が展開されていることが明らかであるといえよう。

神奈川県神職会から提出建議された点については、皇典講究所が一九一五（大正四）年四月に内務省からの下問に対して、即位礼大嘗祭に関する決議を行い、官国幣社宮司談合會などの開催を受けて、その答申を内務省へと提出している。その決議内容については、

1、大嘗祭当日各神社に於て行う祭典には各地方の官公吏其他重なる者を参列せしめられたき事
1、御即位に関し旧儀に由り大奉幣大神宝の御儀ありたき事
1、御即位の当日神社に於て祭典を執行するの規定を発せられたき事
1、官國幣社大嘗祭幣帛を明治四年の例に准ひ現品を以てせられたき事

1、本年に於ける府県社以下大嘗祭奉幣の規定を発せられたき事
1、御即位礼大嘗祭当日は明治四年太政官達書の例に准ひ国民一般所在神社に参拝し奉祝すべき訓令を発せられたき事（時勢ノ変遷は多少の斟酌を要するとも當該の大臣から、全国各地に訓示すれば、祭典執行の趣意が徹底される）
1、御大礼前周く天下に大祓を行はせられたき事
1、古来近畿の神社御崇敬の例に准ひ各神社に就き社格昇進其の他の特典ありたき事
1、此の機会に於て記念の意義を以て施設または挙行すべき事柄は左の類なるべし
1、基本財産の造成　2、神田の設置　3、記念造林記念植樹
4、神殿の装飾及祭具調度類の整備　5、建物の修築完備　6、鳥居玉垣等必要物の造営
7、楯矛等の装飾物の備付　8、文庫の設置　9、神社由緒の調査

とあり、仁木が指摘した事業展開の事項をさらに詳細に示したような内容となっているほか、大嘗祭当日に神社にてなすべき祭典等についても訓令や規定を発してほしい旨が明示されていることがわかる。また、同時期に九州神職会では、①御即位大嘗祭の御趣旨を氏子人民に熟知せしむるため講演会を開設する事（但し一町村一か所以上）、②御大礼を機とし、神祇崇敬の本旨を明にせらるゝ為め、神職の待遇を進めらるる様に建議すること（福岡県神職会）が建議として提出されており、神社局の設置以後も神職の待遇改善が建議されていたことも窺い知ることができるが、内務省神社局では、この神職の待遇改善問題に関係する問題として、御即位礼・大嘗祭当日の各社の大中祭の斎行に支障をきたす問題として、大正四年五月八日に次のよう

な神職兼務に関する通牒（局第五八号通牒）を井上友一神社局長名で各地方長官宛に発している。

現今の実況に徴すれば神社数に比し神職員数寡少なるを以て今直に一般神職の兼務を廃するは極めて困難の儀と思考せられ候へ共近来神社の維持方法神職の養成等漸次整備の域に進み殊に府県社以下神社に関する俸給規程の如きも数県を除くの外多数の府県に於ては夙に其の規定を設け俸給支給の実施を見るに至り又神職の兼務制限に関する規程を設けたる地方も不尠趣にして神社奉仕上兼務の好ましからざることは今更言を俟たさる所に有之殊に今回の御即位並大嘗祭当日の大中祭を行う場合の如き最支障を見ること不尠と存候就ては官國幣社の神職は此際力めて兼務を止めしめ府県社以下神社の神職に在りては其の兼務を不得已場合に於ても猶一定の制限を附し神職をして専念奉仕の任を全うせしめ候様御配慮相成度尤も右は各社の経済事情等に依るへき儀に付篤と実況御取調の上神社の維持方法の充実を期すると共に兼務制限の件実行に着手せられ候様致度と存候

追而右神職の兼務制限に関する規程を設けあるもの又は新に設けられたるものある時は直ちに御報告相願度

（内務省神社局編纂『神社法令輯覧』一九二五、一五九頁、原文の送り仮名はカタカナ）

この通牒を発した井上友一神社局長は、前任局長であった水野錬太郎とともに日露戦争後に地方改良政策に伴って実施された神社整理施策の立案者かつ責任者でもあったが、神社法令の改正・統廃合など法制の整備にも力を尽くしたほか、地方局府県課長を兼務して現代の社会福祉事業の前段階にあたる感化救済事業の実施に尽力し、地方改良運動に伴って神社の整理に伴う専任神職の増加と地方の精神的自治の在り様に力を注いだ人物でもある。神社局長としての在任期間は、最長となる七年にわたり、御大典が斎行される直前の大正四年七月に東京府知事に転任しているが、明治神宮の創建に関しては盟友であった渋沢栄一らとともに神社奉祀調査会に尽力し、府知事の転任後は、昭憲皇太后の大喪儀葬場殿址地の保存運動などにも東京府側の責任者として関与するなど諸種の行政に辣腕を揮った内務官僚として知られている。井上の神社局長在任時でもある大正の御大典直前の時期には、神社局では御大礼に併せて神社と地方自治との関係性を深める施策および神社の経営体力を付けさせるとともに神社の事務実務運営の健全化のための施策と神社関連の諸法令の再編成、さらには、地方自治政策との兼ね合いで敬神思想の振興のための施設、事業・祭祀との関連の施策を企図していたことも知られる（藤本、二〇〇九、五三～一七八頁）。

次に大阪府神職会では、一九一五（大正四）年五月二〇日の神職総会にて、大礼記念事業として中河内郡支部に於て、①神社の森厳を保持すべく最も樹齢の長き樟苗を植栽することとし、氏子を勧誘して献木せしめることや、②大正四年を起点として、毎年拾円以上を積み立てて一〇〇年以上継続して神社基本財産の造成に努めること、③社殿工作物の改築修繕等各神社の実況に応じて必要な施設経営をなすことが報告されている。

また、熊本県神職会では、同じく六月の神職総会にて同県神職会長よりの指示事項として、大嘗祭当日に府県社以下の神社においても官国幣社に準じた祭祀を行うよう依頼があり、祭式及び服装の統一、祭祀の意義を市民に周知せしめることや、社殿及び境内の整備改善、神社の財務や社務に関する簿冊の整備備付、祭神名及由緒等の周知、境内に存在する史跡古墳墓等の保存などが出され、御大礼に併せて神社事務運営の健全化と近代化が大礼の事業として考えられていたことが伝えられている。

ついで、千葉県神職会では、九月五日の第四回神職総会にて御大礼記念事業として氏子の各邸宅内に植樹し、将来の伐採の場合、その半分以上を神社の維持費に寄付せしむることや、氏子をして出産・入学・結婚などの場合、氏神に参拝し奉告せしむる方法を講ずること、神饌幣帛料供進指定を受けている神社を有しない各町村の神社に対して、大典奉祝の記念事業として神饌幣帛料供進指定を受けることが可能となるべく、社殿境内の完備、維持方法の確立を図るための方法を講ずることが建議された。加えて同日午後に行われた一府七県の連合神職総会では、御大礼当日の奉祝として御即位式当日は氏子各戸で万歳旗や小形の壱旗を用意して、神社祭典の節にこれを携行して参列し、神社神職の発声に応じて万歳を三唱し、当該の旗を記念として保存することや、大嘗祭当日には、かつて室町時代まで実施されていた、大嘗祭における悠紀主基の「標の山」にあたるものを作り奉祝を行うことなどが建議されている。岐阜県では、新嘗祭献穀の制が山縣郡で実施されたほか、香川県では表1にあるように綾歌郡で樋口徳太郎郡長が就任後、神社施設と町村自治に関する事業の実施を考究していたことが報じられている。

岡山県神職会の御大典奉祝事業と無格社の整理

本稿では、とくに御大典奉祝にかかる資料が残存している『岡山県神職会事業一斑』（岡山県神職会編、一九一六）をもとに、県内の神社の大典奉祝事業を見てみよう。岡山県内では御大礼に関する講演会が県内一四支部中三支部で行われているが、県内の様子を伝えるものとして、

表1　綾歌郡における神社施設と町村自治の事業（『神社協会雑誌』より筆者作成）

神社と郡（自治体）との関係	
1	自治奉告祭執行
2	町村長、学校長、農会長、在郷軍人会長、青年会長などの就任奉告宣誓祭の斎行
3	学童入学宣誓卒業奉告祭の執行
4	誕生祭成年祭の執行
5	軍人入退営奉告式の執行
6	町村又は個人公共団体の表彰ありしとき且町村主要なる事業着手終結の時の奉告祭の執行
7	神田神饌園の設置
8	皇道講演会の開会
9	結婚式及奉告祭の執行
10	町村内功労者及び軍人などの写真遺物を神社に奉納せしめて保存を図ること
11	御大礼記念として神社初穂組合を組織する
12	毎年大祓式を斎行
13	神社清潔法の励行
14	社頭に掲示板を設け神事等に関する事項を掲記すること
15	町村役場へ神棚を設け皇祖及び産土神を奉祭すること
16	年賀祭の執行
17	神社祭事と農事組合とを接合せしむること
神社と学校との関係	
1	教員をして神社に関する思想を明確ならしむること
2	神社の性質を児童に知らしむること
3	皇室の御神事を児童に知らしむること
4	教科書にある神代史は注意して教ふること
5	神社に関する特殊の名称を児童に知らすこと
6	氏神例祭祈念新嘗祭に児童を参拝せしむること
7	陛下毎月御行事に倣ひ毎一日に児童を参拝せしむること
8	三大祝日陸海軍記念日に児童を参拝せしむる事
9	神社境内にて運動会を開くこと
10	社頭に入学卒業の時記念植栽をなすこと
11	社内通行の時は必ず敬礼せしむること
12	神職は学校の儀式に参列し敬神上の講話をなすこと
13	その他数件

三　御大典記念事業

大正四年六月本会長ハ評議員及支部幹事ヲ召集シ御大礼ニ際シ神社ニ於テ行ハシメラルヽ即位礼及大嘗祭当日ノ祭祀ハ特ニ鄭重ナラシメ且大嘗祭ノ由来ヲ一般ニ周知セシムルコト并ニ御大典ヲ記念スヘキ事業ニ就テ指示スル處アリ茲ニ於テ各郡市部ハ御大礼ニ関スル講演会ヲ開キ或ハ印刷物ヲ各戸ニ配布シ之ヲ所在地方民ニ周知セシムルニ努メ又各種ノ記念事業ヲ計画セリ支部又ハ神社ニ於テ施設シタル事業ニシテ報告ニ接シタルモノ左ノ如シ（岡山県神職会編、一九一六、七〜八頁）

とあり、表2、表3にあるように岡山県内各支部では支部の主要な奉祝事業として、支部単位での神社誌の編纂もしくは、即位礼・大嘗祭の意義にかかる冊子の作成と配布を実施しており、他県と同様の事業が見られる。各神社の事業については、例えば、児島郡においては、一定の用紙を各戸に配布、戸主および家族の氏名年齢を自署なさしめ、大嘗祭当日にこれを取りまとめて、神職の趣意書を添えて、各神社に奉納。赤磐郡他郡では、同様に記念のため、氏子崇敬者の名簿を神社に奉納するなどしていることも記されている。『岡山県神職会事業一斑』の記載によれば、岡山県の場合はこの時期、神社整理が盛んな支部である川上郡や、のちに国幣小社に昇格する吉備津彦神社（昭和三年昇格）のある地域で官幣中社の吉備津神社に隣接する地域でもある御津郡、官幣中社吉備津神社のある地域である吉備郡などで御大典奉祝事業の一環として神社の整理が盛んであったことを窺い知ることができる。岡山県内では一九一六（大正五）年の県内神社数が五四一八社であり、うち官国幣社以下府県郷村社が、一三四九社、無格社が四〇六九社である。前年の県内神社数が五六〇五社で、無格社を除く官国幣社や府県郷村社の数が前年の一九一五（大正四）年は一三六一

表２『岡山県神職会事業一班』に記された各郡神職会の御大典奉祝事業

<table>
<tr><td>支部名</td><td>事業ノ大要</td></tr>
<tr><td>邑久郡</td><td>邑久郡神社誌ヲ編纂シ各神社、町村役場及小学校ニ配布セリ</td></tr>
<tr><td>小田郡</td><td>「御即位礼ト大嘗祭ノ略儀」ト題スル印刷物ヲ各市町村及小学校等ニ配布ス之カ経費約貳拾円ヲ要セリ」</td></tr>
<tr><td>吉備郡</td><td>吉備郡神社誌ヲ編纂シ郡内ニ配布ス之ニ要スル経費約貳百七拾五円ナリ</td></tr>
<tr><td>上房郡</td><td>「御大典之意義」八千部ヲ印刷シ郡内各戸ニ配布セリ之カ経費凡四拾円ヲ要セリ</td></tr>
<tr><td>真庭郡</td><td rowspan="5">五郡支部聯合シ美作國神社誌ヲ編纂中ナリ</td></tr>
<tr><td>苫田郡</td></tr>
<tr><td>勝田郡</td></tr>
<tr><td>英田郡</td></tr>
<tr><td>久米郡</td></tr>
<tr><td>苫田郡</td><td>「御大礼及大嘗祭ノ意義」数千部ヲ印刷シ郡内ニ配布セリ</td></tr>
<tr><td>英田郡</td><td>「即位ノ大礼本義」並「大嘗祭ノ由縁」ト題スル印刷物ヲ各会員、町村役場、小学校等ニ配布ス又小学校児童ヲシテ氏神ノ事跡由緒ヲ知ラシメ敬神愛国ノ念ヲ向上セシメムカ為メ会員ヲシテ之ヲ編纂シ各小学校ニ寄附セシムルト仝時ニ教師用トシテ支部ニ於テ神社記ヲ作製配付セリ之ニ要シタル経費六拾餘円ナリ</td></tr>
</table>

表３　大正御大礼時の岡山県各支部の神社の事業

	岡山市	御津郡	赤磐郡	和気郡	邑久郡	上道郡	児島郡	都窪郡	浅口郡	小田郡	後月郡	吉備郡	上房郡	川上郡	阿哲郡	真庭郡	苫田郡	勝田郡	英田郡	久米郡	計
由緒の調査並びに社記の編纂	4	14	8			1					7	1		33		2	4		1	1	76
神田、斎田の設置		2	1		1					1		9	4	32	1				3		54
献穀祭の創始		4	1								1	4	5	3			2		2		22
勧学祭、成年祭、入営祭其他奉告祭			6		2							3	1	2			1				15
神社の経営並記念植樹	3	51	16	11	9	3	3	2	6	2	4	29	10	43	14	8	11	7	6		238
氏子崇敬者日参又は月並参拝の開始		3	4					1				17	4	7			4		4	1	45
初穂組合の組織			1						11			11	2	3	1		2				31
敬神に関する団体設立その他の施設					1							3	1	1			2		1		9
社殿の修築	2	19	16	7	3	7	1	3	4	5	2	17	12	13	10	11	3	1	3	2	141
鳥居、玉垣その他工作物の修築	2	13		5	4	2		1	3		2	10	4	6	11	1	1	3	7		75
社殿装飾及祭具調度類の整備		4		2	1		1		1	1		4		3	1	1			2		21
境内地修理整善並接続地買入	4	7	2	1	2				4	2	3	10	3	6	2	2	3	1	3	1	56
参拝道路の改修		1			1							3	1						2		8
防火の設備	1	2									1	4		3			1		1		13
神苑又は記念公園設置			1		1	1			1		2		4			1	1		1		13
文庫又は公会堂建設														1	1		1				3
基本財産の造成	3	12	5	6	1	1				1	12	4	3	8	11	2	5		4	2	80
荒蕪地原野等の開墾																	2	1	1		4
合計	19	132	61	32	26	15	5	7	30	12	34	129	54	164	52	28	43	13	41	7	904

社、無格社が四二四四社、一九一三（大正二）年の無格社を除く神社数が一四四八社で翌三年が一三八四社、無格社の神社数が一九一三（大正二）年で四九一二社、翌一九一四（大正三）年が四四一一社であることからみても（数字は内閣統計局編『日本帝国統計年鑑』による）大正の御大典が実施される大正初期には神社整理が概ね終息期を迎えていたなかで、いまだ神社整理の実施、特に無格社の整理がなお進められたことを窺い知ることができる。

また、『岡山県神職会事業一斑』では、事業数からすれば、ほぼ県内の三分の二の神社にて何らかの奉祝事業が実施されていたと考えられるが、加えて、各支部において他府県における優良神社ならびに神社行政事務、その他の状況をも視察するなどしており、神社・神職への指導や神職会の会務の参考にするため、実際には大正度の大嘗祭で主基田となった香川県への視察や全国各地の優良神社の視察（三重県・兵庫県・山口、島根、鳥取）などが実施されている。岡山県内における各神社の御大礼記念事業の特徴として、①由緒調査と神社誌の編纂、②神饌田の設置、③神社の経営・記念植樹の実施（いわゆる神社整理なども含む）④社殿修築・工作物の設置、⑤境内地・接続地購入、⑥基本財産の造成などが挙げられるが、各県と変わらない事業が大半であるものの、郡単位における神職会の事業の詳細な実施内容を窺い知ることができるという点では、他府県の神職会における奉祝事業内容との比較や実施事業を推測する上での参考となる事例であるといえよう。

なお、大正の御大典に併せて敬老の賑恤が行われた際、三重県内では大典記念として養老碑を神社に建立したような例もあるが（櫻井、二〇〇二）、本章では紙面の都合もあり紹介するにとどめておきたい。

五　皇陵巡拝の増加

皇陵の巡拝と修学旅行

明治天皇の大喪儀にて伏見桃山陵が建設されて以後、大正期を経て鉄道網の整備など交通事情の変化により、昭和初期には、皇陵巡拝が隆盛を迎える。諸陵寮の調査に基づき、その様子を見てみると、一九三〇（昭和五）年が約三八〇万人、一九三二（昭和七）年が約四三〇万人、一九三四（昭和九）年が約五七〇万人、一九三六（昭和一一）年が約六五〇万人、一九三七（昭和一二）年が約一一二〇万人という記録が残されている（渡部信「御陵墓について」紀元二千六百年奉祝会編『紀元二千六百年』一巻一〇号、一九三八、九頁）。とくに参拝の多い御陵としては、後醍醐天皇陵（塔尾陵・吉野）九万五千人、後村上天皇陵（檜尾陵・大阪府南河内）二五万人、仁徳天皇陵（百舌鳥耳原中陵・堺市）一八万人〜六八万人、神武天皇陵（畝傍東北陵・橿原市）三二万人、大正天皇陵（多摩御陵・八王子市）七三万人、明治天皇陵（伏見桃山陵・京都市）八五万人〜二三七万人（昭和一二年）とあり、明治天皇陵に昭憲皇太后陵を足すと桃山の両御陵だけで四七〇万人を超える数が御陵へと参拝していたとされる。東京鉄道局『京都・桃山・大阪・奈良・山田　廻遊案内』（一九二八）によれば、当時は東京から関西方面への旅行には、桃山御陵と京都乃木神社、桓武天皇陵とをコースに組み入れることも多く、「明治天皇は兼て此地の景勝を愛せられたといふ、南は巨椋池一帯の眺望開け石清水八幡宮のある男山は低く鬱蒼としてゐる。右は天王山左は摂津和泉の山々も淡く見渡されて、明治中興の英霊を鎮め奉るには誠に相応しい處である」と記されている。

昭和初期の旧制中学・高等女学校などの修学旅行は、必ずといってよいほどに伊勢・橿原神宮・畝傍御陵・桃山御陵の「三聖地」への参拝がセットとなっていたが（藤本、二〇一二）、この点についてやや時代は下るが、一例を紹介しておきたい。

一九四二年の石川県金沢第一高等女学校（現石川県立金沢二水高等学校）の修学旅行では、単に伊勢神宮のみを参拝しているだけではなく、神宮以外にも春日大社や橿原神宮、東大寺に興福寺、平安神宮、清水寺、東本願寺など、現在の京都・奈良への修学旅行の定番コースの一部も訪れるとともに畝傍、桃山御陵など皇陵を参拝していることが窺える（『昭和十七年度　修學旅行日程』石川縣立金澤第一高等女學校）。昭和一七年から一八年頃は、戦前期の中学校・高等女学校における修学旅行の最後の時期であるが、東京第一師範附属国民学校でもこの金沢第一高等女学校と同様に伊勢・奈良・京都への聖地参拝という形で実施されている。戦前期におけるこうした聖地巡拝の内容の詳細分析は、勢之国屋資料を用いた太田孝による研究（太田、二〇一五）などもあるが、当時の児童・生徒の修学旅行事情と天皇崇敬との関わりを窺う上では、これら皇陵への巡拝は興味深い事実であるといえよう。

六　おわりに

以上、我が国近代の中心的主柱ともいうべき存在であった明治大皇とその后であった昭憲皇太后の崩御、そして御大喪、明治神宮の創建と新たに訪れた大正の御大典の奉祝事業、そして天皇の鎮まる皇陵への巡拝に至るまで、大正期を中心に天皇信仰の展開を神社・神職の様子も含めつつ、跡付けてみた。明治神宮の創建は、天皇の御聖徳を仰ぐ、全国青年団による造営奉仕というものを経て築き上げられてきた点は忘れてはならない事実であり、その一方で神宮の創建を通じて、敬神尊皇の至誠が築き上げられ、以後の国民の神社観念や崇敬のあり方が整っていくことにもつながった点は現代の明治神宮の正月の参拝光景などにも見られるように、今日の神社のありようを窺う上でも興味深い点である。

また、大正の御大典時の神社界における奉祝事業は、即位礼や大嘗祭の意義啓発のための講演会や冊子の作成配布、神饌田の開始など、直接的に天皇の即位儀礼と繋がっていくような事業も見られるが、むしろ、神社林への植樹や基本財産の拡充、神社の護持運営の上で経営面での足腰を立たせるような事業や神社の修造や神社誌編纂に見られるような神社の由緒の調査などが主であり、具体的な詳細が記された岡山県神職会の事例を分析した上でもその点は各県とほぼ変わらない内容であったことが明らかである。

大正期は、明治末年に定められた登極令による初めての皇位継承儀礼の執行であり、その点で各自治体実施の事業や神社における各奉祝事業についても種々の先駆的な面も見られるが、昭和期においても、神社ではほぼ同様の内容が実施されることから考えても（神社本庁編『昭和の大礼奉祝事例集』一九八九）、近代以降の御代替わりにおける奉祝事業のあり方を考える上で、大正度の即位礼や大嘗祭、そして奉祝事業を分析することは、天皇と国民との今後の関係性をみていく上でも重要な営みであるといえよう。

参考文献

史料

岡山県神職会編（一九一六）『岡山県神職会事業一斑』

紀元二千六百年奉祝会編（一九三四）『紀元二千六百年』第一巻一〇号

宮内庁編（一九七五）『明治天皇紀』第一二、吉川弘文館

神祇院編（一九四二）『神社局時代を語る』

神社協会編（一九一五）『神社協会雑誌』一四巻一号～一二号

内務省神社局編纂（一九二五）『神社法令輯覧』

明治神宮社務所編（一九二四）『明治神宮に関する美談集』

研究文献

今泉宜子（二〇一三）『明治神宮』新潮社

太田孝（二〇一五）『昭和戦前期の伊勢参宮修学旅行と旅行文化の形成』古今書院、二〇一五年

櫻井治男（二〇〇二）「養老のいしぶみ」『名賀医報』一二一号

佐藤一伯（二〇一〇）『明治聖徳論の研究』国書刊行会

藤田大誠・青井哲人・畔上直樹・今泉宜子編（二〇一五）『明治神宮以前・以後』鹿島出版会

藤本頼生（二〇〇九）『神道と社会事業の近代史』弘文堂

――（二〇一二）「伊勢神宮参拝と修学旅行の歴史」『神道文化』第一 四号

――（二〇一四）「昭憲皇太后大喪儀葬場殿趾碑の建立について」『明治聖徳記念学会紀要』五一号

――（二〇一五）「「国家ノ宗祀」と明治神宮御造営―内務官僚の思想と施策から―」藤田大誠・青井哲人・畔上直

樹・今泉宜子編『明治神宮以前・以後』鹿島出版会
山口輝臣（二〇〇五）『明治神宮の出現』吉川弘文館

コラム⑥　大正モダンと明治神宮

今泉宜子

一　明治神宮コンプレックス

ここに「明治神宮参拝案内図」と題した地図がある。大正最後の年、一九二六（大正一五）年に発行されたものだ。明治神宮は、一九二〇（大正九）年、明治天皇とその后である昭憲皇太后を祀る神社として創建された。造営の歴史的経緯については第七章を御覧いただくとして、本稿では、明治神宮という空間が今から百年前にどのように編成されたのか、一枚の地図を手がかりに読み解いてみたい。

俯瞰してまず実感するのは、現在の渋谷・新宿・港の三区をまたぐ、その規模の大きさではないか。東京・代々木に広がる七〇ヘクタールの鎮守の森。東京ドーム一五個分に相当するこの森は、正確には明治神宮「内苑」と称する。地図の西側に描かれた内苑敷地の中央に、両祭神の御霊を祀る「御社殿」がある。一方、この「内苑」と対になるのが、ヤクルト球団のホームグラウンド「神宮球場（明治神宮野球場）」を擁することでも知られる「外苑」だ。そもそも明治神宮はこの内苑と外苑がセットであるという明確な構想で、当初から造営されたことは重要だ。外苑敷地の左奥には「競技場」が見えるが、これが国立競技場となったのは戦後のことで、当初は明治神宮の一部であり「外苑競技場」が正式な名称だった。競技場を含む外苑は、実業家の渋沢栄一らを中心として設立された民間団体「明治神宮奉賛会」が、全国からの寄付金を募って造成したものだ。一九二

六年一〇月、竣功した外苑は奉賛会から明治神宮に寄贈され、現在に至る。ちなみにこの参拝案内図は、外苑竣

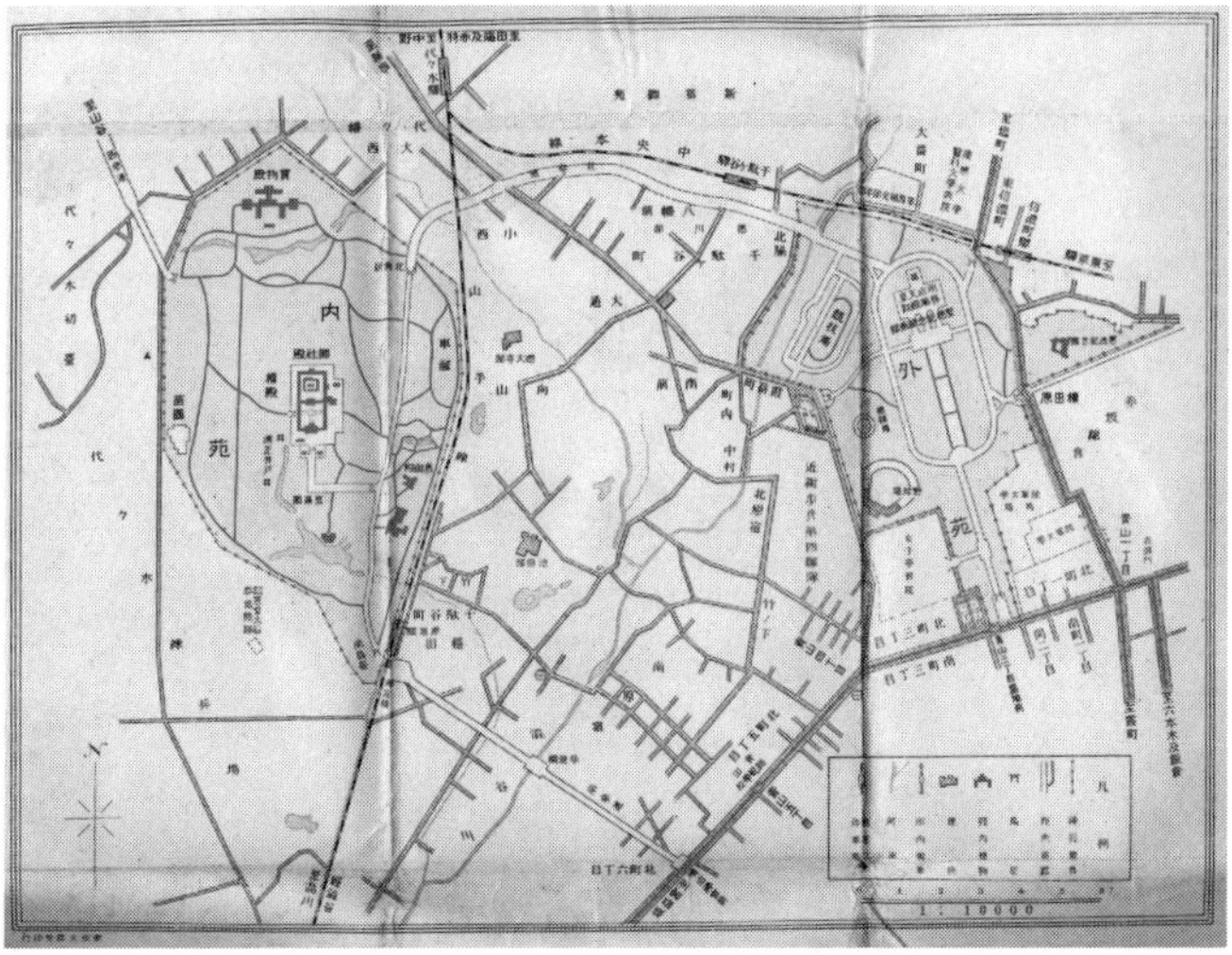

明治神宮参拝案内図（1926 年、明治神宮所蔵）

功を記念して制作されたものだ。明治天皇とその時代を記念する明治神宮内外苑は、大正という一五年間をすべて費やして完成したことになる。

　地図に戻れば、内苑の原宿口から南東に伸びる「南参道」とは「表参道」を指す。全長一キロメートル、幅三五・五メートルという堂々たる表の参道だ。鎮座祭に合わせて開通したこの道は、明治神宮と誕生日が同じ。同じ年回りで周年を祝うことにもなる。この表参道と対をなし、明治神宮には裏参道も存在する。中央本線（現在のＪＲ中央線）沿いに内外苑をつなぐ通称「内苑外苑連絡道路」で、地図では「北参道」と名前がある。この裏参道は表参道と同規模の幅員で、歩道・車道・植樹帯に加えて乗馬道を備え、日本屈指の「公園道路」と評価されたが、現在あまりその面影がない。これは一九六四年のオリンピック開催にあたり、乗馬道の上部に高速道路が架設されたことが原因だ。

　内苑、外苑、両者をつなぐ参道空間――大正時代の造営事業とは、この明治神宮コンプレックスとも称すべき複合的な空間を創造する一大プロジェクトだった。「大

正」とは現代の社会生活の原型を用意した時代だというが（鷲田清一編『大正＝歴史の踊り場とは何か』、講談社、二〇一八）、今に繋がる明治神宮の原型もこの時代に築かれた。そこでは林学はもとより造園に建築、都市計画に至るまで、広範な専門知識と技術が求められたことはいうまでもない。

二　明治神宮という難題

ここでは森づくりを担った専門家の仕事を例にあげたい。明治神宮内苑は、全国から寄せられた約一〇万本の樹木で造成された人工林だ。その造営には、のべ一一万人に及ぶ全国青年団の勤労奉仕があったことはよく知られている。今でこそ大都会の鎮守の森と呼ばれるが、造営前夜にさかのぼると、そこはまさに「代々木の原」であったという。当時の写真を見ると、代々木の原のむこうに煙突からのぼる煙が確認できる。代々木の原から代々木の森をつくり出すという難題に挑戦した学者達は、いわゆる大気汚染の煙害を意識していた。都市化により将来はますます汚染が深刻になることを予測したうえで、環境に強い神社林づくりに取り組んでいる。その中核を担ったのが、明治期ドイツに留学し日本初の林学博士となった本多静六を中心に、技師・本郷高徳、技手・上原敬二という東京帝国大学農科大学の専門家達だった。

彼らの理想は、将来は人為によらず自然の循環（天然更新）で繁茂する森をつくることだった。その為には暖帯に属するこの土地に最適な樹種を選定する必要がある。また周辺の工場からの煤煙による大気汚染をいち早く問題視し、都市環境に強い樹種にも注意を払った。このような考えから、本多たちは神社林なら杉であるという当時の常識を覆し、明治神宮の森にふさわしい主林木は樫・椎等の常緑広葉樹だという結論に至る。彼らが植栽計画の詳細を記した『明治神宮御境内林苑計画』には、百年を越える時間軸で天然林相を実現することをめざした四段階の遷移経過が予測されている。

この明治神宮の林苑造成は日本造園界にも画期的な発展をもたらした。困難に挑戦した現場での経験から、一九一九年九月、東京帝国大学農学部で初めて「造園学」が開講に至る。明治神宮の造営から学問としての造園が誕生したといわれる所以だ（本多静六「発刊の辞」『造園雑誌』一巻一号、一九三四）。

三　明治神宮誕生と参拝

そして迎えた一九二〇年の鎮座祭。明治神宮という創られた参拝空間を人々はどのように経験したか。

一一月一日午前、新しい社殿で厳かな神事が行われていた頃、表参道では午後からの開門を待ちきれない群集が「警戒線を突破」。翌日の『国民新聞』は「大衆駆け足で神域に雪崩入る」と混雑極まる様子を伝えている。参拝者はこの日だけで五〇万人を上回った。明治神宮の誕生は国民の関心事だったことがうかがわれる。この人出を促したのが鉄道の発達で、『国民新聞』（一一月六日）の調べによれば、一日から三日までの山手線・中央線の乗降客は一五〇万人で、前年同期に比べ一二〇万人の増加を記録した。また、鎮座祭前日から上野駅が混雑したように、地方からの上京者が多いことも特色だった（「一汽車毎に増す地方の拝観者」『東京朝日新聞』一一月一日）。

彼等の目当ては内苑の参拝もさることながら、外苑で催される相撲や競馬等の奉祝余興であり、なにより表参道その他の街路が提供する娯楽のさまざまだった。表参道では鳥居型をした巨大なハリボテの奉祝門が入口に建った。夜には表裏両参道をイルミネーションが飾り、華やぎを演出する。そして、街頭に軒を連ねる露店は、当時ブームだった記念絵葉書を求める人々でごった返した。『都新聞』（一一月一日）が「灯の都」と題した賑わいの描写は、大正モダンと謳われた当時の雰囲気をよく伝えている。「神宮附近の賑ふこと、燦爛たるイルミネーションの下は人の波。中にも内苑から外苑に通ずる一二町の裏参道は、一間隔きに三〇燭の電燈をつらね、店を並べた夜見世や見世物が、今日を待つ間もなく聲を枯らして人を呼び雑踏を極めて居る」。

明治神宮という近代的な複合空間は、人々の参拝行動にも多様性をもたらした。経験としての明治神宮とはかくもバリエーションに富んでいる。日本近代における〈宗教的なるもの〉は、このような種々雑多な空間とその経験のうちに問い直されるべきであろう。

第八章　日系仏教の海外への拡がりと思想交流

守屋友江

一　はじめに

自由な国際移動が可能となった一八六八年五月一七日（慶応四年四月二五日）、約一五〇人の日本人移民が横浜からホノルルへ出発した。彼らは「明治元年」に渡航したということで「元年者《がんねんもの》」と呼ばれる。ハワイや南北アメリカ大陸へ出稼ぎ労働者として渡ったこれらの移民とともに、彼らが信じ実践する仏教、新宗教、神道などの宗教もまた、海外に拡がっていった。さらに、アジア太平洋にも帝国日本が植民地とした勢力圏を含めて日本人が渡航し、現地教団を形成した。アジア太平洋地域の勢力圏については別の巻で論じられているので、ここでは主に、移民に占める信者数が多い仏教の欧米諸国への広がりと思想交流について述べることとする。

　日本人仏教徒はまた、ヨーロッパの大学で近代仏教学を学ぶために留学した。明治初年の廃仏毀釈による打撃の比較的少なかった本願寺教団は、一八七六（明治九）年に南条文雄《なんじょうぶんゆう》（一八四九～一九二七）と笠原研《かさはらけん》寿《じゅ》（一八五二～一八八三）をオックスフォード大学に留学させている。しかし当時のヨーロッパにおける仏教学は、パーリ語経典を用いた上座仏教の研究が中心であり、とくにサンスクリットから漢訳された経典を用いる、歴史的に後発の大乗仏教は仏説ではないとする大乗非仏説論が一般的であった。日本人仏教徒らはヨーロッパや、植民地下にあったインドやセイロン（現・スリランカ）でサンスクリットを学び漢訳仏典の祖であるサンスクリット経典を研究したが、南条が関わった漢訳仏典の英訳はのちに欧米で大乗仏教研究が発展する重要な契機となった。

さまざまな境界を越える仏教徒

このように活発化する仏教徒の国際移動の例として、本章ではまずハワイで日本人移民を主な対象に布教活動に従事した今村恵猛《いまむらえみょう》（一八六七〜一九三二）を取りあげる。彼は、普通教校（のち文学寮、現・龍谷大学）在学中は「反省会」に所属して『反省会雑誌』（のち『中央公論』）編集に携わり、卒業後、慶應義塾大学へ進んで英語を学んだ開明派の僧侶であった。反省会の会員には、卒業後に明治学院を経て東京帝国大学に進み「仏教清徒同志会」（のち新仏教徒同志会）の基礎をつくった古河勇（老川《ろうせん》、一八七一〜一八九九）、オックスフォード大学で学んだ沢井洵（のち高楠順次郎、一八六六〜一九四五）もいた。南条や笠原のような幕末生まれの学僧ではなく、明治期に思想形成をした世代の仏教徒による、仏教革新運動や近代仏教学の系譜としてとらえておく必要があるだろう。

反省会と関係の深い「海外宣教会」には、今村の叔父で初代ハワイ開教監督の里見法爾《さとみほうに》（一八五三〜一九二二）が会員として所属しており、台湾、千島、ウラジオストックでの海外布教にも従事した里見は、反省会の「賛成員」として名を連ねてもいる。海外宣教会は雑誌『海外仏教事情』を刊行して、欧米やアジアの仏教国の動向を報告したほか、神智学協会の初代会長ヘンリー・スティール・オルコット（一八三二〜一九〇七）来日の際は、彼の活動や神智学を西洋の「仏教」として紹介した。その縁があって、今村はハワイ赴任後、ハワイ在住の神智学協会メンバーから支援を受けるほか、ホノルルに寄港したオルコットに依頼して仏教に関する講演を実施している（守屋、二〇〇一）。なお、明治期日本における動向については先行研究に詳しい（末木ほか編、二〇一五／ジャフィ、R「釈尊を探して――近代日本仏教の誕生と世界旅行」『思想』九四三号、二〇〇二／奥山直司「明治印度留学生――その南アジア体験をめぐって」『印度學佛教學研究』六四巻二号、二〇一六）。

本章ではもう少し時代を下って、欧米で大乗仏教が認知されるようになった二〇世紀前半以降を含めて、鈴木大拙（一八七〇～一九六六）と千崎如幻《せんざきにょげん》（一八七六～一九五八）による禅のグローバル化についても事例として取りあげることとする。鈴木については上田閑照・岡本美穂子編『鈴木大拙とは誰か』（岩波現代文庫、二〇〇二）がわかりやすいが、千崎は日本ではほとんど知られていないもののアメリカ仏教史において重要な人物である。

このように経済的理由の国際移動と、宗教的・学問的理由の国際移動という事例を用いて、本章では右記のように地理的・文化的・政治的境界を越境する視点から、近代日本宗教史の枠組みをとらえ直すこととしたい。それは一方では移民たちの生活文化と結びついた民衆レベルの宗教を視野に入れ、他方では欧米諸国の学知による影響を受けた学問的探求や思想交流といった知識人を中心とする宗教を取りあげることとなる。この二点は、先行研究では別々に論じられてきたが、ここでは実際の歴史をたどることで相互に関連し合っていることを明らかにしていく。また、第三巻が扱う「大正期」という時代区分は海外に当てはめにくいので、やや長めに二〇世紀初頭から一九三〇年代ごろまでを論じることとしたい。それによって戦後の動きへの展望もみえるからである。

本章の視座

アジア太平洋地域では、「日本」とされる地域が政治的・軍事的な原因で変化した。また、アメリカ大陸に渡った日本人移民の現地生まれの子どもは、アメリカやブラジルとの二重国籍をもち（日本の血統主義とアメリカやブラジルの出生地主義による）、第一言語は多くが英語やポルトガル語でバイリンガルの「日系アメリカ人」「日系ブラジル人」として成長した。そういう、在外日本人とその子弟の多様な生活文化のありようを視野に入れることで、現地で文化変容する「日本宗教」の諸相が明らかになる。その点では、「日本」宗教と呼ぶよりも、日本にルーツをもちながら現地で文化変容したという意味合いから「日系」宗教としてとらえる方が、実態を把握するのに役立つだろう。というのも、移民は日本から持ち込んだ文化伝統を維持しつつも、生活するうちに現地でさまざまな変化を余儀なくされるからであり、このことは私たち自身が「日本」に対する柔軟な視座――日本宗教史をグローバルにとらえ、日本列島に住む日本国籍者だけを対象にするのではない――をもちうるかということも問われているといえる。それが本章で「日系」をあえて用いる理由である。また、現地寺院と日本の寺院を区別するために固有名詞を除いて「仏教会」と呼ぶこととする。

一方、欧米諸国との接触によりもたらされた学知という点では、縦書きの漢訳経典や宗祖の著作を宗派ごとの僧侶養成機関（宗派により檀林、学林、学寮などと呼ばれる）で学ぶだけではなく、明治以降、横書きのサンスクリットやパーリ語の経典を用いた近代仏教学が、ヨーロッパの大学で学んだ学僧や在家の仏教学者によってもたらされた。これは縦書きから横書きへ、という使用テクストの変化にとどまらず、経典が信仰の書としてだけでなく言語学・文献学的な研究対象になるという、新たな仏教へのアプローチをもたらしている。なお、禅をZenと日本語発音でローマ字表記するに至った系譜については、アジアと欧米との接触を視野に入れたグローバルな視点から分析した石井公成の研究に詳しい（石井、二〇一八）。

さらに、ヨーロッパ言語とくに英語で、仏教すなわち大乗仏教に関する論説を発信することは、海外の仏教徒（および仏教シンパ）との思想交流の範囲を広げた。それはすでに一九世紀後半からの海外宣教会の活動や、岡倉覚三（天心、一八六三〜一九一三）のように英語が堪能な美術史家・在家仏教徒による著述の役割も大きい。岡本佳子は、鈴木と岡倉の語った「禅」と「日本文化」の思想史的関連と両者の力点の違いを考察している（岡本佳子「鈴木大拙と岡倉覚三――英語圏に伝えられた禅と日本文化」『宗教研究』九二巻別冊、二〇一九）。本章に関していえば、先述の今村らの活動のほか、一九二一年創刊になる英文雑誌『イースタン・ブディスト』*Eastern Buddhist* は、日本人仏教徒による仏教思想の拡散と交流という点で大きな役割を果たしている。この雑誌は、鈴木大拙が大谷大学に赴任してから創設した東方仏教徒協会（Eastern Buddhist Society）が発刊し、鈴木らによる大乗経典の英訳や禅に関する多くの論説を掲載していた。「東方」の仏教徒が英語で大乗仏教について発信するメディアによって、広く欧米やアジアの仏教徒や神智学徒らとのネットワークがつくられたのである。大拙の妻ビアトリス（一八七八〜一九三九）が亡くなったことと、アジア太平洋戦争の泥沼化による中断を経て一九四九年に再開するが、本誌が二〇世紀前半における禅のグローバル化という点で果たした役割は大きい。本章では鈴木の他の著作とともに検討するほか、アメリカ人向けに禅の普及に努めた千崎如幻と鈴木との関係について、新発見の資料をもとに取りあげることとする。

二　アメリカへの日本人の国際移動と宗教

移民がつくる仏教会

海外移民はハワイや北米の非勢力圏とアジアの勢力圏へ向けて、主に経済的理由で渡航し、ハワイ・北米への移民は一八九〇年代から急増する。明治初年の渡航以降、農業経験のない元年者たちにとって厳しい労働条件だったためいったん途絶えていたが、一八八五年にハワイ王国側との間に移民条約が締結されたことによる（王国はクーデターを経て一八九八年にアメリカに併合される）。移民の出身地は、よく知られるように広島、熊本、福岡、山口、和歌山など西南日本の浄土真宗や浄土宗の教勢が強い地域に集中していた。大半の移民は出稼ぎで三年契約を終えたら帰国するか、そのまま残るか、より稼ぎがよいといわれたアメリカ本土へ移住するものもあった。

当時のハワイの主要産業はアメリカ資本の製糖業であり、農村出身者が大半を占める日本人移民は砂糖プランテーションで働いた。プランテーションでは移民労働者の結束を阻むため出身国別に「キャンプ」と呼ばれる居住区を分けており、日本人移民は世界各地からの移民労働者の階層のうち最低の賃金を得て働いていた。炎天下の長時間労働という厳しい条件のために亡くなるものも少なくなかったが、プランテーション経営者は彼らの葬儀をキリスト教式で行った。こうした状況の中、日本の本願寺系寺院の葬儀で読まれる「白骨の御文章／御文」を労働者同士で読誦していたが、やがて自分たちのために法話と葬儀を行う僧侶（各宗派とも「開教使（師）」と呼ぶ）の派遣を京都の本山へ要請する声があがった。このように、移民が僧侶の「呼び寄せ」（移民研究では、移民が故郷から血縁・地縁の者を招聘すること）をしたのだが、それはアメリカ西海岸のカリフォルニア州に渡航した日本人移民からの要請とほぼ同時期であり、表1と表2のように仏教諸宗派が布教を開始している（マイグレーション研究会、二〇一二）。

だが安い賃金で働く日本人移民にとって、現地で一から仏教会を創立するのはたやすいことではない。サンフランシスコに本部を置く、浄土真宗本願寺派系の北米仏教団（Buddhist Mission of North America、現在はBuddhist Churches of America）傘下の仏教会でいえば、数セント程度を数多くの労働者が出して数ヶ月かけて集めた寄付金で、各地の移民集住地域につくっていったのである。したがって草創期は新築ではなく、めぼしい一軒家を改装してスタートし、資金繰りがつくようになってから日本風の屋根をもつ仏教会を新築するケースが多い。カリフォルニア州では、サンフランシスコのように移民が最初に入国する都市から内陸の農業地域へと転住する移民を追うように、彼らの集住する地域に仏教会がつくられている。まず比較的大

表1　ハワイにおける布教

開始年	宗派
1889	浄土真宗本願寺派*
1894	浄土宗
1898	浄土真宗本願寺派
1899	日蓮宗、真宗大谷派
1903	曹洞宗
1914	真言宗

*正式布教ではなく、曜日蒼龍が個人で渡航

表2　カリフォルニアにおける布教

開始年	宗派
1899	浄土真宗本願寺派
1912	真言宗
1914	日蓮宗
1921	真宗大谷派
1922	曹洞宗
1928	浄土宗

きな地方都市に拠点ができ、そこから周辺の小さな農業地域に出張伝道を行って、ある程度のメンバーが集まると寄付を集めて新たにコミュニティの仏教会をつくる、という流れである（守屋、二〇一七）。

一方、ハワイ準州（州になったのは一九五九年）では、プランテーションで頻発する日本人移民のストライキを、一九〇四年に本派本願寺教団（Honpa Hongwanji Mission of Hawaii）開教監督の今村恵猛が収めたことをうけて、多数の仏教会が砂糖会社の支援を受けてキャンプ内に設置されるようになった。これは現地のキリスト教会からの反対にもかかわらず進められたが、信教の自由の保障というよりも経営者がスト対策として、労使問題のコスト削減を優先させたことによる支援であった。ハワイの仏教寺院建築に関する研究によれば、当初はプランテーションの古い建物を改築した「プランテーション型」が多く、資金が豊かになるにつれて「布哇《ハワイ》折衷型」、「日本風意匠型」、「インド風意匠型」の仏教会が新築されるようになった（パランボ湊石麗子ローレン「ハワイの日系人社会における仏教寺院建築の変容過程」早稲田大学提出博士論文、一九九九）。ハワイでは、ホノルル市にある諸宗派の別院にみられるようにインド風意匠型が多いのが特徴である。

アメリカ社会の中の日系仏教

ハワイでも米本土でも仏教会の運営は理事会形式をとっており、各地の仏教会を創設し支えているのが在家メンバーであることから、日本よりも在家の役割が大きいのが特徴である。真宗の場合、日本では世襲で末寺を継いできた僧侶家族が大きな権限をもつが、それはアメリカでは通用しない。この点で、日本仏教の延長あるいはアメリカ社会への同化（assimilation）としてとらえると見逃してしまうが、文化変容（acculturation）として日系コミュニティとそれを取りまくホスト社会双方が相互に影響し合ってきたことに着目することが必要である。

アメリカにおいて仏教徒であり日系であることは、宗教的・民族的少数者《マイノリティ》となることを意味する。州人口に占める日系人比率が戦前には三〇～四〇％であったハワイと数％しかないカリフォルニアでは、「仏教徒」であることを可視化することについて異なる対応をみることができる。一九世紀から二〇世紀への世紀転換期において、カリフォルニアではアメリカ人と日本人双方に向けて英語と日本語で二本立ての布教を行っていた。これは、派遣された開教使がエリートの学歴をもち英語も比較的使えたのに対し、ハワイでは本山からの財政支援のない日本人移民向けの「自給伝道」で、ときおりアメリカ人向けに講演をしていたというように、対照的である。

桑港《サンフランシスコ》仏教会は日本語の『米国仏教』と英語の『ライト・オブ・ダーマ』*Light of Dharma* を刊行し、ホノルルでは日本語の『同胞《どうぼう》』のみを刊行していた。英文雑誌には、アメリカだけでなくアジアやヨーロッパの仏教徒からの上座仏教に関する投稿が多く、後述する鈴木大拙が『米国仏教』とともに大乗仏教に関する論説を寄せている。サンフランシスコ駐在の開教使は真宗について解説する論説を寄せているが、日露戦争の頃には日本文化の紹介に力を入れている。日本語雑誌の内容は、カリフォルニア・ハワイ両者とも同時代の日本で刊行されていた仏教雑誌に引けを取らない論説があり、仏教以外にもアメリカ事情を紹介したものがある。また、各仏教会の報告欄には親鸞の命日を祝う報恩講《ほうおんこう》や釈迦の誕生を祝う降誕会《ごうたんえ》などの行事案内や、地元で移民が経営する商店や仏教会付属日本語学校の広告があるなど、仏教徒コミュニティの「タウン誌」ということができる（守屋、二〇一七）。

サンフランシスコでは三宝興隆会（Dharma Sangha of Buddha）を設立して、アメリカ人の仏教徒・仏教シンパ向けに英語布教を行っていたが、一九〇六年四月一八日のサンフランシスコ大地震以後、低迷する。『ライト・オブ・ダーマ』編集部は刊行直前に地震が起きて灰燼に帰したため発行を中断すると述べているが、『米国仏教』はその後も継続しているので、原因は他にあるといわざるを得ない。この点に関連して、日露戦争の戦勝に沸いていた日系コミュニティに衝撃を与えた事件が震災後に起きている。市内の公立小学校に通っていた日本人学童を隔離するようサンフランシスコ市当局が命じたように、アジア系移民の多いカリフォルニアなど西海岸で移民排斥の世論が強まっていたのである。それでもアメリカ人の改宗者はその後も現れたが、英文雑誌廃刊の理由としては、西海岸で日本人・中国人移民をターゲットにした排斥運動が激化した、というアジア系アメリカ史の状況を念頭に入れる必要があるだろう。テツデン・カシマは、一九〇五年に北米仏教団がアメリカ風に「仏教会」(Buddhist Church) と名称変更した背景には、人種差別への対応があったことを指摘している (Tetsuden Kashima, *Buddhism in America: The Social Organization of an Ethnic Religious Institution*, Greenwood Press, 1977, p. 18)。

労働運動と仏教

ハワイでは、日本人移民の大半がプランテーションで働いていたが、労働条件と賃金の改善を求めてストライキが頻繁に起きた (漁業移民とその金比羅信仰については小川真和子『海の民のハワイ――ハワイの水産業を開拓した日本人の社会史』人文書院、二〇一七)。先述の今村恵猛をはじめ、仏教関係者はスト介入などプランテーション経営者側寄りと見える面もあるが、日本総領事やキリスト教牧師が仲裁に入っても聞く耳を持たなかった労働者が、今村の話だけは傾聴したのである。それは、今村が法話の中で「資本家尊ぶべからざるに非ずと雖、同胞最も親むべく、移民会社、日本官憲等の嘲りて田舎者視したる耕地労働者は、実に弥陀救済の正客たるもの」と述べていたことと密接な関わりがある（守屋、二〇一三、二六頁）。彼は三〇歳代で開教監督に就任し、約三〇年間ハワイで没するまで布教に努めた。一九〇九年の第一次オアフ島ストライキで、今村は再びスト仲裁の要請を受けて説得にあたるものの失敗している。これに先立つ一九〇八年一二月二日付の現地新聞『日布時事《にっぷじじ》』で、彼は日本人労働者が定住を志向して生活の安定や貯蓄を重視するようになったと述べており、ストに理解を示していることは興味深い。このような労働運動への支持表明は、同時代の日本において仏教教団が労働運動に対してとった対応とは対照的であり、ここでも日本とは違う「自給伝道」の側面をうかがうことができる。

このスト介入の失敗はまた、フィリピン人労働者と同盟を結んで行われた一九二〇年の第二次オアフ島ストライキでは、仏教諸宗派とともに賃金引き上げと差別的な労働条件改善の勧告を経営者に宛てて行うことの伏線となっている。それは、今村が『仏教より観たる民本主義』（一九一八）や『米国の精神と宗教の自由』（一九二〇）で論じた仏教的民主主義の現れであり、宗教的・民族的マイノリティにも信教の自由が憲法で保障されているという議論とも符合するものである。ハワイ準州政府と現地メディアは、日系仏教徒のこうした異議申し立てを「アメリカ的ではない」「反米的」と評したが、ジョリオン・トーマスが指摘するように今村は民主主義や宗教の自由というアメリカ的価値観に基づいて主張することで、アメリカにおける人種ヒエラルヒーを批判したのだといえるだろう（Jolyon Baraka Thomas, *Faking Liberties: Religious Freedom in American-Occupied Japan*, University of Chicago Press, 2019, p. 99）。

三　「日系アメリカ仏教」の展開

日米文化が共存する家庭

一九一〇年代以降、日本人移民の生活形態は出稼ぎから定住へ変化し、家庭を築くものが増える。日本人である両親は「一世」といわれるが、アジア系に対する排他的な移民法によって市民権を得ることができなかった。しかし、準州となったハワイを含めて現地生まれの日系二世の子どもは、合衆国憲法修正一四条によりアメリカの市民権を得て、アメリカの公立学校で教育を受ける。これは他のエスニック・グループにも共通する点が多いが、二つの国籍、文化、言語という状況が家庭にあるなかで日系移民家族は生活していた。共働きである一世メンバーからの要請もあり、仏教会では日本語学校を併設して、平日の放課後や週末に日本語を教えた。地元に住む高等教育を受けた移民が教えることもあったが、多くは開教使が教師を務めた。今でも、メンバーが開教使を「センセイ」と呼ぶのはそのためである。日本語学校は、人口の多い地域ではキリスト教会あるいは地元の日本人会も経営して複数ある場合もあり、日系コミュニティのリーダーたちは、バイリンガルの子どもが日米の「架け橋」になってくれることを期待し、言語習得が将来のキャリアに活かせるだろうと願ってもいた。

仏教会は葬儀を行うだけでなく、日系コミュニティにとって生きるための仏教が実践される場でもあった。彼らは法話を聞き、行事の時には御斎《おとき》を食べてお国言葉で語り合い、募金のためのバザーや相撲などのレクレーションにも興じた。日系移民に関する先行研究は男性中心の記述が大半だが、仏教会の婦人会で活躍した女性たちについて、行事の食事準備や運営、バザーでのボランティア活動など、およそ仏教会を維持する上で欠かせない重要な存在であったことを特筆しておこう。本多彩によれば、彼女らは病気や慶弔のあったメンバーの自宅や病院を訪問したり、法要ではポットラック形式で手作り料理を持ち寄ったり、バザーで出すテリヤキチキンや食事を用意するなどの活動を行っていた（本多彩「アメリカ仏教会における食文化の変遷」『宗教研究』九〇巻二号、二〇一六、一六四～一七〇頁）。こうしたさまざまな活動を含め、「食」をめぐる言説や日系アメリカ人が現地で編み出した食文化に関する考察からわかるのは、日系アメリカ人は文化的ルーツとして「日本」を大事にする一方で、アメリカ文化を取り入れて「日系アメリカ」の文化を創造しており、今日では日系以外のメンバーや地域住民にもシェアされていることである（松本ユキ「日系アメリカ人と「食」をめぐる言説――2016年アメリカ西海岸での調査をもとに」『渾沌　近畿大学大学院総合文化研究科紀要』一六号、二〇一九、五二～五八頁）。

英語布教の要請

日系アメリカ人は家庭では日本語で親と日常会話をし、放課後の日本語学校でも日本語を学んだが、アメリカ人としての教育を受ける彼らの第一言語は英語であった。しかし、日曜学校での法話は日常会話と異なるため、理解が難しかった。ハワイ日系仏教史のドキュメンタリー『アロハ・ブッダ』*Aloha Buddha*（二〇一一、Radiant Features）では、幼少時に通わされた長時間の礼拝が「拷問」のようだったと語る二世や、仏教に魅力を感じられずキリスト教に改宗した二世たちの談話がある。アイリーン・タムラが紹介するハワイの日系アメリカ人のインタビューによると、子どものころは日本語の仏教用語がわからないので、礼拝での仏典読誦の声が面白く聞こえて笑いを止めるのに必死になったことがあったという（Eileen H. Tamura, *Americanization, Acculturation, and Ethnic Identity: The Nisei Generation in Hawaii*, University of Illinois Press, 1994, p. 205）。とはいえ、戦前のハワイでキリスト教に改宗した日系人の数は多くはなく、一九一七年で三%、一九二七年で二%であったが、一九七一年になると「宗教を信じている」と答えたうち六〇%が仏教徒、二九%がプロテスタント、九%がカトリックであった。アメリカ本土では州人口に占める割合の少なさから、多数派の宗教に改宗するケースがハワイよりも比較的多くみられ、それはブラジルでも同様の傾向があってカトリックへの改宗者がいるという（Ibid., pp. 208–209）。

ハワイでもカリフォルニアでも、主な布教対象は一世の日本人移民であるが、二世のアメリカ人が成長する一九一〇年代半ばごろから、右記の状況を解決すべく英語布教が喫緊の問題となった。この問題に着手したのはハワイの方が早く、本派本願寺教団は一九一八年に英語伝道部を設立して白人仏教徒のアーネスト・カウンディニャ・真覚・ハント（一八七八～一九六七）とM・T・カービーによる英語礼拝を開始した。米本土の北米仏教団でも英語伝道のニーズはあったが、開教使がロサンゼルスに複数の仏教会を設立したため裁判で係争中であり、着手するのに後れをとったのである。

折しも、第一次大戦後のアメリカでは排外主義《ネイティビズム》が顕著になった。ジョン・ハイアムは当時の排外主義のパターンとして「反カトリシズム」と「人種的排外主義」があると分析したが、タムラとロン・クラシゲが指摘するようにハワイや米本土の西海岸では仏教と日系などアジア系移民が「一〇〇%アメリカ化運動」のターゲットになった（John Higham, *Strangers in the Land: Pioneers of American Nativism 1860–1925*, Rutgers

University Press, 1955, pp. 3–11; Tamura, *Americanization*, pp. 56–57; Lon Kurashige, *Two Faces of Exclusion: The Untold History of Anti-Asian Racism in the United States*, University of North Carolina Press, 2016, pp. 111–116)。

在米の日系仏教徒は、新移民をアングロ・アメリカ的文化に同化させようとする運動の余波を受けたが、彼らにとってアメリカ化するということは、自らのルーツである言語と宗教を捨て去ることを意味しない。そのため、米化主義者からすると日系仏教徒は一〇〇％アメリカ化せず、アメリカと日本に二重の忠誠心をもつ存在と映った。ホスト社会のこうした世論の中で、今村が先述の『米国の精神と宗教の自由』で「米国の精神《アメリカニズム》」を排外主義的ではなく、アジア系住民がキリスト教以外の宗教を実践することに寛容な包括的な理念と解釈して論じたことは、思想史的に大きな意義がある。とくに日系アメリカ人仏教徒にとっては、マイノリティであることを卑下することなく平等に信教の自由を享受する、という憲法に保障された権利を再確認することになったといえるだろう。

英語伝道部のハントの薫陶を受けて英語で仏教を学び、仏教会付属日本語学校で学んだ日系アメリカ人仏教徒は、一九二〇年代後半から龍谷大学や京都女子高等専門学校（京都女専、現・京都女子大学）、僧侶養成の専門学校である中央仏教学院などへ留学して、僧侶資格を取得するようになる。ハワイ出身者には女性開教使候補生が多く、彼女たちの得度は男性中心の本願寺教団に風穴を開けることとなる。表3のようにまとめられるが、一世が日本から太平洋を渡っていったのと逆に、二世仏教徒が開教使候補生として日本に向かい、故郷で英語伝道に従事するという、双方向的な流れが生まれたのである。

表3　戦前に日本へ留学した日系アメリカ人開教使

氏名・法名	出身州	資格取得年	卒業校・帰国年
Kanmō Imamura 今村寛猛	ハワイ	1913年得度、1931年教師	1934年慶應義塾大卒、帰国
Yetatsu Takeda 竹田恵達	ハワイ	1931年得度、1932年教師	1933年龍谷大卒、帰国
Takeo Yeshō Miura 三浦武男（恵昭）	ハワイ	1931年得度、1932年教師	1932年龍谷大卒、1934年帰国
Egen Yoshikami 吉上恵眼	ハワイ	1931年得度	龍谷大在籍、1936年帰国
Hatsuko Yejō Yamauchi 山内初子（恵定）	ハワイ	1932年得度・教師	1931年中央仏教学院卒、1933年帰国
Kinu Yeryū Hirasa 平佐キヌ（恵隆）	ハワイ	1932年得度・教師	1931年中央仏教学院卒、1933年帰国
Tsugiko Noda 野田ツギ子	ハワイ	1934年得度・教師	1933年京都女専、1934年中央仏教学院卒、1934年帰国
Mitsue Hamada 濱田ミツエ	ハワイ	1934年得度・教師	1929年中央仏教学院卒、1933年京都女専卒、1934年帰国
Tadao Kouchi 河内忠男	ハワイ	1934年得度、1935年教師	1932年中央仏教学院卒、1934年龍谷大卒、1937年帰国
Eiyū Hideo Terao 寺尾英雄	カリフォルニア	1935年得度、1936年教師	1938年龍谷大卒、帰国
Shōdō Noboru Tsunoda 角田昇道	カリフォルニア	1935年得度、1938年教師、1939年開教使	1938年龍谷大卒、帰国
Kiyoto Seijin Nagatani 永谷清人	カリフォルニア	1937年得度・教師	1937年中央仏教学院、帰国
Kenryō Masaru Kumata 久間田顕了	ワシントン	1935年得度、教師1938年、1939年開教使	1939年龍谷大卒、帰国
Kenjitsu Tsuha 津波憲実	ハワイ	1938年得度	東洋大卒、1938年帰国
Edith Tomiko Ōhara 大原富子（秀富）	ハワイ	1938年得度	中央仏教学院卒、1938年帰国
Taiju Rikizō Kami 加美力三（大濤）	ハワイ	1939年得度・教師	1939年龍谷大卒、1940年帰国
Yoshiko Shimabukuro 島袋よし子	ハワイ	1938年得度、1940年教師	1935年中央仏教学院、1940年京都女専卒、帰国
Newton Ishiura 石浦入道	ハワイ	1938年得度、1941年教師・開教使	1938年九州仏教学院卒、1941年龍谷大卒、帰国
Roy Takehiro Araki 荒木武博	ハワイ	1937年得度・教師	1941年龍谷大卒、帰国
Shōkō Masunaga 増永正公	カリフォルニア	1939年得度、1941年教師、1952年開教使	1947年龍谷大大学院修了、1948年帰国
Kenryū Takashi Tsuji 辻顕隆	ブリティッシュコロンビア	1941年得度・教師、1958年開教使	1941年龍谷大卒、1942年帰国
Hōgen Yoshihiko Fujimoto 藤本芳彦	カリフォルニア	1942年得度、1943年教師、1953年開教使	1946年龍谷大大学院修了、1953年帰国

（マイグレーション研究会、2012、99～100頁より作成）

「太平洋時代」の仏教徒たち

ハントは、すでにビルマで上座仏教の得度を受けており、今村によって大乗仏教（真宗）の得度も受けた人物である。そのため、宗派色の強い真宗では珍しく通仏教的な布教を行っていた。開教使の中にはそのことを問題視するものもいたが、今村はハントの通仏教的な英語伝道を止めさせることはなかった。ハントは日系二世仏教徒の仏教青年会を指導し、地域の病院や障害児施設を慰問するなど信頼と尊敬を集め、一九二八年には今村とともに約六〇名のヨーロッパ系アメリカ人のために得度を執り行っている。そのうちの一人であるジュリアス・ゴールドウォーター（一九〇八～二〇〇一）は、カリフォルニア州ロサンゼルスで生まれ育ったユダヤ系アメリカ人で、ロサンゼルスで亡くなるまで仏教の布教に努めた。一九四一年の真珠湾攻撃後に日系人が強制収容されると、彼は無人となった仏教会の管理をするほか、周囲の反対をよそに強制収容所の日系仏教徒に物資を届けるなどの支援を惜しまなかったのである（守屋、二〇〇一）。

一九二九年には開明派の中国人仏教徒・太虚（一八九〇～一九四七）がホノルルに寄港し、「国際仏教協会」のハワイ支部を設置するよう今村とハントに要請した。それを受けてつくられた協会の機関誌『ハワイアン・ブディスト・アニュアル』*Hawaiian Buddhist Annual* の一九三二年版には、ハワイ、アメリカ、アジア、ヨーロッパ、南アフリカから論説が寄せられ、日本からはビアトリス鈴木が『普賢行願讃《ふげんぎょうがんさん》』に関する論説を寄稿し、蓑笠を手にした参禅途上と思われる彼女の写真も掲載している。この機関誌には仏教をさらに学ぶための参考書も紹介されており、「今日では仏教徒によって書かれた英語の仏教書はたくさんある。非仏教徒によって書かれた書物は、概して信頼できないものである」と注意書きがあって、鈴木大拙の『禅論文集』*Essays in Zen Buddhism* や『楞伽経《りょうがきょう》』の翻訳と研究がリストアップされている。吉永進一と日沖直子の調査からも明らかなように、ハワイの仏教徒と鈴木夫妻とのつながりは『イースタン・ブディスト』誌が交換雑誌リストに入っていることからもうかがえる（吉永・日沖、二〇一八）。この仏教書リストにはアラン・ワッツ、ドワイト・ゴダード、クリスマス・ハンフリーズ、太虚、リス＝デイヴィッズ夫妻、ポール・ケーラスらの著書も紹介されている。

翌一九三〇年には、英語伝道部と仏教青年会はホノルルで汎太平洋仏教青年大会を共催している。これに先行して、環太平洋地域の国々が参加する「太平洋問題調査会」(Institute of Pacific Relations) がホノルルで開催されるなど、「太平洋時代」における太平洋航路の中継点として、ハワイは小さいながらも環太平洋の国際関係にとって重要な位置を占めるようになっていたのである。この第一回汎太平洋仏教青年大会には、アジア、米本土、ヨーロッパから数百名の仏教徒が集まり、仏教教義を現代の実生活に即した形で広めることや、エスペラントの採用、国際的な連帯により平和を促進することなどが討議された。日本からは、大谷大学で鈴木大拙と戸坂潤に学んだ岩倉政治《いわくらまさじ》（一九〇三〜二〇〇〇）が大拙の推薦を受けて参加し、マルクス主義と仏教について発表を行っている。テーマは同時代の日本を席巻していた反宗教運動の影響を思わせるが、彼が参加した直接の理由は大学当局が曽我量深《そがりょうじん》や金子大栄を「異安心」として追放したことへの学生ストライキで、指導部にいた岩倉が窮地に立たされていたことがある。鈴木はストを支持しており、岩倉を「まあ待て。たたかいは長い。そこで君はハワイへ一時亡命するんだ。必要最小限の金は何とかしよう」と諭して、旅費のかなりの部分を出したという（岩倉政治『真人　鈴木大拙』法藏館、一九八六、五四頁）。この大会は日本の仏教徒にインパクトを与えており、「新興仏教青年同盟」の妹尾義郎《せのおぎろう》（一八九〇〜一九六一）は東京で第二回大会（一九三四年）が開催された際、第一回大会の平和的理念を引き合いに出し、「満州事変以降の仏教徒の行動は平和的信条を完全に裏切るもの」と厳しく指弾している（稲垣真美『仏陀を背負いて街頭へ――妹尾義郎と新興仏教青年同盟』岩波書店、一九七四、一五〇～一五一頁）。

また、日系アメリカ人仏教徒への影響として、前出の表3に載せた角田昇（昇道）の例を紹介しておこう。彼は大会に参加して仏教を日系二世やひろく西洋社会に広める必要性があることを自覚し、「次のステップは二世を東洋へ派遣し、私たちの宗教を伝える新時代を築くことなのだ」と述べ、日本留学を決意したのである（マイグレーション研究会、二〇一二、九八頁）。

四　禅のグローバル化

宗教的経験の翻訳

鈴木大拙が妻のビアトリスと協力して発行した英文仏教雑誌『イースタン・ブディスト』は、鈴木による『華厳経』『楞伽経』『碧巌録』などの英訳や禅・浄土教に関する論説のほか、ビアトリスの真言密教に関する論説、大谷大学関係者による真宗関係の論説がある。海外からは、ルドルフ・オットー、ブルーノ・ペッツォールト、リス＝デイヴィッズ、ケネス・ソーンダース、ジェームズ・プラットなど欧米の仏教学者、宗教学者が寄稿している。鈴木が英語に堪能だったことは周知の通りだが、ポール・ケーラスの著作を何冊か翻訳しており、さらに円覚寺の釈宗演《しゃくそうえん》（一八六〇～一九一九）がシカゴ万国宗教会議で報告するための原稿を英訳したことが機縁となり、オープンコート出版社の編集長ケーラスの編集アシスタントとして働くため、一八九七年に渡米した。鈴木はこの点でいえば移民労働者だったのだが、彼は日本人移民が集住する西海岸から遠く離れた、イリノイ州ラサールという小さな町で約一〇年暮らしたのである。

一九〇五～一九〇六年、鈴木は釈宗演がアメリカ各地で巡回講演を行った際に通訳として随行し、サンフランシスコではアメリカ人富豪のラッセル家の人々や桑港仏教会の三宝興隆会、カリフォルニア州各地の仏教会主催の行事に釈とともに出席している。釈の講演旅行には、後述する千崎如幻も遅れて渡米しており、鈴木にとっては、将来の妻となるビアトリス・レーンと出会う機会となっている。ビアトリスは、当時のアメリカでも珍しくラドクリフ・カレッジのような高等教育機関を卒業した知識人であり、吉永進一によれば「ジェイムズ、ロイス、サンタヤーナという、アメリカ哲学を創造した世代の学者たちに直に接しただけでなく、クリスチャン・サイエンス、神智学、ヴェーダンタ、バハイなど、アメリカの霊的思想や東洋宗教を吸収し、来日後は、実際の禅堂生活にふれ、真宗に興味を持ち、特に真言宗に関しては高野山に毎夏通い、教相だけでなく事相も学んでいる」（吉永進一「Beatrice Lane Suzuki研究について」『松ヶ岡文庫研究年報』三二号、二〇一八、二頁）。宗教的感性の豊かな女性であったことがうかがえるが、ビアトリスが癌で亡くなったあとに大拙が出版した遺稿集『青蓮仏教小観』（一九四〇）にある「はしがきと思ひ出」には、彼らが英語で大乗仏教や東洋思想について表現することに心を砕き、そのことを大拙が愛おしんでいる様子が述べられている。

渡米前に上梓したデビュー作の『新宗教論』（一八九六）で、大拙は自分の議論を衒学的にせず、宗教とは何か、その現代的意義を明らかにすることを目的としたいと緒言で記している。『新宗教論』で当時の自然科学や宗教学の知見を援用しながらも、彼は宗教を客観的な分析対象にすることはせず、主観の入った実存的な叙述を用いているのが特徴である。その姿勢は、彼の英語著作にも引き継がれている。渡米後に、ウィリアム・ジェイムズ『宗教的経験の諸相』（一九〇二）に感銘して親友の西田幾多郎《にしだきたろう》（一八七〇〜一九四五）にも読むよう勧めているが、それは『新宗教論』で概念的にやや未熟ではあるものの「宗教心」や「経験」の意義を繰り返し論じており、ジェイムズの著作に出会ってようやく腑に落ちた、ということだったのであろう。禅の悟りや、後年言及が多くなる真宗の妙好人《みょうこうにん》の他力信仰などを、まさに「宗教的経験の諸相」として英語で論じたのだといえる。そうした記述は彼の直観による部分もあって、今日の仏教学の見地からすると誤りがあると指摘されることもあるが、近代仏教学の研究の多くが言語学的な仏典研究になりがちななかで、彼の実存的な大乗仏教に関する英語と日本語の著述は、いわば「生きた仏教の経験」を論じたものである。

　鈴木は一九〇八年にヨーロッパを経由して帰国の途につき、一九〇九年に日本に到着する。在米中は、先述の『米国仏教』や『ライト・オブ・ダーマ』、オープンコート社の雑誌などに執筆するほか、『大乗起信論』の英訳（一九〇〇）や、安藤礼二が「大拙思想のアルファであり、オメガである」と評した『大乗仏教概論』*Outlines of Mahayana Buddhism*（一九〇八）を執筆している（安藤、二〇一八、七九頁）。上座仏教のほうが広く知られていた二〇世紀初頭の欧米において、鈴木は「人乗」を掲げて英語著書のデビューを果たしたのである。また在米体験は、それまで批判的にとらえていたキリスト教に対する見解を変えるきっかけを与えた。彼は在米中にキリスト教神秘主義のスウェーデンボルグ主義を知るようになり、その縁で日本に帰国後、スウェーデンボルグの著作を日本語訳している。彼はそれを、日本の仏教徒にその宗教思想を知らしめんがためであると説明する。一方、戦後に再度渡米して各地の大学で講義をした際、ドイツの神秘主義者マイスター・エックハルトと禅を比較しているが、「私がエックハルトの言葉を皆さんに紹介するのは、ブッダの体験をいくぶんでもより身近に感じていただくためです」と述べている（重松宗育・常盤義伸編『コロンビア大学セミナー講義』、二〇一六、一二二頁）。このように、翻訳や英語執筆という作業を通して、後年『神秘主義——キリスト教と仏教』*Mysticism: Christian and Buddhist*（一九五七）に結実するような、キリスト教神秘主義と仏教に通底する宗教的経験を明らかにしようとしたのである。

禅の研究と真宗への接近

一九二一年、鈴木は京都の大谷大学で英語と宗教学、禅学を教えるようになる。大谷大学に着任したことは、一方で真宗の妙好人に関する研究を進めることになり、他方でサンスクリットを学んだり敦煌莫高窟《とんこうばっこうくつ》で発見された初期禅の禅籍を研究したりと、彼の仏教研究を深め、バラエティ豊かにしたといえるだろう。青年期の鈴木は浄土教に批判的だったが、彼を大谷大学にリクルートした佐々木月樵《ささきげっしょう》や同僚の真宗学者たち、あるいは妙好人について彼に教えた岩倉政治などとの出会いが、「他力信仰」に対する彼の先入観を変えさせたと思われる。

鈴木が『イースタン・ブディスト』などで真宗について英語で論じたことは、先述の『ハワイアン・ブディスト・アニュアル』が紹介する仏教書リストのように、それをハワイや米本土で読む日系アメリカ人仏教徒にとっても、理解可能な言語と信仰表現で「私たちの宗教」を学び、自らの精神的な糧とすることになった。戦前は、一九三六年に千崎を訪問した短期間にカリフォルニアの日系仏教会で数回講演をした程度だが、一九四九年以降の長期におよぶ再渡米では、各地の大学での授業の合間にハワイや米本土の日系仏教会で真宗に関する英語の講演を何十回となく行っていることからも、その影響がうかがえる（James C. Dobbins, "D.T. Suzuki in Transition 1949–53,"『松ヶ岡文庫研究年報』三〇号、二〇一六）。

他方で、鈴木が日系アメリカ人仏教徒から受けた影響として、戦後に時代は下がるが再渡米の際に訪れたハワイ島で、コナ本願寺の開教使・為国正念《ためくにしょうねん》から日系二世のチヨノ・ササキが書いた宗教詩を手渡されたことがあげられる。彼女が日本語で書いた、「このまま」の自分が善悪の彼岸を越えて阿弥陀仏に救われるという内容の詩は、口語と破格の表現からなるものだが、鈴木は現代の妙好人の生きざまをうたった詩であるとしていたく喜んだという（Tatsuo Muneto, *Dharma Treasures: Spiritual Insights from Hawaii's Shin Buddhist Pioneers*, Buddhist Study Center Press, 1997, pp. 20–21）。その約一〇年後に刊行する『神秘主義』で、鈴木は禅の五祖法演《ごそほうえん》、妙好人の浅原才市《あさはらさいち》、マイスター・エックハルトとともに、ササキの詩を真宗の神秘主義の例として取りあげている。

千崎如幻と鈴木大拙のアメリカ人仏教徒養成

鈴木は、一九三〇年代半ばから、同じ釈宗演門下の千崎如幻と禅をアメリカ人へ伝えるために協力するようになっている。末村正代によると、千崎は釈宗演の後を追って渡米した後もカリフォルニアに住み続け、一九二二年に「浮遊禅堂」（Floating Zendo）を開いた。これは、自前でサンフランシスコ市内の公共施設を借りていたため、会場が変わったり不定期に行われていたことに由来するという。のちにロサンゼルスへ移って「東漸禅窟《とうぜんぜんくつ》」を開いているが、彼は神智学、スーフィ、ヴェーダンタの集会や、進歩主義のキリスト教会に招かれて仏教の講演を行っていた（末村正代「千崎如幻の米国禅布教における特質——浮遊禅堂と東漸禅窟の実態」『宗教研究』九二巻別冊、二〇一九）。千崎に関する先行研究は鈴木に比べると少なく、その生涯も不明な点が多いが、アメリカで禅ブームの起こる数十年前からアメリカ人向けに布教を実施していた人物として、アメリカ禅宗史を考える上で重要なパイオニアである。

臨済宗は他宗と異なり、組織的に僧侶を派遣することをしなかったが、鈴木や千崎のような在家仏教徒の言論・布教活動や釈宗演の講演旅行を含めれば、前出の表1・2に記した宗派からそれほど遅れているわけではない。一九〇〇年代から、鈴木はいわば「文書伝道」を行っていたのであり、釈宗演の講演旅行も日本人移民やアメリカ人に向けて禅を説いたものである。注目すべきは、一九二〇年代に京都で『イースタン・ブディスト』を通じた禅の文書伝道が始まり、サンフランシスコ、ロサンゼルスでは「浮遊禅堂」「東漸禅窟」での坐禅やレクチャーに日本人やアメリカ人の仏教徒が集まっていたという、太平洋の両岸でほぼ同時期に起きた歴史の現象である。禅のグローバル化というとき、アジアから欧米へという一方向的な動きでとらえられがちであるが、千崎の禅堂に集うアメリカ人仏教徒のなかから日本の禅寺で修行を希望するものが現れており、それは、一九三〇年頃から京都・八幡にある円福寺の神月徹宗《こうげつてっしゅう》とともに「外国人向け臨済禅道場」を設けようとしていた鈴木の「グローバルな計画」と結びついていく（リチャード・M・ジャフィ「鈴木大拙と二人のクレイン——アメリカの慈善事業と鈴木のグローバルな計画」『松ヶ岡文庫研究年報』三二号、二〇一八、一一七頁）。

末村の調査では、一九三〇年七月一九日のビアトリス宛て大拙書簡で千崎のもとで禅を学んだアメリカ人が来日することが記されており、両者が再会するのは、鈴木が一九三六年にロンドンで開催された世界信仰会議（World Congress of Faiths）に参加して敦煌文書の禅籍を調査した帰路の一二月である。ニューヨーク禅堂正法寺所蔵の資料には、鈴木から千崎へ、幾度となく「マニュアル」（一九三五年刊のManual of Zen Buddhismと思われるが、三巻本で一九二七〜一九三四年に出版されたEssays in Zen Buddhismの可能性もある）をロサンゼルスのアメリカ人仏教徒用にと送っていたことや、鈴木が敦煌出土の「少室逸書《しょうしついっしょ》」を送付したので読んでほしいと書いた書簡がある（Nyogen Senzaki Papers, Box 3, Folder 1, Correspondence, Zen Studies Society Archives）。少室逸書は、一九三四年の中国仏教史蹟調査の際に鈴木が日本へ将来した初期禅の遺文で、一九三五年にコロタイプ版（『燉煌《とんこう》出土少室逸書』）を、一九三六年に本文を校訂し解説を加えた本（『少室逸書及解説』）を「安宅《あたか》仏教文庫」として出版している。こうした資料から、鈴木が禅籍を英訳し英語で禅に関する著述を行っていたのは、学究的な理由もあるだろうが、それ以上にその英語仏教文献を読む読者——英語話者の仏教徒——に資するようにという意図がうかがえる。

五　おわりに

最後に、本章で明らかにしたことを踏まえて戦後への展望を述べて、まとめとしたい。日本から太平洋を越えて、ハワイやアメリカ本土へ渡った日本人仏教徒たちは、宗教的・民族的マイノリティとして生活する中で、現地で仏教に関心をもつアメリカ人との接触や交流によって、日本とは違う「仏教」理解の姿を目の当たりにした。日系仏教徒にとって、自分たちの宗教をともに悦ぶ人々を見いだしたことは歓迎すべきことであったが、他方で、仏教は「異教」であり「偶像崇拝」なのでアメリカにふさわしくない、日本人は「ミカド」を信奉するため反民主的でアメリカ文化になじまないとする宗教的・人種的差別も経験してきた。

これに対し、今村のように宗教的自由や民主主義、平等というアメリカ的価値観を仏教的理念と結びつけて異議申し立てを行った一世の移民リーダーたちがいた。英語と日本語のバイリンガルとして成長した日系二世アメリカ人仏教徒のように、「私たちの宗教」を英語でアメリカ社会へ向けて広めていくために、日本へ留学して仏教を学んだ若者たちがいた。鈴木らが英語で執筆した仏教書で学びつつ、宗教的・人種的差別にくみせず周囲の反対をよそに日系仏教徒とともに仏教を悦ぶ白人仏教徒たちがいた。千崎の禅堂で坐禅を学び、鈴木や神月徹宗らの協力を得て日本で修行したアメリカ人仏教徒がいた。そのような、太平洋をまたいで国籍や人種を越えて行われた宗教的・思想的交流は、日系コミュニティの中の「仏教」を文化変容させ、また彼らを取りまくアメリカ社会でも「異教徒」のための平等な権利と自由を法的に保障するほか、一部の人種差別主義者が見解を改めるなどの変化も起きていた（Kurashige, *Two Faces of Exclusion*）。とくに、本章で取りあげた一九二〇年代～一九三〇年代にかけてこうした相互作用は強まっていったのである。

アメリカ社会で、マイノリティとして暮らしていた彼らのそうした努力を全て壊したのは、一九四一年一二月七日の日本帝国海軍によるハワイの真珠湾奇襲攻撃であった。さらに一九四二年二月一九日にローズヴェルト大統領が署名した大統領令九〇六六号によって、アメリカ国籍の二世も含む「日系人」は「敵性外国人」とみなされ、約一二万人が強制移住・収容されることとなった。いわば、日本とアメリカという二つの帝国による戦争とナショナリズムの犠牲になったのである。本章では一九三〇年代までを中心に取りあげるので詳しくは稿を改めたいが、ダンカン・ウィリアムズが明らかにしたように、この人種差別的政策を日系仏教徒たちがどのように生き抜いてきたかを知ることは重要である。連邦政府が仏教徒のリーダーを一九三〇年代から監視していたこと、反仏教的な世論が強まりヘイトスピーチが蔓延していたこと、収容所の仏教徒が不便な暮らしの中で創造的な工夫を凝らして自分たちの信仰を守ったこと、ヨーロッパの最前線に派遣され他の部隊に比べ戦死率の高かった二世部隊の兵士たち（その大半が仏教徒）が示した「忠誠心」などがある（Duncan Ryūken Williams, *American Sutra: A Story of Faith and Freedom in the Second World War*, Harvard University Press, 2019）。

千崎など一世や、二世の仏教徒たちは終戦後、まだ日系人や仏教への反感が残る西海岸へ戻り、再び一から仏教会を立ち上げた。それが今日、私たちがアメリカ各地で目にする仏教会である。戦後、鈴木大拙が再渡米して仏教の講義を精力的に行ったことは、思いがけず旧来のアメリカ的価値観を否定するカウンターカルチャー運動の旗手、ビートジェネレーションの若者たちに仏教への関心を呼び起こした。一九四五年までは反アメリカ的な「敵」とされていた宗教が、憧憬の対象に変貌したのである。差別のトラウマを経験した日系仏教徒の多くが、その唐突な変化に順応しえたとはいいがたいが、その後のアメリカにおいて、彼らの仏教は民族的・文化的な付属物のある「エスニック仏教」と研究者が定義するようになる。千崎の禅堂はアメリカ人向けであったので、その変化への対応は比較的スムーズであったといえるが、戦後に多く創設されるヨーロッパ系アメリカ人が大半の禅センターなどについては、その人種的な分断を研究者があまり論じないのも事実である。これは今後の研究が必要な領域であろう（守屋、二〇一九、二二～二四頁）。

このように、太平洋をまたぐ日系仏教の拡散と思想交流の歴史を考察することは、ひいては現代アメリカの仏教がどういった状況にあり、何が問題となっているのかも明らかにしうる。翻って、日本の仏教を相対化して理解する合わせ鏡としても興味深い事例が多くある。それはまた、私たちが前提としている「日本」

や「アメリカ」、「仏教」を問いなおすことにもなるのである。

［付記］本章の執筆にあたっては、公益財団法人三菱財団二〇一八年度人文科学助成金とＪＳＰＳ科研費（「日米の新資料による日本仏教グローバル化過程の研究―鈴木大拙を事例として」課題番号JP17K02238）による助成を得た。ニューヨーク禅堂正法寺での資料調査にあたっては、リチャード・ジャフィ氏、マイケル・コンウェイ氏、ニューヨーク禅堂正法寺の皆様に多大なご教示とご助力をいただいた。ここに記して謝意を表したい。

参考文献

安藤礼二（二〇一八）『大拙』講談社

石井公成（二〇一八）「近代における Zen の登場と心の探究（1）」『駒澤大学仏教学部論集』四九号

末木文美士・林淳・吉永進一・大谷栄一編（二〇一五）『ブッダの変貌――交錯する近代仏教』法藏館

マイグレーション研究会編（二〇一二）『来日留学生の体験――北米・アジア出身者の一九三〇年代』不二出版

守屋友江（二〇〇一）『アメリカ仏教の誕生――二〇世紀初頭における日系宗教の文化変容』現代史料出版

――（二〇一一）「太平洋を越えた仏教東漸――ハワイ・アメリカにおける日系コミュニティと仏教教団」中牧弘允、ウェンディ・スミス編『グローバル化するアジア系宗教――経営とマーケティング』東方出版

――（二〇一三）「日本仏教のハワイ布教と文化変容――ハワイ本派本願寺教団を中心に」『歴史評論』七五六号

――（二〇一七）「日系コミュニティのタウン誌としての仏教雑誌――草創期の『米国仏教』からみる仏教会の活動と役割」細川周平編『日系文化を編み直す――歴史・文芸・接触』ミネルヴァ書房

――（二〇一九）「「太平洋の交差点」の日本仏教――グローバル化とローカル化の交錯」『立命館言語文化研究』三一巻一号
吉永進一・日沖直子（二〇一八）「松ヶ岡文庫未整理資料より――『イースタン・ブディスト』誌関係の寄贈雑誌について」『松ヶ岡文庫研究年報』三二号

編者紹介

島薗進（しまぞの・すすむ）
一九四八年生まれ、東京大学大学院人文科学研究科博士課程単位取得退学、東京大学名誉教授、上智大学教授。

末木文美士（すえき・ふみひこ）
一九四九年生まれ、東京大学大学院人文科学研究科博士課程単位取得退学・博士（文学）、東京大学名誉教授、国際日本文化研究センター名誉教授。

大谷栄一（おおたに・えいいち）
一九六八年生まれ、東洋大学大学院社会学研究科社会学専攻博士後期課程修了・博士（社会学）、佛教大学教授。

西村明（にしむら・あきら）
一九七三年生まれ、東京大学大学院人文社会系研究科基礎文化研究専攻宗教学宗教史学専門分野博士課程単位取得退学・博士（文学）、東京大学准教授。

本論執筆者紹介

大谷栄一（おおたに・えいいち）
一九六八年生まれ、東洋大学大学院社会学研究科社会学専攻博士後期課程修了・博士（社会学）、佛教大学教授。

碧海寿広（おおみ・としひろ）
一九八一年生まれ、慶応義塾大学大学院社会学研究科博士課程単位取得退学・博士（社会学）、武蔵野大学文学部准教授。

栗田英彦（くりた・ひでひこ）
一九七八年生まれ、東北大学大学院文学研究科博士後期課程修了・博士（文学）、佛教大学非常勤講師。

佐伯順子（さえき・じゅんこ）
一九六一年生まれ、東京大学大学院総合文化研究科比較文学比較文化専攻博士課程単位取得満期退学・博士（学術）、同志社大学大学院社会学研究科教授。

畔上直樹（あぜがみ・なおき）
一九六九年生まれ、東京都立大学大学院人文科学研究科博士課程単位取得退学・博士（史学）、上越教育大学大学院学校教育研究科教授。

永岡崇（ながおか・たかし）
一九八一年生まれ、大阪大学大学院文学研究科博士後期課程単位取得退学・博士（文学）、駒澤大学講師。

藤本頼生（ふじもと・よりお）
一九七四年生まれ、國學院大學大学院文学研究科博士後期課程修了・博士（神道学）、國學院大學神道文化学部准教授。

守屋友江（もりや・ともえ）
一九六八年生まれ、明治学院大学大学院国際学研究科博士後期課程修了・博士（国際学）、阪南大学教員。

コラム執筆者紹介

安藤礼二（あんどう・れいじ）
一九六七年生まれ、早稲田大学第一文学史学科考古学専修卒業、多摩美術大学美術学部教授。

杉山博昭（すぎやま・ひろあき）
一九六二年生まれ、日本福祉大学大学院修士課程修了・博士（学術・福祉）、ノートルダム清心女子大学教授。

岡本貴久子（おかもと・きくこ）
一九六八年生まれ、東京大学大学院人文社会系研究科修士課程修了、総合研究大学院大学文化科学研究科博士課程修了・博士（学術）、奈良県立大学ユーラシア研究センター客員研究員。

小野雅章（おの・まさあき）
一九五九年生まれ、日本大学大学院文学研究科満期退学・博士（教育学）、日本大学文理学部教授。

一色哲（いっしき・あき）
一九六一年生まれ、大阪大学大学院文学研究科博士課程後期日本学専攻修了・博士（文学）、帝京科学大学医療科学部教授。

今泉宜子（いまいずみ・よしこ）
一九七〇年生まれ、ロンドン大学ＳＯＡＳ博士課程修了・博士（学術）、明治神宮国際神道文化研究所主任研究員。

近代日本宗教史　第三巻
教養と生命——大正期
二〇二〇年十一月二十日　第一刷発行
編　者　島薗　進・末木文美士・大谷栄一・西村　明
発行者　神田　明
発行所　株式会社　春秋社
東京都千代田区外神田二—一八—六（〒一〇一—〇〇二一）
電話〇三—三二五五—九六一一　振替〇〇一八〇—六—二四八六一
https://www.shunjusha.co.jp/
印刷・製本　萩原印刷株式会社
装　丁　美柑和俊
定価はカバー等に表示してあります
ISBN 978-4-393-29963-0

近代日本宗教史［全6巻］

第1巻　維新の衝撃――幕末～明治前期

明治維新による国家の近代化が宗教に与えた衝撃とは。過渡期に模索された様々な可能性に触れつつ、神道、仏教、キリスト教の動きや、西洋思想受容の過程を論じる。（第1回配本）

第2巻　国家と信仰――明治後期

近代国家日本として国際社会に乗り出し、ある程度の安定を得た明治後期。西洋文化の受容により生まれた新たな知識人層が活躍を見せる中で宗教はどのような意味を有したのか。（第3回配本）

第3巻　教養と生命――大正期

大正時代、力を持ってきた民間の動きを中心に、大正教養主義や社会運動、霊能者やジェンダー問題など新たな思想の流れを扱う。戦争に向かう前、最後の思想の輝き。（第2回配本）

第4巻　戦争の時代――昭和初期～敗戦

天皇崇敬が強化され、著しく信教の自由が制限されるなかで、どのような宗教現象が発生したのか。戦争への宗教の協力と抵抗、そしてナショナリズムの思想への影響を考察する。（第4回配本）

第5巻　敗戦から高度成長へ――敗戦～昭和中期

敗戦により新たな秩序が生まれ、焦土から都市や大衆メディアが立ち上がる。「神々のラッシュアワー」と表現されるほどの宗教熱の高まりとは何だったのか。新たな時代の宗教現象を扱う。（第5回配本）

第6巻　模索する現代――昭和後期～平成期

現代の閉塞感のなかで、宗教もまた停滞するように思われる一方、合理主義の限界の向こうに新たなニーズを見いだす。スピリチュアリティや娯楽への宗教の関わりから、カルト、政治の問題まで。（第6回配本）